"十四五"时期
国家重点出版物出版专项规划项目

江苏高校哲学社会科学研究重大项目
"新时代乡村教师专业自主发展的社会支持
系统研究"成果

现代学前教育观念丛书

丛书主编 原晋霞 虞永平

XIANDAI XUEQIAN JIAOSHIGUAN

现代学前教师观

田 燕 刘军豪 张 洵 著

江苏凤凰教育出版社
Phoenix Education Publishing, Ltd

> 感谢您使用本书。您在使用本书时如有建议或发现质量问题，请联系我们。
>
> 【内容质量】电话：4008283622
> 【印装质量】电话：4008283610

图书在版编目（CIP）数据

现代学前教师观 / 田燕，刘军豪，张洵著. -- 南京 : 江苏凤凰教育出版社, 2025. 8. -- （现代学前教育观念丛书/原晋霞，虞永平主编）. ISBN 978-7-5743-1915-8

Ⅰ. G615

中国国家版本馆CIP数据核字第2025US1714号

现代学前教育观念丛书

书　　名	现代学前教师观
作　　者	田　燕　刘军豪　张　洵
出版策划	刘　煜
编辑统筹	林　静
责任编辑	韩宇新
封面设计	马海云
出版发行	江苏凤凰教育出版社（南京市湖南路1号A楼　邮编210009）
苏教网址	http：// www.1088. com. cn
照　　排	江苏凤凰制版有限公司
印　　刷	南京顺和印刷有限责任公司（电话：025-83682876）
厂　　址	南京市江宁区麒麟街道天和路78号
开　　本	787毫米×1092毫米　1/16
印　　张	14.25
版　　次	2025年8月第1版
印　　次	2025年8月第1次印刷
书　　号	ISBN 978-7-5743-1915-8
定　　价	50.00元
网店地址	http：// jsfhjycbs. tmall. com
公 众 号	苏教服务（微信号：jsfhjyfw）
邮购电话	025-85406265，025-85400774
盗版举报	025-83658579

苏教版图书若有印装错误可向出版社调换

总　序

架起金桥通胜境

"现代学前教育观念丛书"即将出版。这是一套凝聚了作者们心血和智慧的丛书，也是一套承载了理论研究者和实践工作者希冀的丛书。感谢作者们的齐心协力和奋发进取，感谢不断给我们提供启发和经验的广大幼儿园教师。感谢江苏凤凰教育出版社的大力支持。这套丛书的出版试图达成以下几个方面的目的。

第一，在教育原理和教育实践之间架起桥梁。这套书的主要目的不是原理性知识的生产，而是对基本原理的汇集、解读和说明，在此基础上扩展和充实解释性知识。因此，这套丛书关注对基本理论的梳理和解读，关注对理论核心内涵的解释，关注对不同理论观点的整合和融汇。围绕相应的观念，形成对观念的解释体系，使理论在不同的层次上得到呈现。本套丛书还努力用实践经验和事实说明理论，用理论解读学前教育实践的改革和发展，即将理论和实践结合起来，让理论真正指导实践，让实践提升和充实理论。

第二，在理论前沿和焦点问题之间形成联结。这套丛书关注了近十年来影响学前教育实践的重要观念。根据理论的逻辑，形成了一整套相对完整的观念体系。这些观念具有理论的前沿性，能体现理论研究的最新问题和最新进展，触及理论研究的最新成就，关注国际学术研究和国内学术研究的综合性成果。同时，所选择的观念又具有强大的实践关联性，具有明显的问题导向，聚焦实践研究的焦点问题。在学术前沿性和问题焦点之间形成联系，强化丛书的先进性和实践指导性。

第三，在理论运用和理论创新之间形成张力。这套丛书对原理的解读、解释和细化是为了实践运用。运用理论是学前教育科学化的必然要求，是学前教育高质量发展的必然要求，也是学前教育理论发展的重要路径。现代学前教育的重要标志就是对发展心理学、学前教育原理等理论的运用，真正让科学理论来指导学前教育实践。教育理论运用的前提是理论学习，通过学习把握理论、理解理论。学前教育理论运用的现实基础是反思性实践，通过反思明确问题和不足，借鉴理论，形成解决问题的思路和策略，并进一步检验、创新和发展理论。因此，理论运用和理论创新经常是同一个过程的两个方面，两者之间形成了张力，相互促进和提高。

第四，在理论研究者和实践工作者之间生发对话。这套丛书本身就是一场理论和理论之间的对话、理论和实践之间的对话。这场对话是旷日持久的对话，是延续，也是起步。所谓延续，是因为这种对话长期进行着，是旷日持久的。所谓起步，是我们期待这套丛书能引发更深入、更广泛的对话，更好地拉近理论研究者和实践工作者之间的距离。相信本套丛书倡导的教育观念将在实践中引发实践工作者之间、实践工作者和理论工作者之间更加广泛和深入的对话，尤其是能生发实践工作者和理论研究者之间的积极对话，使他们相互理解、相互促进。在对话中，实践探索不断推进、深化理论的运用研究，反思实践过程，生发更多的实践策略、实践智慧；在对话中，不断反思理论，不断提升实践经验，不断充实理论表达，拓展理论内涵。在理论研究者和实践工作者之间形成一种相互启发、相互促进和相互成就的力量。

无论是理论创新还是实践变革都是一个渐进的、艰难的过程。形成一种处于学术体系中介层次上的学术成果也是需要不断磨炼和积累的。作为一套具有中介和桥梁性质的读物，我们的工作只是告一段落，还没有正式结束。我们为此而努力了，但还需要不断研究、不断探索、不断为在理论和实践之间架起坚实的桥梁而努力。

虞永平
2023年5月

前　言

不同的主体会具有不同的教师观。它既可以是研究者、社会大众对教师的认识和看法，也可以是学习者对教师的态度和期望，还可以是教师对自己职业角色、职业价值、职业信念、职业态度、职业行为的认识。幼儿园教师这一职业在不同社会发展阶段会伴随着历史变迁被赋予不同的角色，在不同的时代背景下，幼儿园教师需承担不同的社会责任，其身份和地位也在不断转换。从"长者为师"到"师范教育"，再到教师教育的发展，幼儿园教师的专业发展被赋予了更为丰富的内涵，其角色期待、职业价值等也被不断解构与重构。新时代，幼儿园教师观面临新冲击与挑战，要求我们对幼儿园教师的角色、职业价值、职业信念，以及其培养与专业发展，要有更为适宜的认识，我们要重新认识幼儿园教师的专业发展与成长规律和特点。正是基于对幼儿园教师的如此理解，我们撰写了本书。

全书主要包括学前教师观概述、不同主体视角下的学前教师观、学前教师观的时代变迁、不同国家的学前教师观、我国幼教先驱者的学前教师观以及学前教师观创新与发展的路径建议六章内容。全书围绕幼儿园教师观这一核心问题，通过分析幼儿园教师观的基本内涵、结构、内容、学前教师观的历史变迁、不同主体的学前教师观、不同国家的学前教师观、不同专家的学前教师观等，探讨优化幼儿园教师观的行政路径、研究性路径和幼儿园建设路径建议，以帮助实现对幼儿园教师观在新阶段的积极重构，推动学前教育改革实践深入发展。如，第五章着重梳理了我国现代幼儿师范教育的探索者与先行者——陈鹤琴、陶行知、张雪门三位先生的学前教师观，介绍了学前教育先驱者们是如何立足基本国情，从幼儿教育实践出发创造性地提出现代学前教师观的，如何探索幼儿师范教育改革路径，如何探讨对幼儿教师的角色、地位、能力、素养、培养、培训等系列问题，如何回应"为什么培养幼儿教师""培养怎样的幼儿教师"和"如何培养幼儿教师"三大核心问题，基于三位先驱以科学的精神、丰富的实践、深邃的思考和质朴的文字对学前教师问题的中国答案，形成对当前学前教师观建构的启示与借鉴。

在教师教育发展的起始阶段，在教师教育理论尚未充分成熟的背景下，作为首次聚焦学前教师观的第一部著作，本书尚存很多问题与不足，期待在未来的时间中，有更多的研究者与实践工作者共同关注幼儿园教师观这一话题，共同推进幼儿园教师观研究的深化发展。

田　燕
2024 年 11 月于南京

目 录

第一章 学前教师观概述 1
 第一节 研究缘起 3
 第二节 研究综述 8
 第三节 主要观点 20

第二章 不同主体视角下的学前教师观 29
 第一节 教研员视角下的学前教师观 31
 第二节 幼儿视角下的学前教师观 40
 第三节 家长视角下的学前教师观 52
 第四节 教师视角下的学前教师观 63

第三章 学前教师观的时代变迁 79
 第一节 不同时代的学前教师教育政策的演变 81
 第二节 现代学前教师观的时代演变特点 94

第四章 不同国家的学前教师观 103
 第一节 美国的学前教师观 105
 第二节 英国的学前教师观 115
 第三节 日本的学前教师观 128
 第四节 新西兰的学前教师观 140
 第五节 学前教师观的国际比较 151

第五章　我国幼教先驱的学前教师观　157
第一节　陈鹤琴的学前教师观　159
第二节　陶行知的学前教师观　170
第三节　张雪门的学前教师观　179
第四节　现代学前教师观的启示与传承　190

第六章　学前教师观创新与发展的路径　197
第一节　学前教师观创新与发展的行政路径　199
第二节　学前教师观创新与发展的研究性路径　205
第三节　学前教师观创新与发展的幼儿园建设路径　209

参考文献　214
后记　222

第一章

XUEQIAN JIAOSHIGUAN GAISHU

学前教师观概述

第一节 研究缘起

一、教育的问题，就是关于教师的问题

古今中外的教育家都重视对教师问题的探讨，从苏格拉底的"接生婆"开始，关于教师的直接论述不可计数。我国古代思想家韩愈把教师理解为"师者，所以传道受业解惑也"，将传授知识、技能、解答问题作为教师的职责；近代教育家陶行知先生指出：教师的职责是千教万教教人求真；学生的职责是千学万学学做真人。《中华人民共和国教师法》则明确规定了教师所肩负的历史使命："教师是履行教育教学职责的专业人员，承担教书育人，培养社会主义事业建设者和接班人，提高民族素质的使命。"[1]苏格拉底认为教师应该是"接生婆"，反对给学生现成的答案，而认为应让学生自己去寻求真理，教师主要是通过不断的发问激发学生的潜力，促使学生自主探索；夸美纽斯认为教师培养教育青年一代，对国家的贡献最大；赫尔巴特认为教师的任务应该主要是向学生传授知识和技能，继而提出了促进学生认知活动的明了、联想、系统、方法四个教学阶段观；苏霍姆林斯则对教师说：你们不仅仅是教课的老师，也是教养人的教育者，是生活的导师和道德教员。美国后现代课程专家多尔认为在后现代课程中，"在这种对话和反思的框架中，教师不再是权威的代言人，而是探索过程中的参与者与协调者"[2]。小原国芳说：对于教育，兴之抑或亡之，在于教师，在于"人"。英国学者科克说："教育的质量取决于教师的质量。所有试图改进教育质量或使学校工作

---

[1] 中华人民共和国教育部.中华人民共和国教师法［EB/OL］.(2009-08-27)［2024-09-08］. http://www.moe.gov.cn/jyb_sjzl/sjzl_zcfg/zcfg_jyfl/tnull_1314.html.
[2] 多尔.后现代课程观［M］.王红宇，译.北京：教育科学出版社，2000：240.

更具活力的努力，都必须完全立足于教师能力的提高。"[1]教师究竟应该是什么样的一种角色，究竟应该承担什么样的职责，在不同的历史时期、不同的社会环境下，人们的答复是大不相同的。因此，关于教师的观念是不断发展变化的，教师观具有历史性和具体性。

在当前，以人才竞争为主要竞争方式的国际局势下，教育是国际竞争的制高点，而教师则是教育的制高点。高质量的师资队伍以及高质量的教师教育与一个国家（地区）的教育事业的真正发展及其前途的好坏密不可分。正因如此，教师这一因素正愈来愈被各国（地区）寄予振兴国家（地区）教育事业的厚望，教师观呈现了新样貌。无论是在美国等发达国家，还是在发展中国家，师资队伍建设以及教师教育均受到高度重视，并逐渐成为各国（地区）政府进行教育改革与发展的重要工作内容。例如，1986年由美国各州研究型大学教育学院院长和学术领导人组成的霍姆斯小组发表了《明日之教师》的报告，就肯定了教师质量与学生成绩、教师教育质量与教师质量之间的正相关关系[2]；2009年印度国家教师教育委员会颁发的《教师教育国家课程框架》[3]，指出教师质量与学校教育质量存在密切的关系，教师职业是一项专业性极强的职业，而教师教育是实现教师专业化的过程。其他包括英国的《教学的重要性》、澳大利亚的《优质教师计划》以及我国台湾地区的《师资培育白皮书》等，均将师资队伍建设、教师教育改革与国家（地区）的发展紧密联系在一起。[4]概言之，各国（地区）就通过教师教育的规划与改革促进教育事业发展以及国家（地区）的兴旺发达达成共识。为了振兴教育事业，跟上国际教育发展步伐，我国在规划教师教育未来发展时，必须首先将其提高至国家战略发展任务的高度，并将创新与发展新时代教师观作为振兴教育事业的重要路径。

在我国，党和国家历来都把教师工作放到极其重要的战略高度来认识，坚持把加强教师队伍建设作为发展中国特色社会主义教育事业最重要的基础工作，无

---

[1] KERK G. Teacher education and professional development [M].Glasgow: Scottish Academic Press, 1988: 1.
[2] 崔允漷，塞德拉克.霍姆斯小组报告《明日之教师》的主要观点[J].高等师范教育研究，1989（05）：78-81+67.
[3] 于兴国.印度教师教育国家课程框架述评[J].外国教育研究，2010（12）：77-82.
[4] 陈婷婷.教师教育政策生产研究：价值话语的建构与重构——1978—2019年中国教师教育政策文本分析[D].金华：浙江师范大学，2020：3.

论是教育立国,还是教育兴国与教育强国,都离不开高素质师资队伍的支撑和保障。2009年1月7日,教育部举行新闻发布会,就研制《国家中长期教育改革和发展规划纲要》向社会各界公开征求意见。作为八个需要研究解决的重大问题之一,教师的培养问题位列第七,表明党和国家对教师教育的高度重视。[1] 党的十八大以来,以习近平同志为核心的党中央将教师队伍建设摆在突出位置,作出一系列重大决策部署,各地区各部门和各级各类学校采取有力措施认真贯彻落实,教师队伍建设取得显著成就。

首先,国家重视教师队伍建设。2018年1月,中共中央、国务院印发《关于全面深化新时代教师队伍建设改革的意见》,该文件对于教师培养、培训、管理等方面系统作出了顶层设计与制度安排;该文件是建党以来第一次以中共中央名义印发的关于师资队伍建设的文件,体现了中共中央、国务院对教师工作的重视,确立了师资队伍建设的战略地位。

其次,国家重视卓越教师培养。2014年,教育部《关于实施卓越教师培养计划的意见》提出,要深化教师培养模式改革,建立高校与地方政府、中小学(幼儿园、中等职业学校、特殊教育学校)协同培养新机制,培养一大批师德高尚、专业基础扎实、教育教学能力和自我发展能力突出的高素质专业化的卓越幼儿园教师、卓越小学教师、卓越中学教师、卓越中等职业学校教师;2018年,教育部《关于实施卓越教师培养计划2.0的意见》提出,要建设一流师范院校和一流师范专业,分类推进教师培养模式改革,到2035年,师范生的综合素质、专业化水平和创新能力有显著提升,为培养造就数以百万计的骨干教师、数以十万计的卓越教师、数以万计的教育家型教师奠定坚实基础。

再次,国家重视乡村教师培养。2015年,国务院办公厅印发《乡村教师支持计划(2015—2020年)》,指出:发展乡村教育,帮助乡村孩子学习成才,阻止贫困现象代际传递,是功在当代、利在千秋的大事;发展乡村教育,教师是关键,必须把乡村教师队伍建设摆在优先发展的战略地位。文件提出,鼓励省级人民政府建立统筹规划、统一选拔的乡村教师补充机制,为乡村学校持续输送大批优秀高校毕业生,鼓励地方政府和师范院校根据当地乡村教育实际需求加强本土化培养,采取多种方式定向培养"一专多能"的乡村教师。同年,各省陆续制订

---

[1] 杨天平.论中国特色现代教师教育制度建设[J].国家教育行政学院学报,2009(06):43-48.

自己的乡村教师支持计划实施办法，统筹开展当地乡村教师定向培养。乡村教师包括乡村幼儿园教师定向培养成为各省师资培养中的重要组成形式。

如何合理认识与定位教师的角色、作用、专业发展？如何创新与发展学前师资队伍？如何构建符合学前教育特点的卓越幼儿园教师教育体系？如何促进幼儿园教师专业的可持续发展？这些都需要我们重新思考学前教师观以及创新与发展学前教师观的实施路径。为了振兴我国学前教育事业，跟上国际学前教育发展步伐，我国在规划学前师资队伍建设未来发展时，必须首先将学前教师观的相关研究重视起来。

二、教师观是一个综合性研究课题

"教师观问题应作为教师研究中一个根本性、统整性和具有方法论意义的问题。这是因为，与教师素质、能力、地位及教师教育、管理等层面性研究相比，教师观是一个上位的、具有综合性的研究课题。"[①] 每一个关于教师的理论研究、政策制度和教师教育的目标、内容、方法及评价标准，其背后都隐含着对教师的角色、职业价值、职业信念的一种假设、一种期待；同时教师观也会描绘着对教师的职业素质要求和教师成长规律，指导着教师进行教育教学活动，与主体的教育观、儿童观等教育基本观念共同影响着教育行为。所以，"教师观"的研究直接影响着其他教育基本观念的建构和意义表达，决定其价值取向。

教师观是一个系统概念，也是一个具有包容性的概念，不同的主体会具有不同的教师观。它既可以是国家政策法规中对教师角色的定位与期待、社会大众对教师的认识和看法、学习者对教师的态度和期望，也可以是教师对自己职业角色、职业价值、职业信念、职业态度、职业行为的认识与理解。

教师观是一个认识系统，具体内容包括对教师角色、职业价值、职业信念等一系列根本问题的看法与理解。

教师观的变化一般会受社会发展的宏观背景、知识转型、教育变革和儿童观变化等多方面的影响。在不同的历史阶段、不同的主体身上，就会有不同形式与内容的教师观，所以教师观既是丰富多样的、又是具体的历史的。纵观古今中

---

① 白冰.后现代视野下教师观的重读[D].长春：东北师范大学，2006：1.

外，每个历史阶段对"教师"的理解或解说都有不同的侧重点。

三、研究教师观问题，可以回应教育改革中诸多困惑

知识经济时代，人工智能发展给教育带来前所未有的机遇与调整，提高教师的综合素质，促进教师教育改革，是教育应对时代挑战的关键。在这一进程中，理论上的支撑和依托是当前面临的艰巨任务。教师观指导着公众以及教师自身对教师专业成长的认识与改革期待，并影响着教师的儿童观、教学观、课程观等教育观念的形成。我们需要探索能够引领教师专业发展、促进教育改革的现代教师观。

以往教育制度和教育体系是建立在工业化时代的需求和工业化时代技术基础上的。当工业化时代的需求发生改变、工业化的技术发生改变时，知识化、网络化、国际化社会的教育形态和教育制度必然随之改变。当人工智能迅速影响和渗入各个社会领域时，社会结构包括教育结构的变化，成为社会变革和发展的必然。应对教育信息化变革的最好方式就是多样化。

教育信息化是提高教育质量的有效手段。教育部等印发《关于推进教育新型基础设施建设中构建高质量教育支撑体系的指导意见》直接提出，要加快推进教育新型基础设施体系建设，支撑教育数字转型、智能升级、融合创新，满足教育多样化、个性化需求，真正实现育人方式的现代化，支撑教育高质量发展。

随着元宇宙、VR 和沉浸式技术成为现实，数字技术正在改变我们交流互动和体验世界的方式。OECD 教育与技能司司长 Andreas Schleicher 指出，新冠肺炎疫情背景下，数字世界正在急剧地改变学习者的学习方式；数字化给教育带来的最显而易见的好处是更加个性化，让学习者的学习体验更加精细，教育更具适应性和交互性，数字学习类游戏让学习变得有趣，数字模拟技术实现了学习中的虚拟模仿，同时数字技术将学习与评价更好地联结起来。面对数字化教育给教学环境、教学资源、课程设置、教学方式、师生关系等所带来的一系列变化，我们的教育要如何应对呢？Andreas 认为：技术永远不会取代教师，但是它们可以支持教师重塑自我，成为学习体验设计者，以及导师、教练、私人教师和学伴（参见网络文章"技术永远不会取代教师，但是可以支持教师"）。

因此，我们需要正视数字技术为代表的知识时代的挑战，更要反思教育应该

如何适应这些变化和挑战，在教育信息化改革发展的背景下，更好的教育是我们应对这些问题的唯一对策，学前教育的观念需要进一步扩展：儿童是如何开展多元化和个性化学习的？教师如何有效支持儿童的学习？数字化时代，我们应该如何培养儿童的创新性、主动性等现代性品质？唯有更新学前教育观念，才能帮助我们更为精准、适宜地认识儿童、认识教师和认识教育。

对于教师观的回应，是对于处在传统、现代和后现代矛盾冲突中的广大教师矛盾与困惑的回应。我国历史悠久，"师道尊严"是中国传统文化中一个非常重要的理念，传统教师观不断受到新的时代文化思潮的挑战，建立与新时代社会发展需求相适应的教师观，就成为必然。与此同时，20世纪70年代以来西方兴起的后现代教育思潮也进入了我们的视线，其学者提出了"主体死了""人死了""解构主体"等主张。我国一些学者也开始反思当代教育观，于是有些学者提出，网络改变了知识传播的方式，改变了人们之间的旧有的关系，甚至有人提出"以学生取代教师"等口号。教师如何认识自己？如何走进教育实践？迫切地需要理论的回答。

研究教师观问题，可以推动深入开展教育研究。我们选择了学前教师观这样一个命题，以期通过分析学前教师观的基本内涵、结构、主体、不同国家的学前教师观、不同专家的学前教师观，等等，实现各主体在新阶段教师观的积极重构与优化，助力新时代学前教师观的创新与发展，推动学前教育改革深入发展。

第二节　研究综述

通过对中国学术期刊网全文数据库进行检索，可以发现1984—2023年，以"幼儿"和"教师观"为主题的论文仅有12篇，可见对幼儿园教师观的研究，是不足的。而以"教师观"为主题的研究论文则有465条。1984—2001年期间，每年相关主题论文数量均不足10篇，自2002年之后以"教师观"为主题的研究论文，每年都超过10篇，并且多年保持相对平衡，2007年"教师观"主题的论文数量最多，为32篇；具体见图1-1。纵观这些研究论文，内容大多涉及教育家的教育思想与教师观、师资队伍建设、不同学段教师的教育观等，而系统论述不同观念主体、不同社会发展阶段、不同教育理论、不同国家的教师观的研究则不多见，这为本研究提供了广阔的空间。

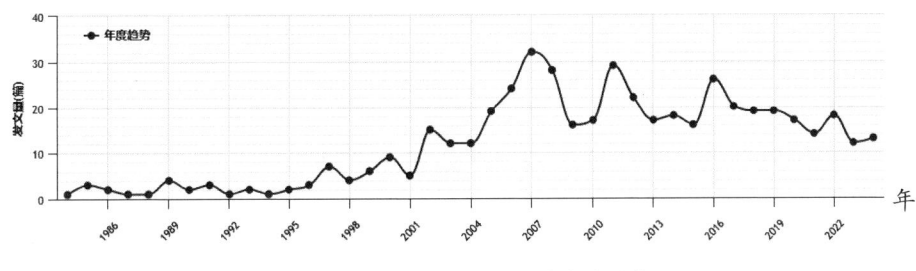

图 1-1　教师观主题的论文发表年度趋势图

本研究借用"本体 – 方法"视角分析已有教师观研究并讨论其未来研究方向①。

一、教师观的"本体"研究综述

本体代表了事物最为内在的方面和最根本的价值向度，表示事物质的规定性和本源，是决定事物何以存在的基本依据。② 教师观的"本体"研究主要体现为对"教师观是什么？"的回答。

（一）教师观的涵义

教师观的涵义，是教师观研究中的重要内容。目前对教师观暂没有统一的定义，不同学者对于教师观有自己的看法和理解，不过较为一致的是大家尝试对教师观进行定义时，大都涉及教师的作用、职能、地位、素质、职业特点、角色形象等，只是定义的具体内容表述不一样。

傅显捷（2002）认为教师观即教师职业观，是社会和教师自己对教师角色及其职业活动的一系列看法。郭兴举（2006）认为教师观包括对教师的本质、历史地位和作用、教师的教育教学思想、职业特征与道德观、教师的整体素质、教育教学工作基本方法和手段、教师角色及角色规范、教师选择、培养和教师专业发展基本规律等一些基本问题。白冰（2006）认为教师观是一个较为宽泛的概念，

---

① 刘雄. 教师观研究的困境与深化路径［J］. 当代教育科学，2016（05）：12-16.
② 李西建. 解构之后：重审当代文艺学的本体论问题［J］. 陕西师范大学学报（哲学社会科学版），2009（01）：47-52.

它既有社会大众对教师的认识和要求,也有学生对教师的态度和期望,更有教师自己对角色价值信念、职业态度、职业行为的深刻体认。梁燕玲(2013)认为,教师观是对教师在教育过程中的地位和作用的认识。

在现有的较为明确定义教师观的说法中,主要是不同主体对教师这一社会职业本身及其属性的认识、理解或看法等。第一类,以教师为认识主体进行定义。如有研究者认为教师观是指教师的教育观念,也有研究者认为是教师的自我认识,即看待自己[①],或者认为主要是教师对自己的角色观念的看法[②],这些说法的主体都是教师,内容则各有不同,有的是对这一职业的责任、特点、素质等的认识,也有研究者结合当前新课程改革的大背景,提出教师的作用和角色行为的变化,又或者是结合教师的角色定位和社会需求而讨论教师这一职业角色的态度、价值、行为、规范和信念等。

第二类,以社会和教师两方,或社会、学生和教师三方为认识主体来进行定义。如有研究者认为教师观是教师的职业观,是社会和教师对教师职业活动的看法[③];还有研究者认为是社会主体对教师职业的认识[④]。

第三类,不指明认识主体或多方主体对教师的理解或认识。如有研究者认为是人们对教师职业的看法,而且是大家比较固定的观点,综合反映教师角色的社会地位、经济地位、身份和期望[⑤];也有研究者认为是对在教育过程中,教师所起的作用以及所处的地位的认识[⑥];还有研究者提出是对教师的认识、看法以及期望的体现[⑦]。

第四类,提出专门的教师观,以及认为教师观是认知系统的。如有研究者提出儒学教师观,对教师进行了四方面的解读,关注到教师的个人经验和个人价值

---

① 申继亮,孙炳海.教师评价内容体系之重建[J].华东师范大学学报(教育科学版),2008(02):38-43.
② 李瑾瑜.论教师的教育研究[J].沈阳教育学院学报,2002(03):1-6.
③ 傅显捷,袁刚.教育社会学断想——教师角色理论探析[J].涪陵师范学院学报,2004(01):120-123.
④ 刘雄.教师观研究的困境与深化路径[J].当代教育科学,2016(05):12-16.
⑤ 王升,赵双玉.论一般教师向优秀教师的转变[J].教育研究,2008(08):82-84.
⑥ 梁燕玲.教师观的批判与发展——文化学的教师观[J].西北大学学报(哲学社会科学版),2003(01):152-155.
⑦ 支爱玲.关于教师观的新视野[J].陕西师范大学学报(哲学社会科学版),2002(S1):3.

倾向方面的内容[①]；还有研究者认为教师观既是对教师的总的看法，也是一个包含公众、学生、教师自身对教师形象、角色、劳动的特殊性及其社会价值等的根本看法的认知系统。

（二）教师观的功能

已有研究中，部分研究者论述过教师观功能与作用，但是往往更多关注其直接功能，较少涉及其间接功能，并且论述缺乏系统性。例如，白冰（2006）认为教师观决定着教师的职业素质要求和教师成长规律，直接指导教师进行教育教学活动，影响着教育观、学生观、教学观等教育基本观念的达成。徐爽（2009）认为教师观直接影响着教师角色作用的发挥以及良好师生关系的建立。两位研究者强调了教师观会影响着教师的教育教学实践，如教师教育观的形成、教育教学方法的选择、师生关系的处理、职业道德及职业自我认同、职业生涯规划与专业发展等，而没有谈及教师之外的其他社会主体对教师职业的看法所造成的影响，如：对教师的社会地位、职业道德、职业素养、教师的角色扮演、教师培养与评价、教师管理及教师专业发展等方面的影响。

（三）教师观的影响因素

对于影响教师观形成的影响因素在已有研究中少有涉及，徐爽（2009）认为社会进步、知识转型、教育变革与对师生关系看法发生变化等会影响教师观的形成与变化。刘雄（2016）认为教师观的形成受到社会政治、经济、文化、科学技术的影响：社会政治的主流意识形态拥有对教育的主导权，出于利益需要，通过对教育的直接或者间接影响，控制教育的发展方向，在此过程中，通过教育法律法规、政策或者舆论等影响教师观的形成；社会经济的发展通过人才需求规格的变化间接影响教师观的取向，如社会对"双师型"教师的要求即基于此；文化，作为特定社会思想规范、观念的总体特征，融会于教育活动过程之中并制约着教育的方方面面，如对教师在教育教学过程中的地位作用认识、教师的道德素养、社会地位及角色等的认识；科技的进步能改变教育者的观念，同时也改变社会对教育者的认识与看法。尤其是信息技术及教育学、心理学理论的进步，影响教育

---

① 魏建培.儒学教师观[J].教师教育研究，2010（01）：51-56.

的内容、方法和手段，使人们重新认识教师在教育教学过程中的地位与作用，如慕课（MOOC）、远程教育技术以及多媒体信息技术的运用等，对教师观的形成具有重大的影响作用。

二、教师观的"方法"研究综述

方法指"人们为了认识世界和改造世界，达到某种目的所采用的活动手段、措施、行动、程序、途径、方法和原则等"。[①] 教师观的"方法"研究就是研究者采取什么样的方式、手段等对教师观进行研究。

（一）基于特定时代视角和特定主体视角的教师观分析

1. 中国共产党的教师观

赵文平、龙庆、郭荣讨论了中国共产党的百年教师观[②]，中国共产党所领导的百年事业发展，离不开教师这一支重要力量的坚实支撑，同时在事业发展过程中，中国共产党也探索并逐渐形成了成熟、系统的教师观。在教师使命观上，从主张教师作为社会民众运动的指导者到强调教师要在教书育人中助推国家建设和中华民族伟大复兴；在教师角色观上，从定位教师为全人生指导者到国家、民族和社会事业发展的基石；在教师地位观上，由主张将教师从被支配阶级地位解放出来到将教师确立为推动社会主义教育事业发展的主体力量；在教师素质观上，始终强调正确政治方向引领下的多方面高品质素质；在教师发展观上，从早期认识到教师自修的意义发展至主张构筑现代教师教育体系。

胡鑫对改革开放以来党的教师观进行了讨论[③]，提出党的教师观主要包括三个方面，即党围绕教师"地位与作用""资格与条件""待遇与发展"等问题所形成的理论观点和思想体系。党对教师"地位与作用"的认知，主要包括四点：（1）教师是工人阶级的一部分，（2）教育工作者是崇高的革命的劳动者，（3）教师是"兴教之本、立教之源"，（4）教师"为国家发展和民族振兴作出了巨大贡献"。在对

---

① 姚文忠.元教育科学导论——关于教育科学研究的理论和方法[M].成都：成都科技大学出版社，1990：11.
② 赵文平，龙庆，郭荣.中国共产党的百年教师观[J].教师教育学报，2022（03）：9-17.
③ 胡鑫.改革开放以来党的教师观研究[D].济南：山东师范大学，2021：7.

教师"地位与作用"的认知形成过程中,呈现出教师身份定位"由内而外、自下而上"、尊师重教风尚的塑造与弘扬始终是提高教师地位的要求主线、对教师地位的定位与诠释逐渐明确化等演变特点。对教师"资格与条件"的认知,党对教师的政治方向、职业道德以及专业技能作出严格要求,"资格与条件"观在发展演进中体现出以下三大特点:一是政治要求是党对教师提出的根本要求;二是以时代目标为导向、以教育发展动态为实践依据;三是资格与条件要求的内容渐重人本、愈加细化。党对教师"待遇与发展"问题的见解,呈现出以下几个特点:一是教师待遇愈加注重教师幸福感的提升,二是教师培养培训一体化,强调教师培育的系统性,三是教师发展渐重教师主体性,强调教师积极性的发挥,四是愈益注重教师发展的长效机制。

2. 幼儿视角下与教师观相关的研究

整体来说关于幼儿视角下与教师观相关的文献数量并不太多,但研究者发现,在研究内容、研究方法等方面,已有文献较为严谨,如研究者用了文献法、访谈法、作品分析法等方法来探究,内容涉及幼儿视角下教师角色外显特征、幼儿视角下对教师角色的情感认知分析等;通过研究发现,幼儿视角下教师角色形象具有一定的审美性,且女性化的形象特征明显,幼儿对教师印象的描述体现了幼儿对教师有着积极情绪。[1]

还有研究者对幼儿视角下的好教师相关文献进行分析[2][3][4],如有研究者分别从幼儿视角下现实存在的好教师标准、幼儿视角下理想的好教师标准等方面进行对比研究,提到并区分了不同好教师形象。幼儿眼中现实的幼儿教师会各种本领,在幼儿面前有一定权威,教师应当喜欢幼儿但不一定是幼儿的好朋友;幼儿眼中理想的幼儿园教师的形象是懂很多知识,可以教会幼儿各种本领但不拥有绝对的权威,教师应当喜欢幼儿并且成为幼儿的好朋友;幼儿眼中好教师形象包括教师的外貌、性格、教师职业道德、教师拥有的知识和教师职业技能四个方面的内容。整体来说,已有对幼儿视角下的幼儿园教师观的研究中,对幼儿教师的外显

---

[1] 单瑞雪.幼儿视角下的教师角色调查研究——以新乡市四所幼儿园为例[D].新乡:河南师范大学,2018:4.
[2] 徐慧艳.4-6岁幼儿心目中的幼儿教师形象研究[D].武汉:华中师范大学,2013.
[3] 宋坤.大班幼儿眼中好老师形象研究[J].早期教育(教科研版),2013(01):5-9.
[4] 于淑贞.试论幼儿心中的好教师[J].黑龙江教育学院学报,2014,33(02):36-37+47.

行为特征阐述较多。

关于教师职业特点的观念，大多是对研究者的实践进行思考，从而归纳和总结，形成一定的理论性看法。研究结果显示，幼儿眼中的教师职业特点大多是具体直观的描述，想要整体描述幼儿眼中的教师职业特点，还需结合以往文献中对教师职业特点的理论性描述；关于教师专业成长的观念，以往研究大多是从成人视角进行研究的，并未找到幼儿眼中对于教师专业成长的观念的看法。

总体分析，幼儿视角下的教师观是以儿童化的语言来呈现的，大多观点主观性较强，因此在后续研究过程中也应注意保留不同幼儿的个性化观点，以客观公正的眼光来分析幼儿对幼儿园教师的认识和看法，尽可能少加入研究者主观因素。

（二）基于特定历史人物或者著作的教师观分析

有研究者分析了民国时期教育家梁漱溟的时代性、个人特色的乡村教育理论，特别是他对乡村教师的从业要求与角色期望，从教师思想道德修养、教育教学内容以及师生关系处理等三个方面提出对于教师的要求或寄予期望；研究者认为，深入挖掘梁漱溟的乡村教师观，对于引导乡村教师增强乡村教育中的乡村文化认同、建设好自身师德修养、根据乡村学生发展特点而教、积极实现教师学习者身份的转变，能够为新时代我国建设高质量乡村教师队伍提供借鉴与指导，并推动我国乡村教育事业的发展。[①]

有研究者探析了梅贻琦大学教师思想，并结合新时代中国背景，汲取梅贻琦大学教师观中的有益因子，提出对当下高等教育的健康发展有益建议。[②]

还有研究者[③]分析了徐特立的教师观：作为一位从乡村走出来的知识分子，徐特立对乡村有着难舍的情怀和强烈的责任感；徐特立认为教师应"经师""人师"合一，要有丰富的知识素养及一定的乡村常识，尤需高尚的人格品性及教育家的热情和风度；主张通过改造旧式塾师和培养师范生来养成教师，注重教师的乡村情怀熏陶，并鼓励他们服务乡村。

---

① 孟令，马香莲.梁漱溟乡村教师观及其当代价值［J］.继续教育研究，2022（05）：36-41.
② 邱斯纯，涂怀京.梅贻琦的大学教师观［J］.中国人民大学教育学刊，2020（03）：146-157.
③ 张洪萍.基于乡村：徐特立的教师观研究［J］.湖南第一师范学院学报，2016，16（05）：27-30.

不少研究者也探讨了国外教育家的教师观。例如，研究者分析了杜威的教师观[1]：杜威以类比的方式描述教师角色，表达了他希望通过教育实现社会民主的愿望；杜威围绕"教师是学生思维发展的领导者"作了不同表述，丰富了教师角色的多样性。也有研究者从儿童本位、课程本位、教学环境及"学校、家庭、社区"关系的角度，对蒙台梭利教师观和瑞吉欧教师观进行比较分析[2]，并提出对于我国学前教育的四方面启示：树立正确的儿童意识、形成科学教育理念，增强幼儿教师的角色意识、做到明确的自我定位，关注隐性课程、增强环境教育意识，拥有家、园、社区合作共育的意识、妥善协调三者之间的关系。

也有研究者分析了日本幼儿教育家仓桥惣三对幼儿教师的角色定位，即幼儿个人尊严的维护者、幼儿的模仿对象、幼儿内心的洞察者、幼儿活动环境的创设者、幼儿活动过程的观察员、幼儿成长的指导者和不断学习与反思的研究者；研究者认为仓桥惣三对幼儿教师自身专业发展空间的拓宽，对于思考教师教育及教师专业发展具有启示：教师专业的发展除了依靠政府等外部力量的大力推动，提高社会对幼儿教师专业认同之外，更取决于幼儿教师自身因素，包括主观上专业知识的提高、专业能力的完备等。[3]

（三）基于特定理论视角的教师观分析

有些论者则以特定理论视角对教师观进行研究，其目的在于分析不同理论视角下教师观的合理性一面，为现实需要提供参考。

教师角色任务方面，文化学理论认为教师是教育资料的文化激活者[4]；边界哲学认为教师作为教师角色，仅存在于与学生相关的时空中而已，此外教师只是普通人自己而已[5]；后现代理论认为教师应是学生学习的促进者而帮助学生成为信息的主人、引导学生向现实生活回归、关注学生的"存在教育"、重塑传统权威、

---

[1] 陈志利.杜威教师观的实质及其启示[J].教师教育学报，2019（06），6：15-21.
[2] 孙锐丽.幼儿教师角色定位的启示及思考——基于蒙台梭利教师观与瑞吉欧教师观的对比及思考[J].新疆教育学院学报，2014，30（03）：23-26.
[3] 李文英，唐钰滢.幼儿教师角色意识与专业发展——仓桥惣三的幼儿教师观及启示[J].外国中小学教育，2016（06）：43-47.
[4] 梁燕玲.教师观的批判与发展——文化学的教师观[J].西北大学学报（哲学社会科学版），2003（01）：152-155.
[5] 李春桥.评泛角色的教师观——在边界哲学的视野中[J].济南职业学院学报，2005（05）：3.

重视人格修养以增强自身人格魅力[1]；关怀理论认为教师作为关怀者比作为科任教师角色更加重要[2]；建构主义认为，教师的作用不在于传递知识，而在于在确定的经验领域里、在意义建构上给予学生支持，是学生建构知识的帮助者、引导者与合作者[3]；自然主义认为，教师应是儿童天性发展的辅助者[4]；女性主义则认为教师应是一种转化型的知识分子[5]；存在主义认为教师是作为教师而存在的人，教师的作用在于帮助学生实现"自我生成"和"自我超越"，以及维护好学生的主观性与自己的主观性[6]。

教师素养方面，人本主义认为教师应能全面了解、关心并完全信赖学生、在教学中因材施教、尊重学生的人格、珍视学生的观点、愿意且善于帮助学生阐述自己的价值观念和态度体系，并能迅速捕捉学生的情感及其变化[7]；边界哲学认为对教师素质要求的边界限定应是在教师能胜任教师职业的范围内[8]；关怀理论认为教师应具有培养关怀理想的理念及掌握"教育关怀"的实践规则[9]；主知主义认为教师应具有高尚人格魅力与高超、持重、和善的德行[10]；自然主义认为，教师应品德高尚、学识丰富、聪慧、年轻以及谨慎耐心[11]；全人教育则认为教师应具有崇高的理想和责任感、良好的教育素养和教学技能以及坚定、严格、刚毅的精神[12]；女性主义认为教师应具备以性别平等观念为核心的教师专业素养、性别平等的意识、

---

[1] 白冰.后现代视野下教师观的重读[D].长春：东北师范大学，2006：29.
[2] 张洪高.美国关怀学派的教师观[J].教育评论，2006（05）：93-95.
[3] 张桂春.简论建构主义教师观[J].教育科学，2006（01）：49-52.
[4] 宁芳艳.近代外国教师理论研究——侧重几种教师观类型的分析[D].武汉：华中师范大学，2009：29-38.
[5] 杨浩强，贺艳洁.试论女性主义的教师观[J].沈阳教育学院学报，2011，13（06）：9-12.
[6] 胡龙娟.论存在主义教育思想的教师观[J].考试周刊，2014（24）：147-148.
[7] 熊冬炎.人本主义心理学的教师观[J].心理科学通讯，1987（03）：2.
[8] 李春桥.评泛角色的教师观——在边界哲学的视野中[J].济南职业学院学报，2005（05）：3.
[9] 张洪高.美国关怀学派的教师观[J].教育评论，2006（05）：93-95.
[10] 宁芳艳.近代外国教师理论研究——侧重几种教师观类型的分析[D].武汉：华中师范大学，2009：18-28.
[11] 宁芳艳.近代外国教师理论研究——侧重几种教师观类型的分析[D].武汉：华中师范大学，2009：37.
[12] 宁芳艳.近代外国教师理论研究——侧重几种教师观类型的分析[D].武汉：华中师范大学，2009：39-41.

从事性别平等教育的基本知识、掌握从事性别平等教育的教学方法和技能[①]。

师生关系方面,人本主义认为教师应与学生建立良好的、真正的人际关系,从而起到"移情"作用,并把它作为安排学生学习活动的基础[②];关怀理论认为师生关系应保持连续性[③];女性主义主张建立"民主关心"型师生关系[④]。

从以上文献分析来看,这些理论视角下的教师观主要涵盖了教师角色任务、素养、师生关系、教育教学方法等方面。大部分研究基于特定理论归纳或演绎该理论指导下的教师观,为人们审视教师观提供了不同的视角,但对于该理论的哲学前提缺乏深入探讨,因此,得出的结论更多的是该理论视角下教师观的合理性。

(四)运用实证研究方法的教师观分析

除了求诸于研究历史人物与著作、基于某一特定理论视角研究教师观外,有研究者尝试采取实证研究的方法对教师观进行研究,但此类研究并不多见。其中,有研究者采用问卷调查的方式比较中、日、美三国初中生对教师的看法,以此来了解以上三国学生对教师的态度,以及这种态度与他们母亲对教师态度的关系,探讨文化背景对学生教师观的影响。还有研究者[⑤](2008)对当代美国幼儿教师观及其影响进行了分析,研究者从美国幼儿教师角色观与素质能力观两个方面来探讨美国幼儿教师观;其中,美国幼儿教师职业特性、社会地位(收入与受重视程度)、幼儿教师作用(对幼儿发展与对社会发展的作用)是研究美国幼儿教师角色观的三个维度;美国幼儿教师知识观(美国幼儿教师知识观与美国幼儿教师的普通知识标准)、美国幼儿教师的多元化应对能力观、美国幼儿教师的实践能力观(创设积极学习环境的能力、组织教学的能力、正确评价并引导儿童的能力与合作能力)与美国幼儿教师思想行为观是研究美国幼儿教师素质能力观的四个维度。

从以上主要研究来看,此类研究给教师观研究提供了一种新的思路,其研究

---

① 杨浩强,贺艳洁.试论女性主义的教师观[J].沈阳教育学院学报,2011,13(06):9-12.
② 熊冬炎.人本主义心理学的教师观[J].心理科学通讯,1987(03):2.
③ 张洪高.美国关怀学派的教师观[J].教育评论,2006(05):93-95.
④ 杨浩强,贺艳洁.试论女性主义的教师观[J].沈阳教育学院学报,2011,13(06):9-12.
⑤ 闫美玲.当代美国幼儿教师观及其影响探析[D].长春:东北师范大学,2008:4-5.

思路先确定教师观的维度，进而采用调查法进行信息收集、分析，进而得出相应的研究结论。

三、已有研究特点分析

（一）研究规模呈递增趋势，研究主题呈扩散态势

通过中国学术期刊网全文数据库进行检索，可以发现1984—2023年，以"幼儿"和"教师观"为主题的论文仅有12篇，可见对幼儿园教师观的研究，是不足的。而以"教师观"为主题的研究论文则有484条，并且呈现出研究数量逐渐递增的趋势。

通过文献计量统计，关于教师观的关键词中，"知识分子""尊师重教"发生频次最高，"教师队伍建设""教师教育""教育思想""师生关系""教师角色"等关键词在研究论文中出现频次较多，具有重要的研究意义（见图1-2）。

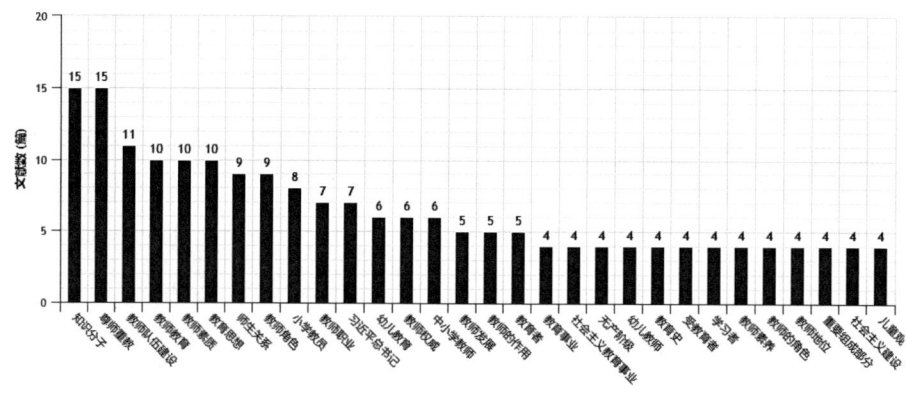

图1-2

基于关键词统计分析，我们可以发现，国内理论界主要关注教师观的内涵、核心素养、教师角色和影响因素等研究主题，研究主题呈扩散态势。

（二）研究方法呈多样化

从研究方法的角度分析已有研究，我们可以看出，不少文献是基于实践工作经验总结而提出的，即以经验总结的方式对教师观及相关问题进行研究，而采取

定性或定量的实证研究屈指可数；从研究视角来说，现有研究往往遵循的是工作逻辑，偏于社会价值维度，对其教育学价值维度和个人价值维度的学理探究仍显不足。近年来，伴随着我国教育研究方法和研究视角的多元化发展，越来越多的研究者开始关注实证研究的思路，即采用实证研究的方式，去探索教师观的共性问题，研究视角逐步丰富，以多视角、多角度的方式对教师观研究主题进行综合研究正在形成。

例如，乡村小学卓越教师特质及其影响因素研究。周明星研究团队对湖南省43所小学的1600名教师进行问卷调查，并从问卷调查对象中选取获得过市级及以上"优秀教师"称号的8名乡村教师进行访谈研究，概括了乡村小学卓越教师的基本特质、影响因素。该类研究显示，卓越乡村教师教育研究者正在逐渐超越总结性描述，开始运用实证研究方法，实现研究范式和研究思路的突破，使卓越乡村教师教育问题的分析、教育路径的提出能够具有事实依据和实证资料的支撑，以获得卓越乡村教师教育相关者的共鸣。

四、研究存在的问题及其深化路径

（一）研究存在的问题

1. 缺乏对教师观本身的深入研究

造成这一问题的原因与研究者不重视对教师观的基础研究，或缺乏相应的研究意识有关。就研究某一特定事物的一般范式而言，对教师观本身的研究主要包括对教师观的含义、教师观的内容、教师观的形成及影响因素、教师观的功能等。事实上，只有清楚认识事物本身之后，我们才能更为清楚认识以此事物为基础而产生的相关事物，据此，对教师观本身的研究引领着教师观相关的下位研究，只有对教师观本身进行深入研究，其下位研究才是有本之木、有源之水。加强对教师观本身的研究是解决当前对教师观研究缺乏说服力问题的根本途径。

2. 研究方法和思路缺乏新意

在关于教师观研究方法上，目前主要有历史文献法、理论分析法、调查法、比较法以及个案研究法等方法，其中理论分析法用得最多，如基于某理论对教师观的分析，这种研究方法采用的是演绎的思维路径，如果缺乏对论证起点的逻辑分析，演绎得出理论的科学性就值得怀疑。历史文献法是该研究主题中用得较多的一种方法，但就目前收集的文献来看，主要采取分析某历史人物或著作中蕴含的教师观为主，这种提炼式的研究往往受到研究者自身理论水平以及对历史人物或著作掌握程度的影响，得出的结论往往是精加工的素材；有少量文献采用调查法，其中问卷法和访谈法用得最多，在问卷维度的划分论证上，往往缺乏划分维度的严密理论论证。也有极少量研究采用比较法和个案研究法来研究教师观的形成过程。

（二）教师观研究深化路径

1. 深化对教师观"本体"的研究

只有在教师观的理论研究上有新的突破，其下位研究才能取得进展。多视角、多维度对教师观自身的研究是今后教师观研究发展的主要方向，也是要取得研究突破的难点和重点。对教师观的研究应集中在教师观的含义、教师观的结构、教师观的功能、教师观的历史演变、教师观的形成及影响因素等方面。

2. 拓展教师观研究"方法"

重视理论分析方法、调查法的同时重视其他研究方法。除了进一步重视理论分析的哲学深度分析之外，应重视对调查法本身优缺点的客观认识，加强研究框架的构建以及对分析维度的理论论证，这样的研究结果才具有较强的参考价值。另外，应进一步加强诸如质的研究、个案研究的运用。通过不同的研究方法呈现的研究结论可以进行相互印证，拓展研究的宽度和深度。

第三节 主要观点

一、学前教师观的内涵

教师观一词中的"观"可被理解为"对事物的看法、认识"，其英文应译为"cognition"，那么"教师观"应理解为"社会主体对教师这一社会职业的看法与认识"，"期望"是这种看法与认识的重要属性，正是"期望"这一属性决定了教师观对实践的指导意蕴。①

学前教师观是对学前教师的认识、看法和期望。这包括社会公众、幼儿、家长等对学前教师的认识、态度和期望，幼儿园教师自己也有对职业价值的观念和期望值。教师究竟应该是什么样的一种角色，究竟应该承担什么样的职责，可以说在不同的历史时期、不同的社会环境下是大不相同的。关于学前教师的观念是不断发展变化的，学前教师观的内容体现了历史性和具体性。

学前教师观主要涉及两个问题，一是哪些社会主体对教师这一社会职业具有看法与认识？二是社会主体对教师职业的哪些方面具有看法与认识？前者是教师观的主体问题，后者是教师观的内容结构问题。

二、学前教师观的主体

（一）行政管理主体

教育行政部门是一个国家的各级政府对教育事业进行组织领导和管理的机构或部门，从隶属关系上划分，我国的教育行政部门包括中央教育行政部门和地方教育行政部门。中央教育行政部门，一般称为教育部，是国家一级主管教育的工作部门。地方教育行政是我国各级地方政府对教育事业进行组织领导和管理的机构或部门，从广义上讲，它包括省内各级教育行政部门。② 教育行政人员是在教育行政部门任职的人员。在本研究中教育行政人员是指在县级教育局任职，负责本地区幼教管理、教育教学相关工作的专职人员。

教育行政部门是专门对幼教事业进行组织、领导和管理的机构，所以教育行政管理人员对于教师职业的看法则直接影响着教师的教育教学实践。目前国内关于教育行政人员视角下的学前教师观研究较少见。我们可以通过研究教育行政人员视角下的幼儿教师观的现状，给社会各群体提供理论上的探索和研究资源。同时，让幼儿教师可以更为准确地认识到自己的角色定位，意识到自己需要肩负的职责以及了解到多种专业发展的途径，为幼儿教师的专业发展提供一定的借鉴意

---

① 刘雄.教师观研究的困境与深化路径[J].当代教育科学，2016（05）：12-16.
② 朱瑜.四川省教育行政部门对独立学院监管政策研究[D].成都：电子科技大学，2014：12.

义。据此，社会公众也可以全面了解幼儿教师行业，唤起人们对幼儿教师的关注和认可。这不仅有助于幼师队伍的发展，也有助于促进学前教育更好地发展。

行政人员中，教研员对教育文化的引领作用也非常重要；用先进的教育文化去影响教师的教学理念、观念和思想，影响教师的课程观、教学观、教材观、学生观、评价观等，影响教师的教育教学实践，影响教师教育哲学思想的构建。由此看来，教研员在教师群体中所起到的作用是十分明显又不可或缺的，他们影响着教师的观念和思想。

（二）幼儿

幼儿在幼儿园教育中具有主体性地位，扮演着幼儿园一日生活教育中学习和生活的主人翁角色。在幼儿园教育教学活动中，以幼儿为本，充分发挥幼儿的主体性，是幼儿身心全面健康发展的必要前提。在日常生活和学习过程中，幼儿接触教师、学习和模仿教师，教师的言行举止在潜移默化中影响着幼儿。在这一过程中，幼儿通常会对教师形象有一些属于自己的认识、理解和观念。然而，从"小孩子知道什么""你还小，等你长大了就明白了"等等这些言论中就可以看出，幼儿常常被认为是懵懂和一无所知的，研究者们也常常从教师自身、家长等成人角度切入来探究不同主体视角下的教师观，忽视幼儿的主观能动性。近来，随着不同群体对幼儿看法的转变，人们逐渐意识到幼儿丰富的思维和独特的表达方式，了解幼儿、研究幼儿成为当下教育发展的必然趋势。

幼儿园中的3—6岁幼儿分为大班、中班、小班三个年龄层次阶段，不同年龄阶段的幼儿发展水平和认知能力以及个人经验又受性别、家庭背景等因素的影响变得不尽相同。"幼儿是独特的人"，每一位幼儿都可能对某一事物或现象拥有自己独特的观点和见解。不同于完完全全的"社会人"，幼儿视角下的教师形象较少地受社会化的影响，具有较大的独特性。

因此，选择3—6岁的幼儿为研究对象，从幼儿视角来探究有关"教师观"，具有重要意义与价值。

同时，幼儿园教师的教育对象是幼儿，了解幼儿对教师各方面的看法，是教师了解自身教育成效、反思自身教育行为的直接途径之一。

(三)社会公众的代表——家长

《幼儿园教育指导纲要(试行)》的组织与实施中明确指出:"家庭是幼儿园重要的合作伙伴,应本着尊重、平等、合作的原则,争取家长的理解、支持和主动参与。"家庭是幼儿成长的第一摇篮,每个幼儿可以选择不同的幼儿园教育,但无法选择家庭教育。家长是幼儿的第一任教师,在幼儿教育中有着独特的作用。正是因为家长在幼儿教育中的独特作用,同时又作为教育教学活动参与者和社会公众一员,家长视角下的学前教师观,对学前教育实践具有重要作用。

研究家长视角下的学前教师观,首先有利于丰富学前教育教师观的相关理论;其次有利于从新的角度看待与解决由极少数虐童事件导致的教师信任危机;最后有利于教师形象的更新和重构,进一步丰富有关家园联系的理论。

(四)教师

学前教师观是一种蕴含于教师的内隐机制,它包含了学前教师对自己的定位、职业特点、专业发展等内容,教师观不仅影响着学前教师的教育教学行为,还影响着学前教师的教学理念和思维方式,进而影响到教育质量。

三、学前教师观的内容

学前教师观就是对学前教师的角色、职责、社会地位、专业发展等的观点与认识,所以教师观的内容就包括了教师角色定位、职责、社会地位与专业发展四个因素。

(一)幼儿园教师角色定位

幼儿教师角色是幼儿教师观的重要组成部分。在不同时期对幼儿教师角色的定位是有所不同的。如,有研究者以幼儿为主要依据将幼儿教师角色定位为幼儿身心发展的导师、家园共育的促进者、幼儿的知心朋友。认为幼儿教师的教育对象是3—6岁身心发育还不成熟的幼儿,要求幼儿教师根据教育经验和教学理论明确所扮演的角色。[①] 有研究者在信息时代的背景下赋予了幼儿教师新的角色,

---

① 杨雪.幼儿教师角色定位与行为探析[J].佳木斯职业学院学报,2018(09):269.

认为幼儿教师除了是幼儿活动的支持者、合作者以及引导者之外,还需要成为信息资源型教师、方法型教师、因材施教型教师。①

随着新一轮基础教育改革的实施,有研究者认为教师角色要从传统观念下发生转变,幼儿教师应是幼儿情绪的关注者和疏导者、幼儿游戏的引导者和支持者、幼儿探索发现的支持者和合作者。②研究者认为幼儿教师应当担任幼儿的第二个妈妈、做幼儿行为活动的观察者、做幼儿的知心朋友、做幼儿教学的探究者。③有研究者在新教育理念背景下将幼儿教师角色分为三种:第一,从师幼互动看:教育活动的执行者转变为教育实践的研究者,由管理者、传授者向支持者、引导者、合作者转变。第二,从教师与其他教育者的关系看:管理者为教师提供教育引导和资源支持,促进团队合作互助,尊重家长。第三,从教师自身的角度看:认真领悟新教育理念、努力提升综合素养。④有研究者将幼儿教师角色分为六个:良好环境的创造者、一日活动的组织者、游戏活动的指导者、教育活动的实施者、幼儿成长的评价者、家园共育的沟通者。⑤有研究者认为随着幼儿园改革的不断深入,幼儿教师要转变自身角色意识,成为良好师幼互动环境的创设者,要学会倾听幼儿的心声,成为幼儿发展的引导者,同时重视与幼儿的情感交流,成为幼儿发展的合作者,平等对待每个幼儿,践行教师民主、公正的角色,也要不断提升自己,成为师幼互动中的求知者。⑥有研究者认为幼儿教师应该是幼儿生命的关怀者、幼儿平等的交往者,自身是终身学习者,与家长是合作关系。⑦有研究者认为幼儿教师是深爱幼儿的教育者、是幼儿的老师妈妈、是幼儿的游戏伙伴和知心朋友。⑧有研究者认为教师要学会做幼儿的"观察者""倾听者"、教师要善于做幼儿的"引导者""支持者"、教师要善于做幼儿的"对话者"、

---

① 周玉琴.信息时代幼儿教师的角色及培养思考[J].教育现代化,2017,4(42):60.
② 章萍.用智慧引领孩子成长——对幼儿教师角色定位的思考与实践[J].华夏教师,2017(12):24.
③ 付金玲.幼儿教师角色的思考与定位[J].电子制作,2015(02):185.
④ 孙娓娓.新教育理念下幼儿教师角色的转变[J].大庆师范学院学报,2015,35(02):131.
⑤ 杨龙飞,张尧.《幼儿园教师专业标准》定位下的幼儿教师角色[J].教育探索,2014(08):102.
⑥ 杨定姜,刘新伢,曹能秀.准确定位教师角色,促进有效师幼互动[J].滇西科技师范学院学报,2013(03):79.
⑦ 夏丽娟.浅谈幼儿教师的角色定位[J].江苏教育学院学报(社会科学版),2010,26(07):26.
⑧ 许娟,程晓霞.对现代幼儿教师角色的解读[J].文教资料,2010(30):136.

教师要敢于做"研究者"。[①]还有研究者认为幼儿教师应该是幼儿活动中的"园丁"、自我成长中的"向导"、幼儿活动的参与者和合作伙伴、家园合作的联络者。[②]

综合以上对幼儿教师观的研究我们可以看出,在不同时期对幼儿教师观的定位是略微有些不同的,但是在教师与幼儿关系上教师是支持者、引导者、合作者,教师与教师之间是强调合作,教师与家长的关系是强调尊重、沟通及合作,教师与自身的关系是强调终身学习的。教师的角色是多样的,同时也对幼儿教师提出了更高的要求。

(二)幼儿园教师的职责与社会地位

关于幼儿教师职责并没有相关文献研究,但是《幼儿园工作规程》第四十一条明确指出幼儿教师对本班工作全面负责,其主要职责如下:(1)观察了解幼儿,依据国家有关规定,结合本班幼儿的发展水平和兴趣需要,制订和执行教育工作计划,合理安排幼儿一日生活;(2)创设良好的教育环境,合理组织教育内容,提供丰富的玩具和游戏材料,开展适宜的教育活动;(3)严格执行幼儿园安全、卫生保健制度,指导并配合保育员管理本班幼儿生活,做好卫生保健工作;(4)与家长保持经常联系,了解幼儿家庭的教育环境,商讨符合幼儿特点的教育措施,相互配合共同完成教育任务;(5)参加业务学习和保育教育研究活动;(6)定期总结评估保教工作实效,接受园长的指导和检查。[③]

关于幼儿教师社会地位主要有两个方面:幼儿教师的社会地位和法律地位。

1. 社会地位

幼儿教师的社会地位主要受政治权利、经济地位、专业能力以及职业声望四个方面因素的影响。有研究者认为幼儿教师的社会地位不高,缘起于工作环境与工作条件、发展权利与机会、考核评价、身份地位、工资福利待遇等方面的不利,从而使他们获得感降低、社会认可度不高。[④]有研究者认为由于幼儿教师的整体素质不高,以及幼儿教师资格相对容易获得,造成社会对幼儿教师职业的认

[①] 黄春燕.新理念下幼儿教师角色的思考[J].今日南国(理论创新版),2008(08):52.
[②] 辛宏伟.幼儿教师角色:园丁、向导和伙伴[J].中国教师,2007(S2):236.
[③] 中华人民共和国教育部.2016版幼儿园工作规程[M].北京:首都师范大学出版社,2016:16.
[④] 涂阳慧.幼儿教师发展过程中的公平问题研究[D].上海:华东师范大学,2009:32-39.

可度不高。[①] 还有研究者认为幼儿教师整体主观地位处于中等水平，而且无论是社会、政府还是教育管理部门，对幼儿教育没有给予足够的重视，有些人甚至将幼儿教师定位为一个保姆的角色。[②]

2. 法律地位

法律地位是组成幼儿教师地位的一部分。但是幼儿教师的法律地位并不明确。有研究者认为教师的身份不明确，幼儿教师编制配备不足，幼儿教师专业自主权缺失，幼儿教师职称评定不独立。[③] 还有研究者认为幼儿园教师没有独立的职称评审和晋升体系，幼儿园教师没有独立的编制类型，幼儿教师没有统一的工资标准。[④]

从国内学者对幼儿教师地位的研究可以看出，幼儿教师的社会地位偏低由内部和外部两方面因素造成，而且幼儿教师的法律地位也并不明确。

（三）幼儿园教师的专业发展

有关幼儿园教师专业发展，主要包括专业素养、专业发展的途径、幼儿园教师专业发展中存在的问题三个方面。

1. 幼儿园教师的专业素养

我国学者对幼儿教师专业素养的研究归纳如表 1-1。

表 1-1　幼儿园教师专业素养的归纳

研究者	专业素养
叶澜	专业理念、专业知识、专业能力
林瑞钦	学科知识、专业知能、专业精神
艾伦	学科知识、行为技能、人格技能
林崇德、申继亮、辛涛	知识水平、教育观念、教学监控能力、教学行为与策略
曾崇光	专业知识、服务理想
唐松林、徐厚道	认知结构、专业精神、教育能力
王卓、杨建云	专业知识、教育专业能力、教育专业精神
朱永波	专业理想、专业知能、教育智慧

① 彭兵.我国幼儿教师专业发展政策回顾与展望[J].学前教育研究.2012（05）：24-27.
② 龙正渝.幼儿园教师的主观社会地位及其改善[J].学前教育研究.2014（02）：3-11.
③ 卢迪.浅谈幼儿教师的法律地位与权益保障[J].学理论，2014（15）：204.
④ 何浩.我国幼儿园教师法律身份研究[D].重庆：西南大学，2014：41-45.

2. 幼儿园教师专业发展的途径

幼儿教师的专业发展是幼教事业的核心问题，也是教师观的重要组成部分。有研究者认为要搭建幼儿教师专业发展的制度平台，还要提供良好的环境，幼儿教师专业发展才能很好地实现。[①] 有研究者认为要注重幼儿教师儿童教育观念的更新，幼儿园需要与国家、与社区配合，为幼儿教师创造良好的环境，还可以通过激发幼儿教师的内部动机来实现专业发展。[②] 有研究者认为可以从自我反思、同伴互助、专业引领三个方面进行教师专业发展。[③] 有研究者认为建立学习共同体、同伴互助、个体反思可以促进幼儿教师的专业发展。[④] 有研究者提出当代幼儿教师专业发展的视角是"一生的职业生涯"，是一个整体过程。推进幼儿教师专业发展必须从其主体性和社会性两方面着手，即个体对专业的自我发展和社会对个体专业发展的支持。[⑤] 有研究者认为幼儿教师专业发展首要是必须树立建构主义发展观。幼儿教师的专业发展是个体融入幼教实践的一个持续工作的过程，必须在"工作人群共同体"中实现个体和群体的成熟和发展。[⑥]

我国其他研究者针对专业发展中一个重要途径进行了研究，归纳如表1-2。

表1-2 幼儿园教师专业发展途径研究的归纳

研究者	专业发展途径
顾芬芬	科研
王邦勇	幼儿园管理者建立一系列研究制度，通过有效管理激发教师内在动机
程方生、庞青	园本教研
张桃	课例研究
李香玲	反思性实践
马富成、马雪琴	同伴互助
浦月娟	现代信息技术
姜勇	博客

---

① 李学容，夏泽胜.幼儿教师专业发展与制度建设［J］.内蒙古师范大学学报（教育科学版），2014，27（06）：109.
② 游达，沈丽丽.幼儿教师专业发展有效途径新探［J］.池州学院学报，2013，27（03）：129.
③ 肖杰.幼儿教师专业发展研究［J］.教育探索，2011（06）：112.
④ 王玉彬.以园为本，建设学习型幼儿园［J］.中国教育学刊，2011（S1）：15.
⑤ 程方生.幼儿园园本教研实践框架分析［J］.江西教育科研，2007（04）：75-77.
⑥ 李玉杰.建构主义视阈下的幼儿教师的专业发展［J］.教育探索，2010（04）：93-94.

（续表）

研究者	专业发展途径
吉兆麟	技术整合
崔哲	幼儿园人本管理
黄翠萍	创建教师主体性的校园文化
胡海燕	幼儿教育质量提升的推进
郑庆文、许倩倩、姬彦红	园本培训

3.幼儿园教师专业发展中存在的问题

有研究者认为幼儿教师学历普遍偏低、社会认可度不高、专业意识不强、从教能力不够强、综合素质不高、职业定位偏低是教师专业发展存在的问题。[1] 有研究者认为幼儿教师的专业自主权欠缺、业务水平得不到保障、科研意识淡薄、科研能力欠缺、专业发展意识淡薄、职业倦怠突出、家园合作与团队学习流于形式等问题阻碍着幼儿教师专业发展。[2] 有研究者从八个方面阐述了幼儿教师专业发展中存在的问题：社会对该职业的认可度不高，学前教育学科地位偏低，幼儿园办园力量层次、目的不一，幼儿教师职前教育和入职评估不足，在职培训不符合新型幼儿教师的要求，幼儿师资地区差异大，职业倦怠现象普遍，缺乏专业发展的持续动力。[3]

幼儿园教师专业发展是建立在群体与个体、外在与内在两个维度之上的。从群体外在专业发展维度来看，幼儿园教师具有代表一类群体的职业属性，专业发展是幼儿园教师作为群体职业的专业化。从个体内在专业化维度看，教师专业化实质上是幼儿园教师专业自我增强的机制。本书中所讨论的教师专业发展更多是从前者的维度展开的。

关于幼儿教师观种的角色定位、幼儿教师地位、幼儿教师专业发展等要素的研究与分析，研究者大都针对幼儿教师观的一个方面进行研究，缺少对幼儿教师观整体的探索。与此同时，在进行相关研究时，研究者多局限于理论层面的研究，缺少对幼儿教师观的现状研究。只有通过对幼儿教师观的现状进行了解之后、找出影响幼儿教师专业发展的影响因素，才能更有利于幼儿教师的成长。

---

[1] 冯静，牟洪贵.幼儿教师专业发展的问题分析与应对策略[J].科技经济导刊，2017（15）：182.
[2] 孔海清.幼儿教师专业发展特点和实践中的主要障碍[J].现代教育科学，2011（08）：97.
[3] 周忻.幼儿教师专业发展：问题与对策[D].无锡：江南大学，2009：34-40.

第二章

BUTONG ZHUTI SHIJIAOXIA DE
XUEQIAN JIAOSHIGUAN

不同主体视角下的学前教师观

第一节 教研员视角下的学前教师观

一、引言

教师观是人们对教师职业的特点、责任、教师的角色以及科学履行职责所必须具备的基本素质等方面的认识。《幼儿园教育指导纲要（试行）》中指出："教师应成为幼儿学习活动中的支持者、合作者、引导者。"新课改背景下，教育实践也要求教师做好角色和行为的转变。

然而，当今社会对于"幼儿园教师"这一角色的认知度却没有那么高。有研究者提出，谈到幼儿园教师这份工作，社会上许多人会认为它轻松、工资尚可、假期多、不需要太高的学历，有的人认为幼儿园教师就是"保姆"，就是帮助家长"看孩子的"；学前教育在读学生中也存在这样的看法。调查表明，多种培养层次下的学前教育学生对于幼儿园教师的认同度较低，不到一半的学生看好学前教育的发展前景，55%的学生认为自己的专业不受人尊敬，当幼儿教师不是自己的首选工作。[1] 由此看来，社会各界对于幼儿园教师的看法是失之偏颇的，幼儿园教师的角色定位易被误解，甚至幼儿园教师本身对自己的职业认同感也不高，长此以往对于幼儿园教师专业化的发展是十分不利的。为此，我们就需要专业人士的观点以供参考。

教研员对教育文化的引领作用非常重要，他们用先进的教育文化去影响教师的教学理念、观念和思想，影响教师的课程观、教学观、教材观、学生观、评价观等，影响教师的教育教学实践，影响教师教育哲学思想的构建。[2] 由此看来，教

---

[1] 卓靓婷.解放"保姆"身份，还原幼儿教师专业地位[C].荆楚学术，2018年10月（总第二十四期）.淮北师范大学，2019:45-47.
[2] 王纬虹，代保民.教研员：教师专业发展的引领者[J].中国民族教育，2011（Z1）:12-14.

研员在教师群体中所起到的作用是十分明显又不可或缺的，他们影响着教师的观念和思想。据此，我们从幼教教研员的视角出发，以带有比较鲜明的业务素养的群体为访谈对象，探讨教研员眼中的幼儿园教师观。了解教研员眼中"当下"的幼儿园教师观和"理想"中的幼儿园教师观，这不仅对于幼儿园教师自身起到一定的引领作用，也能从正式和专业的角度修正社会各界对于幼儿教师角色、地位的看法。

二、研究设计

（一）研究方法

访谈法是以口头谈话的形式获取所需要的信息和研究资料的方法，是本文所运用到的最主要的研究方法。本研究以两名幼教教研员作为访谈对象，在对方知情并同意的情况下对访谈内容进行了收录，以此分析她们眼中的教师观。

（二）研究对象

本研究围绕幼儿园教师观这一主题对两位教研员进行了访谈。T教研员有25年教龄，目前在N市L区教育局工作，曾在乡镇中心幼儿园任教，四年后调至L区实验幼儿园，带班十年后成为业务园长，2018年9月成为L区幼教教研员。Z教研员有37年教龄，曾一直担任J县实验幼儿园园长，2010年起至今担任J县幼教办主任（详见表2-1）。

表2-1 研究对象基本信息统计表

编号	性别	职业	工作经历	访谈时间	访谈地点
T	女	N市L区幼教教研员	教龄25年，乡镇中心幼儿园任教4年，随后调至实验幼儿园，2018年9月通过公招成为教研员	2020年1月6日、8日、10日、3月18日、20日	咖啡店、L区实验幼儿园会议室
Z	女	H市J县幼教办主任	教龄37年，曾担任实验幼儿园园长，2010年起至今担任J县幼教办主任	2020年1月10日、12日、3月18日、22日、28日	办公室

（三）研究数据

访谈结束后，研究者对谈话内容进行文字实录、编码。先是对访谈内容进行逐条录入，并进行简单分类，形成一级编码；然后在一级编码基础上分类别进行整理，形成二级编码，发现类别之间的相似性和语义联系，提炼出教研员眼中教师观的特点；最后，通过对前期编码的整理分析，来证明研究假设，检验编码。

三、调查结果与分析

（一）教研员视角下幼儿园教师观的内容分析

教研员视角下的幼儿园教师观主要从教师的职业特点、教师的责任、教师的角色、教师的基本素养和教师的专业成长路径这五个方面来进行阐述。

1.认同幼儿园教师职业的重要性，并指出幼儿园教师的职业地位在逐步提升

至今为止，幼儿园教师这一职业仍然未被社会各界完全认可，有研究者提出，当前部分幼儿教师自身的职业信念不够坚定，加之幼教工作的社会认可度不高，幼儿教师的职业认同感遭到严重的挑战；另外，相当部分的幼儿教师虽然认可自身幼儿教师这一职业身份，并努力实现其自身的职业目标，但其对所在幼儿园的认同感不高，从而严重影响到自身的工作投入水平。[①]如何增强幼儿教师的职业认同感和组织认同感，并帮助其提高自身的工作投入水平，是当前亟须解决的重要问题。从编码结果来看，教研员眼中的幼儿园教师职业特点主要分为三点：幼儿园教师的工作是不容易、不简单、很重要的；幼儿园教师应该具有爱心和事业心；幼儿园教师这一职业的地位在"十三五"之后逐步提升。

访谈研究显示，两位教研员都提出，幼儿教师的存在不仅仅是社会大众眼中的"保姆""看小孩的"，相反的，他们认为幼儿教师的存在是十分有必要的。幼儿园教师承担着3—6岁幼儿的保育和教育工作，而这一阶段正是儿童成长与发展的黄金阶段，许多良好的学习习惯和生活习惯都是在这一时期养成的，那么

---

① 姜侗彤.职业认同、组织认同对幼儿教师工作投入的影响研究[D].济南：山东师范大学，2019：41.

幼儿园教师就承担着"培养幼儿身心健康发展"这一重要职责,从某种意义上来说,幼儿教师对幼儿的终身发展起到了非常关键的作用。而正如 T 教研员所说,幼儿园教师也是要"十八般武艺样样精通"的,他们的专业性、对教育教学活动的积极性等,都是来之不易且值得珍惜的。

问:您觉得幼儿园教师的"不容易"和"不简单"体现在哪里呢?

T:幼儿园老师专业性更强更全,我们幼儿园这一块呢,只有一个《纲要》《指南》和《规程》,没有一个具体可操作的东西,所有的都需要老师去做,从课程的源头生发材料,然后到组织与实施再到评价,等等,都是幼儿园老师在做。除了这个,老师们还要做环境、做家园共育,要关注孩子的吃喝撒拉睡,关注他们的生活、游戏。我觉得幼儿园教师太了不起了。

幼儿园教师与幼儿接触的是最多的,因此幼儿园教师应该具备爱心。Z 教研员特别强调,"一个教师的专业素质再高,如果缺乏爱心的话,她是做不好这一工作的"。结合近几年有关幼儿教育的新闻来看,"有爱心"的确应该成为一位幼儿园教师应该具备的最基本的条件。除了爱心之外,两位教研员在访谈的过程中均指出,加强事业心,对幼儿园教师来讲也是非常重要的。正如 Z 教研员所说:"每一个幼儿老师必须要有事业心。有事业心在这个专业方面、业务上面才会有追求,然后(她的)工作水平、业务水平才能站得起来。"

问:请问一下您是如何看待幼儿园教师的呢?

Z:首先幼儿园老师一定要有爱心,特别是对幼儿的关爱啊、关注啊,老师的业务素质再好、再强,理论水平再高,你没有爱心是做不好这个工作的。每一个幼儿老师还必须要有事业心。

访谈过程中 T 教研员指出,幼儿园教师的地位可以以"十三五"为分界线来看,"十三五"前,幼儿园教师的地位是不高的,甚至直接被叫做"阿姨";"十三五"之后,幼儿园教师这一职业逐渐受到政府的重视,编内教师也变得越来越多,从而带动了家长对早期教育的重视。而家长、公众之所以对幼儿教师认可,也是对学前教育的认可。

问:政府对幼儿园教师的重视主要体现在哪里呢?

T:政府怎么重视了呢,我们在编人数增长了,原来全区只有 50 个,就这几年已经到 162 了,2019 年进了 22 个(编),2020 年的计划是 49 个(编),原来是一个、一个地进。从 2008 年开始,2008 年 1 个(编),2009 年 1 个(编),

2010年1个（编），后面就5个、8个、十几个（编）地进，这也充分体现出政府重视了，大家都重视了，然后现在家长也重视早期教育了，所以他可能对幼儿园老师职业的认可度（提高了），（教师）地位也提高了。

2. 认为幼儿园教师的责任不仅是关注幼儿发展，也要关注自身教育计划的完成度

作为幼儿在园一日生活活动和常规的主要管理者，幼儿园教师承担着许多必要的责任。从编码结果来看，教研员眼中的幼儿园教师的责任主要分为两点：一是幼儿园教师应该关注幼儿身心发展、使幼儿养成良好的习惯；二是幼儿园教师应在活动中完成自己的教育计划和教育目标。

"幼儿园的任务是：贯彻国家的教育方针，按照保育与教育相结合的原则，遵循幼儿身心发展特点和规律，实施德、智、体、美等方面全面发展的教育，促进幼儿身心和谐发展。"① 两位教研员在接受访谈时均把这一点放在了首要的位置，即幼儿园教师最重要的责任是要关注幼儿的身心发展，养成幼儿的良好习惯。3—6岁作为幼儿成长发展的黄金阶段，一些习惯的养成是非常重要的，因此对于幼儿园教师来说，如何培养幼儿良好的习惯，如何关注幼儿的身心发展，是重中之重的话题。

问：您觉得幼儿园教师应该承担着哪些责任呢？

T：嗯……可能应该放在前面，就是他们身心发育，幼儿园老师在这方面可能要更有爱心，儿童的生命安全和健康成长应该摆在第一位，要为他们的安全和健康成长提供必要的物质条件、好的气氛氛围。第二个就是帮助他们养成一些好的习惯，其实从现在中小学化的角度讲就是德育的一些好的习惯和品质嘛，为他未来的终身发展奠定一个好的基础。

除此之外，幼儿园教师进行的每一次教育教学活动都是有自己相对应的教育教学目标和计划的，教育目标一般分为知识目标、方法目标和情感目标，教师应在活动计划中相对应地呈现出达到这些目标所要采取的方法，并在每一次的活动结束后提出自己的教育反思以及对下一节活动将如何改进的看法，而不是盲目地去进行一项活动。

问：您认为如果直接从幼儿园教师的自身来看，他们应该承担什么样的责

---

① 中华人民共和国教育部.2016版幼儿园工作规程［M］.北京：首都师范大学出版社，2016.

任呢?

Z:对孩子的学习生活、身体心理的安全都要照顾到。另外一个就是孩子活动啊,你要完成你的教育任务、教育目标。

3. 认为幼儿园教师的角色具有多样性,且与中小学教师存在很大差别

从编码结果来看,教研员眼中的幼儿园教师的角色主要分为两点:一是幼儿园教师的角色可以是幼儿的"妈妈"、是"表演者"、是"大杂家",具有多样性;二是幼儿园教师的角色与中小学教师有很大差别。

李晓菲提出:"经研究发现,幼教相关群体对理想的幼儿教师应具备的特性是女性角色较为期待,而性格特征中的耐心则是绝大多数调查者的期望,至于职业技能方面则有超过八成的被调查者认为'会唱歌'最被期望"。[1]该研究结果与本次访谈结果是基本吻合的,幼教相关群体对女性幼儿教师比较期待,因为幼儿园教师会承担"妈妈"这样一个角色,幼教相关群体希望幼儿园教师"会唱歌",因为幼儿园教师承担着"表演者"的角色,至于"大杂家",T 教研员在接受访谈时提到,"他需要学习和发展成长的时候你就是他的老师,你就要给他指导,你在组织活动的时候呢有的时候就是个歌唱家、有的时候你就是个魔术师、有的时候要做玩具你就是个工匠,你就是个打杂的,反正幼儿园老师就是个大杂家"。侧面指出了幼儿园教师的专业水平的重要性。

除了角色的多样性之外,两位教研员都认为幼儿园教师和中小学教师存在着很大的差别,主要体现在专业素养方面和业务水平方面。中小学教师关注的是孩子的学习,而幼儿园教师要更多地关注幼儿的生长发育和生活需求,包括生活习惯的培养;此外,还要从幼儿的角度出发,以游戏的形式来组织一日活动;除此,教育的内容和形式不一样,教育的环境和教育评价也是不一样的。Z 教研员直接指出:"幼儿园老师除了活动还有大量的环境创设、手工。幼儿园老师除了有课件,还(需要)有大量的手工、环境创设,所以作为幼儿园老师来说应该比中小学老师更难。很多人会认为幼儿园老师工作简单好做,其实幼儿园老师可能对某一方面的专业素养不是很深,她涉及的度不是很深,但是她涉及的面很广啊,方方面面都要做的。"

---

[1] 李晓菲. 幼教相关群体对幼儿教师角色期望的研究[D]. 重庆:西南大学,2011:25.

4. 认为幼儿园教师的基本素养要从对幼儿教育教学方面的态度和自身的文化素养出发

从编码结果来看，教研员眼中的幼儿园教师的基本素养主要分为两点。

（1）从对于幼儿教育教学方面的态度出发，幼儿园教师是有责任心的、是爱岗敬业的、是有探索精神的

"教师的态度和管理方式应有助于形成安全、温馨的心理环境；言行举止应成为幼儿学习的良好榜样。"[①]基于此，首先，幼儿园教师的责任心在日常的教育教学活动中应该得到最基本的体现。其次，幼儿园教师的爱岗敬业精神会使其更加忠于岗位，对自身的要求也会相应地有所提高。最后，幼儿园教师的探索精神不光体现在对活动课程的探索，也体现在与幼儿日常的交往和交流中，对幼儿的身心发展起到一定的作用。在本次访谈中，二位教研员均肯定了幼儿园教师以上三种基本素养。

问：您觉得幼儿园教师在履行职责时应该具备哪些基本素养呢？

T：就是这个他们的爱岗敬业的精神、责任心，都是非常值得肯定的，这种不怕苦的探索的精神，也都是非常值得肯定的。

（2）从自身的文化素养出发，幼儿园教师需要及时更新教育理念，学会设计课程和挖掘利用课程资源，具备良好的文化功底

首先，幼儿园教师需要及时更新教育理念。基于当今社会对幼儿早期教育越来越重视，学前教育的理念也在不断更新。如何实施呢？这成了幼儿园教师面临的一个难题。正如在访谈时 T 教研员所说："虽然学前《纲要》《指南》这么说的，但是（幼儿园教师）没有真正理解什么意思，那么怎样把它们转化为我们的实践行为呢，就是在这个过程中还是需要桥梁、需要架构，就是我们（教研员）需要给一些路径让他们（教师）在实践以后来真正地把理念转化为行为。"可见幼儿园教师学前教育理念的更新不仅是自身的努力，教研员们也会给予相应的支持。

问：您觉得幼儿园教师在哪些方面需要提升呢？

T：还是需要理念的进步和更新。实际上，现在大家都做了很多，怎样把理论和实践结合起来需要我们园部、我们教研员或者其他团队给他们一些支持。

其次，幼儿园教师要学会设计课程和挖掘利用课程资源。"教师应成为幼儿学

---

① 中华人民共和国教育部.幼儿园教育指导纲要（试行）[M].北京：北京师范大学出版社，2001:10.

习活动的支持者、合作者、引导者。善于发现幼儿感兴趣的事物、游戏和偶发事件中所隐含的教育价值，把握时机，积极引导。"①正因为幼儿园教师是幼儿学习活动的支持者、合作者和引导者，才更应该学会设计课程和挖掘利用课程资源。设计课程不是一味地照搬，而是在原有课程的基础上根据幼儿自身的发展水平和发展状况进行有针对性的调整，不断反思改进，最终得出最适合幼儿的课程。挖掘利用课程资源则更需要幼儿教师利用碎片时间，善于发现生活中的点滴，课程资源不仅仅是一个片段式的获取，更是一个长期的过程。

问：您觉得幼儿教师在实施教育教学活动时需要具备什么能力呢？

答：对课程的设计，课程资源的挖掘利用，包括对孩子的观察，现在最重要的就是对孩子的观察，就是观察能力。

第三，幼儿园教师应具备良好的文化功底。社会公众往往会认为幼儿园教师的文化水平普遍不高，大家对幼儿教师的印象就是"文化水平不高"的人才会去做，这样的观点直到今天还未完全消失。在访谈Z教研员时，她谈及第一代的有些幼儿园老师是非专业的，就在农村的学前班带带（幼儿），也属于幼儿园教师队伍。

问：您认为幼儿园教师在履行自己的职责时需要具备哪些基本素养呢？

Z：文化水平，文化水平是要的……江苏推行课程游戏化，有些老师虽然能照葫芦画瓢一样地跟着做出来了，但是要去领略课程游戏化的深层意义，还是有一定难度的。目前，幼儿老师需要一定的文化素养。

5. 认为幼儿园教师的专业成长路径具有多元化

从编码结果来看，教研员眼中的幼儿园教师的专业成长主要分为如下两点。

（1）幼儿园教师在教育教学方面有话语权，但受多方面因素制约

上文中提到幼儿园教师对课程设计应该有自己的想法，那么如果一位幼儿教师对课程的设计提出了自己的看法或者疑问，会不会受到重视呢？实际上，在教育教学方面的话语权主要分为两个方面，一是教师资历的深浅。年轻的教师对幼儿的认识可能不够深入，资历尚浅，倘若直接交给年轻教师设计课程的话大家可能不够放心。二是该园园长教育理念的新旧。园长的理念是先进的，是开放的，才会敢放手，因为相信教师也就是相信儿童；如果园长不相信教师，也是不相信

---

① 中华人民共和国教育部. 幼儿园教育指导纲要（试行）[M]. 北京：北京师范大学出版社，2001.

儿童的，那幼儿园教师的自主性也有限。

（2）幼儿园教师的成长路径是多元的

幼儿园教师的成长路径可以从自身因素和外部环境两方面来看。首先，教师自身的理论学习是十分重要的，有了理论认识，然后积极去实践，也就是从实践到反思，再实践，再反思。其次，除了自身因素，教师所处的工作环境，特别是幼儿园及幼儿园所在的县区营造的氛围，也是教师专业成长的重要影响因素。T教研员谈及，"从我们区来看，从园长到区行政，我们都非常注重教师的专业化成长，因为这是保教质量的关键，也是现在（倡导）高质量发展的一个主要的内容，园长重视了，幼儿园的园本培训就会很丰富，老师只要紧紧地跟着幼儿园的步伐走就可以了"。

（二）教研员视角下幼儿园教师观的特点分析

本次研究的研究假设是教研员视角下的幼儿园教师观是组织维度的专业观。根据访谈结果编码来看，该研究假设得到了证实。同时，由于教研员是依据其自身对于幼儿园教师的认知、了解，甚至多年亲身体验、经历过幼儿园教师工作，经反思、规划，进而形成的观念性认识。因此，教研员视角下的幼儿园教师观既是组织维度的专业观，也是具有独特性、具体性、高瞻性特征的专业观。

1. 组织维度的专业观

社会学教授翟学伟在对社会学的知识立场作分类时提出，社会学的知识有职业立场上的知识和个人立场上的知识两种。前者是指社会学的研究正在为政府或其他组织寻求解决社会问题的办法，提供背景性知识和制定社会政策的依据；后者关注于人的意义、行为或行动层面的现象并求得实证研究的支持。[①] 前者所述的职业立场，可以理解为表述对事物认识与看法的一种组织取向。

在论及幼儿园教师的成长路径等问题时，被访谈的教研员多次强调教师工作环境等外部因素对其专业成长的影响，体现了一种组织维度的专业发展观取向。教师专业发展既需要教师具有自觉自愿的专业意识、清晰明确的发展目标、持之以恒的发展动力，也受制于社会、政府、教育行政机关、教育自治团体等共同营构的专业化环境。

---

① 翟学伟.社会学的转向——一种基于个人的立场[J].社会，2007（03）：1-25+206.

2. 对幼儿园教师职业认知的独特性

通过对二位教研员访谈所知，首先，她们都曾在幼儿园教师这一岗位上工作过，因此她们眼中的幼儿园教师这一职业的特点和外界的认知就已经存在着很大的不同了；其次，以教研员的视角来对幼儿园教师这一职业特点作评价，她们的观点必然带有专业性的色彩。从这方面来看，她们对于幼儿园教师职业认知是具有独特性的。

3. 对幼儿园教师责任与角色认识的具体性

从访谈结果看，教研员们在谈论到幼儿园教师履行教育教学活动的目标应该具备的责任时都将其具体分为两个层面，即从幼儿视角来看教师应该承担着怎样的责任和从教师自身的视角来看又应该承担着怎样的责任，具有具体性。在讨论角色认知时，T教研员也特别逐条说明了幼儿园教师的角色，由此看来教研员对于幼儿园教师的责任与角色认知是更为完整、更为具体的。

4. 对幼儿园教师专业化成长的高瞻性

在访谈过程中提到幼儿园教师的专业化发展时，两位教研员都没有仅仅从对幼儿园教师职业上的意义来谈，而是更加关注到幼儿园教师自身的发展，指出幼儿园教师的专业化发展不仅仅能够让自己在专业上得到提升，更会让自己的文化素质甚至心灵层面得到质的提高。由此看来，她们对于幼儿园教师的发展与成长的态度是具有高瞻性的。

第二节 幼儿视角下的学前教师观

近年来，哲学、社会学、文学、教育学、心理学等不同学科领域开始关注儿童视角的相关研究[1]，儿童视角下相关研究成果的出现，不仅是让儿童发声、考虑儿童立场，更是对儿童价值和地位的肯定。"育人为本"的儿童观指出，幼儿是独特的人[2]，每一位幼儿都可能对某一事物或现象拥有自己独特的观点和见解。不同于完完全全的"社会人"，幼儿视角下的世界较少受社会化的影响，具有较大的

---

[1] 王景芝，王红飞. 学前教育"儿童视角"研究的回顾与展望[J]. 教育与教学研究，2020, 34（01）：7-19.

[2] 张娜，陈佑清. 现代儿童观及其对学前教育课程设计的意义[J]. 全球教育展望，2013, 42（03）：91-98.

独特性。因此，本研究选择以幼儿园中 3—6 岁年龄阶段的幼儿为研究对象，从幼儿视角来探究"幼儿园教师观"的相关话题。

一、研究设计

（一）研究对象

研究者选取 L 市 S 幼儿园小、中、大班 12 名幼儿，进行访谈和作品分析研究。其中，小班幼儿 2 名，中班幼儿 5 名，大班幼儿 5 名；男孩和女孩占比均匀，各 6 名；幼儿家长的职业涉及医疗、教育、建筑、计算机、会计、化工等行业（见表 2-2）。

（二）研究方法

本研究采用深度访谈、作品分析法、观察法来收集资料。研究过程中，研究者以 L 市 S 幼儿园小、中、大班 12 名幼儿为访谈对象，使用适合其年龄特点的提问方式获得访谈结果并整理分析。需要说明的是，在访谈实施过程中，研究者严格按照访谈提纲对中、大班幼儿进行访谈，并根据幼儿的行为表现进行适度追问；而在对小班幼儿进行访谈时，研究者根据其年龄特点、语言表达水平，另行编制了访谈提纲。

表 2-2　研究对象基本情况统计表（N=12）

研究对象基本情况						
姓名	苒苒	逗逗	小宝	粲粲	浅浅	岚岚
性别	男				女	
年龄班（周岁）	中班（4周岁）					小班（3周岁）
家庭成员工作背景	计算机相关	医疗行业	会计	会计	计算机相关	建筑行业

姓名	希希	欣欣	小甜	朵朵	锐锐	小俞
性别	女				男	
年龄班（周岁）	大班（5周岁）					小班（3周岁）
家庭成员工作背景	医疗行业	医疗行业	计算机相关	化工行业	教育行业	建筑行业

实施作品分析法时,研究者选用了"我眼中的老师"这一绘画主题,选取了 L 市 S 幼儿园小、中、大班幼儿的绘画作品共计 12 幅。S 幼儿园以生态式美育为园本特色,该园幼儿有着一定的审美情趣且作品表达能力较强(幼儿作品见图 2-1)。

图 2-1　人物主题幼儿绘画作品

研究者采用观察法收集一日活动中教师与幼儿间的师幼互动等情况,目的是验证对幼儿访谈的内容。

本研究借鉴扎根理论整理研究结果,对收集到的访谈和作品进行编码整理。一级编码主要根据访谈提纲进行分类,对访谈收集到的资料逐条录入,形成尝试性的类属;二级编码则是在一级编码的基础上,将不同的问题类别进行整理,发现不同类别间的相似性和语义联系。①

多种研究方法的使用在本次研究过程中发挥了巨大作用,访谈法收集到的访谈实录是本研究最为重要的实证材料,行文中尽量保留了幼儿回答的原句,重点突出了"儿童视角"。

二、调查结果与讨论

(一)幼儿视角下幼儿园教师观的内容分析

幼儿视角下教师观的内容包括幼儿对教师外在形象、内在特征以及情绪情感

---

① 单宁波.基于扎根理论的幼儿园教师儿童发展观研究[D].芜湖:安徽师范大学,2017:36-41.

体验等方方面面的看法。

研究结果显示,小班幼儿对幼儿园教师形象进行描述时,多从教师外在形象的某一特征或某一具体责任角度出发,是依据自己对班级教师的观察得到的认知,且描述时具体到某一位教师。如关于教师外在特征方面的描述,"J 老师的眼睛很漂亮""她有长长的头发";也有关于教师责任的描述,"H 老师会做饭给大家吃""会教小朋友做客的""会带我们做游戏,去外面玩"等。当问到"你为什么更喜欢 H 老师"时,幼儿表示"如果有一个小朋友欺负我,我就可以喊 H 老师来保护我",体现出幼儿在情感上对 H 老师的依恋之情。①

本研究重点探究了中大班幼儿视角下的幼儿教师职业特点、幼儿教师责任、幼儿教师的教师角色、幼儿教师履行自身职责所必须具备的基本素养等方面的教师形象。

1. 对幼儿园教师职业特点的认知具有职业劳动工具指向性

从成人视角来看,教师职业特点可以包含教师职业的对象、教师职业使用的工具、教师职业的劳动形式、教师职业的重要性等方面内容。

研究者在整理访谈资料时发现,中班幼儿对父母职业的认知大多停留在职业使用的工具层面,如茜茜小朋友回答说"和电脑有关的"、小宝小朋友说"知道,是打电脑的",事实上,这两位小朋友家长的职业分别涉及计算机行业和建筑行业。而大班幼儿在回答这一问题时的语言表述则显得更为具体丰富,如锐锐小朋友的回答:"我妈妈就是看小朋友哪个表现好哪个表现不好的,我爸爸有时候就是上班,有些(时候)在写作业,有些(时候)在查电脑,有些(时候)在外面擦擦车然后参观的那个。"一定程度上表现了锐锐对父母工作内容的认知,即职业的劳动形式方面的认知。另外,在接受访谈的中大班幼儿中,有两名幼儿对自己爸爸妈妈的工作了解较少,对部分问题的回答为"不知道"。

幼儿对"老师教的是谁?"这个问题的回答较为一致,都认识到幼儿教师职业的对象为幼儿(学生)。在教师职业与其他职业差异方面,两名幼儿认识到了职业对象的差异,即:"幼儿园老师教的是小朋友!"一名幼儿认识到了职业工具的差异:"爸爸用的是小电脑,(老师)用的是大电脑。"四名幼儿的回答涉及职

---

① 马玲.熟悉环境下幼儿依恋行为问卷的编订[J].新课程研究(学前教育版),2012(03):183-185.

业劳动形式的差异，如回答"他们全都是上班，但不是教小朋友学知识的""爸爸每天晚上都一点才回来，有的时候还去（在）晚上吃饭去"等。

教师职业使用的工具方面，即对于"老师用什么教我们"这一问题，幼儿的回答为："图片！好听的音乐！""做手工……讲课！""有时候用电视，有时候也用黑板！""用书！还有纸！""是用电脑，和自己的一些知识，（用）一些小东西教我们的！"等。从这些回答我们可以看出，幼儿对幼儿园教师职业工具的认知主要包括外在的多媒体工具、手工教具、黑板、书本纸张等，也有一名幼儿指出教师职业工具还应包括"（老师）自己的一些知识"，从理论层面来讲，这一点指向了教师的专业知识。

对于教师职业的重要性，八名幼儿认为"老师这份工作"是重要的，两名中班幼儿觉得教师工作不重要。前者是从职业对象的角度进行表达，如"我觉得重要，因为你们要教我们""重要，因为每次幼儿园的老师他都要管我们小朋友，我们小朋友如果摔跤了也不能让他直接摔下去，也不能不管他，老师还要看着小朋友"。

总的来说，幼儿对教师职业特点的认知内容较为丰富，涉及范围较广，包含了幼儿园教师职业的对象、职业使用的工具、幼儿教师的劳动形式（工作的具体内容及工作形式）、幼儿教师职业的重要性等内容。因此，我们可以得出：幼儿视角下的幼儿园教师职业特点具有一定的职业劳动工具指向。

2. 对幼儿园教师职责的看法直接指向幼儿的发展需要

本部分主要描述和分析不同个体幼儿对幼儿园教师职责看法的异同，同时探究和分析"性别""年龄班""家庭成员工作背景"等维度对其看法的影响作用。

访谈结果显示，幼儿认为教师必须要完成的任务是与幼儿直接相关的"讲课""照顾小朋友""帮助小朋友""老师最重要的工作是管我们小朋友""最重要的任务是陪小朋友们一起玩耍"等。即，幼儿认为幼儿园教师最重要的责任与幼儿直接相关，教师应当服务幼儿，这表明幼儿在幼儿园中的主人翁意识较强，关注到了自身的需要。

"就是（准备）明天的上课的东西。"

"准备做一个'塑料小超市'的东西老师帮我们。还有（照顾）小植物。"（图2-2）

"教学生，做东西。"

"教学生，备课。"

"当老师必须要完成的任务是，必须照顾小朋友们并且给小朋友们上课。也要对小朋友们说今天要上什么，这样小朋友们才能完整地学出来这个知识。"

图 2-2 老师照顾小植物

关于"老师还需要做些什么才能让你学到更多的本领？"这个问题，幼儿表达了自己的见解和期待。

中班的幼儿这样回答："写字！""讲课，好好讲课！""嗯……帮我们画东西。"可见，中班幼儿主要从教师组织活动的媒介、组织活动的态度及质量等角度出发表达了自己的期待。

大班的幼儿则有更深入的想法，在课程开发、师幼互动、课程活动内容及幼儿园教师专业发展等方面对教师工作提出了一些期待。

"老师要做很多很多的实验，做完实验老师知道了之后再把这些实验教出来。"

"要认真听。（研究者：要认真听什么？）认真听我说话。"

"还可以教我们画画，还可以教我们唱歌，可以教我们讲更多故事，教我们叠手工，这样子我们才会学会更多知识。"

"你们到公馆（幼儿园本部）开会"……

从资料中可以看出，中班幼儿主要在组织活动的媒介、组织活动的态度及质量等方面表达了自己对教师的期待，大班幼儿从课程开发、师幼互动、教学和游戏活动内容及教师专业发展等角度出发对教师提出了期待。对比分析可以看出，大班幼儿对教师的期待体现出角度和内容的丰富性，其要求也更为具体。

总的来看，幼儿视角下的教师职责包括照看幼儿、准备教案教具、制作游戏材料、关注区域材料、组织课程游戏活动等内容，在对教师责任的描述中充分体现了幼儿对自身安全和发展的需要。

3. 对幼儿园教师角色的认知是正向积极的

由访谈结果和对幼儿绘画作品的分析显示，不同年龄和性别的幼儿对幼儿园教师角色的认知不尽相同，大班幼儿对这一问题的看法更为丰富，男孩更倾向于从客观角度描述，如"上课上的不一样""名字不一样，长得不一样"等，女孩则更倾向描述教师内在品质，如"温柔"。幼儿普遍认为教师是自己的好朋友，因为教师爱护和保护幼儿、陪伴幼儿学习与生活、和幼儿共同游戏，一些幼儿园教师在与幼儿交往互动的过程中存在一些较为亲密的行为（如摸头、拥抱、牵手等），拉近了师幼间的距离。

研究者尝试从幼儿作品角度分析幼儿视角下的教师角色。幼儿作品中的教师形象大部分都是女性，仅有一名幼儿表示期望有一个"和我爸爸一样帅的男老师"。这应该是与当前幼儿园教师队伍中男教师占比较低有关；绘画作品中幼儿描绘出了教师外在形象的局部或整体典型特征，如"戴着眼镜，还扎着一个辫子""眼睛很大，睫毛长长的""老师很高，但是要比天空矮一点"等（图2-3）。

图2-3 幼儿眼中教师外在形象的典型特征

也有幼儿在描绘教师形象时加入了一些自己的理解和想象。一名幼儿认为教师应该穿很好看的衣服，"像漂亮的公主一样"；另一名幼儿觉得教师是经常笑的,看起来很温柔;还有一名幼儿觉得自己想要一位"和爸爸一样帅的"男性教师,在讲故事时可以用更夸张的语言动作,给幼儿讲一些具有丰富趣味性的绘本等(图2-4)。

图2-4　加入幼儿想象和理解的教师形象

总之,幼儿对幼儿教师角色认知的描述体现出较为强烈的正向积极性态度,普遍认为教师承担着保育和教育双方面的角色,且教育者角色更为突出。

4.对幼儿园教师基本素养的认知体现了对教师内在特质和外显行为的双重关注

研究结果显示,幼儿认为幼儿园教师应具备的优秀品质包括态度亲和、与幼儿保持良好的关系、精神面貌较好、会很多专业技能等。教师履行自身职责应当具备的基本素养类型包括会讲有趣的故事、会组织游戏活动、能使集体活动变得生动有趣、拥有专业技能和掌握具体的游戏活动内容。[①]

提问:你觉得什么样的老师才是很棒的老师呢?他们应该会一些什么本领?

小甜:只要温柔的老师,(我们)喜爱的老师就是很棒的老师了。他们肯定会一些故事,和一些游戏,或者是一些好玩的故事带我们一起分享,这样子我们就永远可以长大了。

朵朵:班级里面所有老师。主要上课有一些有趣的地方。

欣欣:就是他脾气不要太凶,而且比较精神。

---

① 杨翠.幼儿眼中的"好老师"——幼儿视角的教师素质研究[D].重庆:西南大学,2010:15-17.

锐锐：会画画，数字拼画。

幼儿认为幼儿教师履行自身职责必须具备良好的个人形象，温柔亲切，要能够组织好活动，在活动中讲授清楚、吸引幼儿参与。

由以上结果和分析可以看出，幼儿不仅从教师外显行为方面表达了对教师基本素养的认知和期待，对教师应具备的内在特质也有一些看法，如"温柔""精神"等。

5. 对幼儿园教师专业发展的认知具有自我关注性特征

幼儿对幼儿园教师专业发展方面的认知较为局限，但也不乏有价值的见解。幼儿努力联系实际，说出了自己在幼儿园和社会生活中相关的所见所闻，并作出一些猜想，回答充满童趣性。

提问：我们老师也需要学本领，你认为老师为什么也需要学本领呢？老师如果学会了一个新本领的话，对他自己来说会有什么好处呢？

芊芊：因为要教同学啊。

粲粲：因为要教小朋友。（老师学会新本领）可以带小朋友玩。

小宝：因为长大了就要挣钱了。（老师学会新本领）可以做一些帮人家（其他小朋友）的事。

锐锐：因为我们（小朋友）也要记住学本领啊。

小甜：老师学本领可以教会小朋友知识，这样子我们就可以知道更多知识了。（老师学会新本领）会教会小朋友更多知识，小朋友们就会知道，告诉家长，然后呢在自己的家里也做一做。

朵朵：因为（教师学会新本领）这样子以后（老师）就更聪明了。

希希：因为老师要教我们学习。

欣欣：教我们的时候会更好。

从访谈结果可以看出，有的幼儿认为教师专业发展的动力与自己有关，也有幼儿认为社会性因素是教师专业发展的动力，即教师作为社会中的个体，需要通过专业发展来完善自己，从而获得一定的经济来源以满足个体生活需要；还有幼儿指出教师专业发展要迎合自身发展需要，教师进行专业发展可以让自己变得"更聪明"。

根据皮亚杰的儿童认知发展理论，处于前运算阶段的学前幼儿，其思维具有自我中心化的特点。对于"老师如果学会了一个新本领的话，对他自己来说会有什么好处呢?"的问题,幼儿多是从自己的角度思考并回答的。[①] 如他们认为教师学会新本领"可以带小朋友玩""会教会小朋友更多知识",都是从自身角度考虑教师学会新本领的意义的;研究者实习所在班级的一名幼儿认为,教师学会新本领"可以做一些帮人家(其他小朋友)的事"。这是因为该幼儿所在班级的教师经常会说"如果自己的任务做完了,可以去帮帮其他小朋友",幼儿受到了教师潜移默化的影响作用;也有幼儿从教师角度思考,认为教师学会新本领以后可以让自己变得"更聪明"。

由此可见幼儿对教师专业发展的认知,是围绕自身已有经验及需要的认知,充分体现出了自我关注性的特点。

总而言之,幼儿对幼儿园教师观的看法是从自身情感体验出发的,对一日生活中的教师行为及师幼互动作出直接判断,是不加任何借鉴的观点,具有个体价值判断方面的独特性。

(二)幼儿视角下教师观的特点分析

幼儿对教师的描述体现了其对幼儿园教师观个体感受立场的认知和判断,这些认知和判断还具有原创性、认知的具体性、亲身体验的直接经验性、因思维发展处于前运算阶段具有的自我关注性以及部分观点受访谈情境局限的特点等。[②]

1. 是个体感受立场的幼儿教师观

幼儿视角下的幼儿园教师观是具有幼儿个体感受立场性质的教师观,即幼儿极少受成人视角的教师观中的专业知识及较为成熟的社会化意识形态的影响,他们会根据自身感受描述出对幼儿园教师的一些看法。[③]

幼儿的描述重视对教师组织保教活动的感知及师幼互动的情感体验,更多从个人情感出发作出一些具有主观性的思考,如"很温柔""爱护小朋友""要认真听我说话"等观点,具有强烈的个体性。

---

① 董爱霞.论幼儿前运算阶段思维发展特点及对教育的启示——通过验证皮亚杰的相关实验[J].赤峰学院学报(自然科学版),2013,29(06):189-190.
② 高文江.让生活色彩渲染化学课堂[J].试题与研究:新课程论坛,2012(15):1.
③ 汪树东.历史理性的建构与个体立场的悬搁——论十七年革命历史小说的苦难叙事[J].新疆大学学报(哲学社会科学版),2005(04):129-133.

2. 原创性

由于幼儿视角下的幼儿园教师观具有个体立场的特征，排除了其他主体视角对幼儿园教师观认知的影响，同时研究者在进行访谈时选取了相对安静的环境，排除了其他幼儿对受访谈幼儿认知方面的干扰，因此每一位幼儿的观点都是在独立思考后讲述的，具有原创性的特点。

3. 具体性

在本研究中，幼儿多抓住教师职业使用的某一劳动工具或教师外显形象的某一具体特点，对幼儿园教师进行描述，如"戴眼镜""扎辫子"等。与其他主体视角的教师形象相比，幼儿视角的教师观有自己的独特性，即会从教师局部的具体特征来描述教师的整体综合形象。

4. 亲身体验的直接经验性

幼儿描述的教师观，是其在与幼儿园教师互动、亲身体验幼儿园系列活动后产生的对教师的认知印象，而非对他人总结出的、已有间接经验的描述。因此，幼儿视角的教师观具有直接经验性的特点。

5. 自我关注性

幼儿对幼儿园教师观的相关认识，围绕自身需要及责任等方面思考，如幼儿关于教师专业发展的认知，较多围绕自身需要来表达，认为教师专业发展的好处是"因为要教小朋友""教我们的时候会更好"等；部分幼儿认为教师应该做的事就是幼儿自己在一日生活中应该完成的任务，如"帮助其他小朋友"；幼儿对教师责任方面的认识充分表达了自己的需要及对教师的期望，具有强烈的自我关注性特点。

6. 情境局限性

部分幼儿在回答时，会受到周围环境中事物及访谈时情境氛围的影响，对部分问题的回答较为局限或参考价值较小。如一名幼儿受到了访谈时所见事物的影响，认为幼儿教师最重要的职责是"做东西"（环境布置）；一名幼儿认为教师不会和自己一起玩游戏，即教师游戏参与者角色处于缺失状态，但实际上教师在之前的体育活动中是参与幼儿游戏的，研究者对幼儿进行追问后才确认了这一点特征，这体现出幼儿认知的局限性。

三、基于幼儿视角下幼儿园教师观特点的教育建议

（一）增加适当的师幼互动行为

在幼儿视角下幼儿园教师观的研究中，幼儿对教师观的认识具有个体立场的特征，教师与幼儿间的互动被幼儿频繁提及，幼儿通过自身观察与切身感受，表达了自己对师幼互动的认知与期待。幼儿认为教师在一定条件下会成为自己的好朋友。幼儿眼中的好教师是能够爱护和保护幼儿、在一日活动过程中陪伴幼儿、和幼儿一起游戏的，这些做法可以让幼儿感觉亲切，拉近师幼间的距离。

开展幼儿园教育教学活动时，教师可与幼儿建立良好的师幼关系，鼓励幼儿与教师分享自身需求，教师在倾听过程中充分接纳幼儿的亲近行为与主动分享，给幼儿正向的反馈，并根据幼儿的需要，给予适当的支持。

（二）引导幼儿有意识地观察、认识教师职业

幼儿对教师的认知具有原创性的特征，同时研究者也发现，部分幼儿对某些问题的回答较为迟疑，对某些问题的回答为"不知道"。究其根本，幼儿对教师的认识和观察是在不经意间进行的，其认识和看法仅是幼儿在日常活动中对教师有意或无意注意、观察而得出的结果。观察了解教师，是幼儿正确认识教师的前提，幼儿形成对教师全面且较客观的认知，有利于幼儿园教育教学活动的开展及家长工作的顺利进行。因此，在幼儿园教育活动中，可引导幼儿有意识地观察教师、了解教师职业。

（三）教师要保持良好个人形象，做好示范

由于幼儿视角下的幼儿园教师观具有具体性特征，幼儿对教师的喜爱程度在一定程度上会受教师个人外在形象的影响，因此幼儿教师应尽量保持良好的个人面貌与精神活力，充分发挥为人师表的示范作用。

（四）切实关注幼儿的需要，观察记录幼儿，反思教育实践

幼儿对幼儿教师的认识还具有亲身体验的直接经验性的特征、自我关注性特征。为了有效组织幼儿园教育活动、满足幼儿在园需要，教师还应当尝试和探索

使用不同的教育工具、观察记录幼儿行为、了解幼儿的发展需要，并反思自身教育实践。观察幼儿言行是教师了解幼儿发展水平的重要途径，教师通过深入观察，可以更切实了解幼儿的现实需要，及时采用一定策略给予幼儿帮助。教师及时反思教育实践，对活动的教育目标达成度进行反思，有利于合理判断幼儿本阶段内的发展情况与发展需要，从而设计更适应幼儿现阶段最近发展区的活动计划。

第三节　家长视角下的学前教师观

《幼儿园教育指导纲要》的组织与实施中明确指出："家庭是幼儿园重要的合作伙伴，应本着尊重、平等、合作的原则，争取家长的理解、支持和主动参与。"家庭是幼儿成长的第一摇篮，每个幼儿可以选择不同的幼儿园教育，但无法选择家庭教育。家长是幼儿的第一任教师，在幼儿教育中有着独特的作用。正是因为家长在幼儿教育中的独特作用，同时又作为教育教学活动参与者和社会公众一员，他们的教师观会影响家园共育和学前教育的整体效果。因此，我们选择以家长为出发点，探究社会公众代表——家长视角下幼儿园教师观。

一、研究设计

（一）研究方法

本研究采用问卷调查法展开研究，采用网上发布问卷和现场调查相结合的方式进行数据收集，对相关问题进行统计并进行描述性分析，然后利用 SPSS 软件对问卷所涉及的几个因素进行信效度检验、相关性分析以及回归分析。问卷调查选择的区域是江苏省。通过现场发放问卷和微信等网络平台发放的形式，共计发放问卷 5207 份，有效问卷 5207 份，有效率 100%。

为了研究不同群体的家长对幼儿园教师形象的理解，我们进行了差异分析，问卷中第一部分主要对调查对象基本信息进行调查，共计 8 个问题，第二部分是调查者对幼儿园教师社会地位、角色、专业素养、专业发展的认识与理解的调查，共计 29 个问题，其中角色与专业素养项目使用 5 点计分（1= 非常不赞同，2= 不赞同，3= 一般，4= 较赞同，5= 非常赞同），得分越高，表明对教师角色和专业素养的认同度越高。

（二）调查对象

本研究采用随机抽样方法，在 S 省 H、Y、N 市范围内调查了 5207 名 3—6 岁幼儿家长，调查对象数据如表 2-3 所示。本次调查中父亲、母亲居多，共计 5061 人，占比 97.2%，其他包括祖（外）父母等调查人数较少，占比 2.8%。调查样本以高中及以下、大专学历为主，占比 75.7%，本科及以上学历占比相对较少。调查对象以 26—35 岁、35—45 岁人群为主，共计 4494 人，占比 86.3%。小、中、大班孩子家长占比相对均衡。家长对孩子所在班级老师的表现持"较满意"和"满意"的态度居多，占比 92.1%，对幼儿园教师工作岗位职责是否有清晰认识方面，"较清晰""清晰"的占比为 64.8%，而选项为"较不清晰""很不清晰"的为 13.5%，"一般"的占比是 21.7%，反映了家长对幼儿园教师工作职责的清晰认识还有优化空间。

表 2-3 调查对象基本情况统计表（N=5207）

	分类	频次	百分比（%）
性别	男	1319	25.3
	女	3888	74.7
年龄	20—25 岁	151	2.9
	26—30 岁	1287	24.7
	31—40 岁	3207	61.6
	41—50 岁	445	8.5
	51 岁以上	117	2.3
角色	父亲	1185	22.8
	母亲	3876	74.4
	祖父母	111	2.1
	外父母	14	0.3
	其他抚养者	21	0.4
学历	高中及以下	2668	51.2
	大专	1278	24.6
	本科	1208	23.2
	硕士及以上	53	1.0

(续表)

	分类	频次	百分比（%）
孩子所在班级	小班	1748	33.6
	中班	1810	34.8
	大班	1649	31.7
对现在孩子所在班级老师的表现是否满意	很不满意	186	3.6
	较不满意	31	0.6
	一般	192	3.7
	较满意	1131	21.7
	满意	3667	70.4
对幼儿园教师工作岗位职责是否有清晰认识	很不清晰	105	2.0
	较不清晰	600	11.5
	一般	1128	21.7
	较清晰	516	9.9
	清晰	2858	54.9
职业	专业人士（如教师/医生等）	489	9.4
	服务业人员（如服务员等）	364	7.0
	自由职业者（如摄影师等）	222	4.3
	工人（如工厂工人等）	540	10.4
	公司职员	850	16.3
	事业单位/公务员/政府工作人员	328	6.3
	学生	8	0.2
	家庭主妇	1026	19.7
	经商	316	6.1
	其他	1064	20.3

（三）数据处理

本研究主要采用 SPSS 25.0 对问卷数据进行统计和处理，首先对问卷的信度和效度进行检验，之后对数据的人口统计学特征进行描述性统计，并从性别、年龄、学历等因素，对教师观的各维度采用独立样本 T 检验、单因素方差进行差异分析。

二、研究结果

(一) 信度及效度分析

本研究采用克隆巴赫信度系数对问卷进行信度分析,总问卷的克隆巴赫信度系数为 0.872,四个维度的克隆巴赫信度系数分别为 0.763、0.858、0.976、0.721,总问卷、第二、第三维度均大于 0.8,第一、第二维度大于 0.7,可以接受,说明问卷关于幼儿园教师观的家长问卷信度较高且内部一致性较好,研究被试的回答可靠性和准确度高,能够进行深入的数据分析。表 2-4 中 KMO 和 Bartlett 检验可以看出,KMO 值为 0.974,大于 0.8,说明问卷适合提取信息进行分析,Bartlett 球形度检验的 P 值为 0.000,小于 0.05,能够通过效度检验。

表 2-4 KMO 和 Bartlett 检验

KMO 值		0.974
Bartlett 球形度检验	近似卡方	128746.615
	df	406
	P 值	0.000

(二) 描述性分析

为了更好地对本次调查整体情况进行描述性统计分析,本文结合表 2-3、2-4、2-5、2-6,对调查情况进行深入分析。

社会地位是发生于人类社会相互关系的一种结构化概念,是个体在社会生活中所处的位置、所起的作用及其对社会的贡献;尤其在现代社会中,职业活动往往是人们最重要的活动,人们为之付出了主要精力,因而一项岗位或者职业的社会地位,通常反映了人们对其价值与作用的认定程度。因此,幼儿园教师的社会地位状况如何,反映的就是人们对其在社会生活中所起作用、对社会发展所作贡献的程度。本次调查中,被调查的家长肯定了幼儿园教师在公众心目中的地位和价值,如表 2-5 所示,认为"较高"和"高"的分别是 2055 人、2338 人,占总人数的 84.4%,认为幼儿园教师受尊重程度为"较高"和"高"的人数分别是 1545 人、3192 人,占总人数的 91%。

表2-5 幼儿园教师社会地位调查情况统计表（N=5207）

问题	选项	频次	百分比（%）
您认为幼儿教师在老百姓心目中的地位如何？	低	19	0.4
	较低	23	0.4
	一般	772	14.8
	较高	2055	39.5
	高	2338	44.9
您认为在当今社会里幼儿园教师受人尊敬的程度如何？	低	11	0.2
	较低	13	0.2
	一般	446	8.6
	较高	1545	29.7
	高	3192	61.3

职业角色是指社会和职业规范对从事相应职业活动的人所形成的一种期望行为模式，也是人们在一定的工作单位和工作活动中所扮演的角色。如表2-6所示，本次调查中，家长对幼儿园教师整体角色的评价均分为4.6分，各子项目均值都在4分以上，远高于中位值3分，反映被调查家长对幼儿园教师各项职业角色的认可度高。其中，认可度最高的三项分别是"是家园共育的沟通者""是能与幼儿进行情感交流和有效支持发展的合作者""是深爱幼儿的教育者"，体现出家长对教师职业角色认定中"教育者"这一角色的倾向，即家长赋予幼儿园教师更高的"教育者"的期待；相比对其他角色的认可，认可度最低的选项是"是幼儿的老师妈妈，照顾生活"，体现了家长对幼儿园教师"生活照顾者"的角色期待比较低，该结果也在一定程度上反映了幼儿园教育实践活动中教师对幼儿生活照顾的充分性。

表2-6 幼儿园教师角色的调查情况统计表（N=5207）

角色观	平均值	标准差
1.是深爱幼儿的教育者	4.70	0.587
2.是幼儿的老师妈妈，照顾生活	4.14	1.154
3.是能与幼儿进行情感交流和有效支持发展的合作者	4.71	0.552
4.是幼儿园班级活动的设计者	4.64	0.661
5.是班级环境的创设者	4.63	0.678

(续表)

角色观	平均值	标准差
6. 是游戏活动的指导者	4.67	0.640
7. 是教育活动的实施者	4.68	0.620
8. 是幼儿成长的评价者	4.40	0.978
9. 是家园共育的沟通者	4.74	0.519
10. 是幼儿园信息资源提供者	4.63	0.708
整体角色观	4.5952	0.52548

专业素养不仅包括专业知识和技能，还涉及个人的工作作风、精神状态、职业道德等多个方面。具体来说，幼儿园教师专业素养包括专业理念与师德、专业知识、专业能力三个方面。表2-7显示，本次调查中，家长对于幼儿园教师素养的评价与认可度很高且均衡，所有选项均值均在4.70—4.78分之间，最高的是"衣着整洁得体，语言规范健康，举止文明礼貌"，最低的是"熟悉孩子的年龄特点与个体差异"，体现了幼儿园教育实践中幼儿园教师呈现出了很高的专业素养。

表2-7　幼儿园教师素养的调查情况统计表（N=5207）

专业素养观（幼儿园班级教师能做到）	平均值	标准差
1. 为人师表，爱岗敬业，遵纪守法	4.77	0.501
2. 衣着整洁得体，语言规范健康，举止文明礼貌	4.78	0.506
3. 关爱、尊重、信任孩子	4.74	0.535
4. 有爱心、责任心、耐心和细心，热情开朗，有亲和力	4.75	0.532
5. 知识广博，能有效引导孩子成长	4.72	0.564
6. 熟悉幼儿园教育的目标、任务、内容等	4.75	0.531
7. 保教并重	4.73	0.548
8. 熟悉孩子的年龄特点与个体差异	4.70	0.601
9. 营造良好的班级氛围、环境，教师与孩子之间、孩子与孩子之间的关系融洽	4.74	0.549
10. 有效保护幼儿，及时处理幼儿的常见事故	4.71	0.578
11. 组织合适的游戏活动	4.77	0.511
12. 组织有序、有效的生活活动、集体教育活动	4.77	0.509
13. 教育效果好，孩子愿意来幼儿园	4.74	0.552
14. 与家长进行有效沟通合作	4.71	0.601
整体素养观	4.7415	0.47434

每一个职业工作者都会在工作岗位上遇到专业发展困境,这些困境不一定都能被他人所认识和理解。表2-8显示,本次调查中家长对于幼儿园教师工作中存在的问题与困境不熟悉,发展路径的建议也不清楚,因此在这类问题的选择中,占比很高的是"其他"项;在"幼儿园教师最应该加强哪方面的学习或者提升"这一问题中,49.0%的家长选择希望幼儿园教师加强"有效引导孩子成长与发展的教育能力",体现了家长对于幼儿园教师"教育者"角色的期待。

表2-8 幼儿园教师专业发展调查情况统计表(N=5207)

问题	选项	频次	百分比(%)
幼儿园教师最应该加强哪方面的学习或者提升?	教育观念	322	6.2
	与孩子沟通的有效方法	622	11.9
	弹、唱、画、跳等能力	228	4.4
	班级活动组织能力	121	2.3
	提升学历	41	0.8
	有效引导孩子成长与发展的教育能力	2549	49.0
	与家长的沟通能力	276	5.3
	其他	1048	20.1
幼儿园教师面临的主要问题是什么?	缺少进修学习机会	1231	23.6
	工作压力太大无暇顾及	779	15.0
	幼儿园对个人发展有所阻碍	254	4.9
	幼儿教师社会地位低下,缺乏动力	373	7.2
	家务事繁重,无暇顾及个人发展	134	2.6
	面临退休或者转岗,没有再发展的必要	35	0.7
	其他	2401	46.0
为了促进教师学习与发展,你认为以下措施对促进教师专业化发展较多的是什么?	提升学历	199	3.8
	制定严格的教师学习制度	875	16.8
	外出培训进修	574	11.0
	开展课题研究	648	12.4
	提供专业书刊和网络资源	238	4.6
	自我学习	477	9.2
	公平合理的评价制度	914	17.6
	其他	1282	24.6

（三）差异分析

通过单因素方差分析可以看出：被调查对象的年龄、角色、学历对教师观中的角色观、素质观和总分有显著影响，而职业、孩子所在班级则没有显著影响。

1. 年龄的差异影响

表 2-9 显示，年龄因素对教师观的总体情况以及"角色观""素养观"均有显著影响；其中，"角色观"中 41—50 岁家长的均分显著高于其他年龄段，总体"教师观"与"素养观"中 26—30 岁年龄段教师均分显著高于其他年龄段。

表 2-9 调查对象年龄的差异分析（N=5207 人）

维度		人数	平均值	标准差	F 值	显著性
角色观	20—25 岁	151	4.5126	0.63175	2.825*	0.023
	26—30 岁	1287	4.5911	0.53762		
	31—40 岁	3207	4.6016	0.51836		
	41—50 岁	445	4.6200	0.49845		
	50 岁以上	117	4.4761	0.51756		
	总计	5207	4.5952	0.52548		
素养观	20—25 岁	151	4.6868	0.58883	6.655***	0.000
	26—30 岁	1287	4.7646	0.47364		
	31—35 岁	3207	4.7431	0.46946		
	36—40 岁	445	4.7345	0.44618		
	40 岁以上	117	4.5391	0.50772		
	总计	5207	4.7415	0.47434		
教师观	20—25 岁	151	4.6142	0.57303	5.171***	0.000
	26—30 岁	1287	4.6923	0.45348		
	31—35 岁	3207	4.6841	0.44292		
	36—40 岁	445	4.6868	0.43722		
	40 岁以上	117	4.5128	0.48271		
	总计	5207	4.6805	0.45097		

注：*$P < 0.05$，**$P < 0.01$，***$P \leq 0.001$

2. 角色的差异分析

表 2-10 显示，角色因素对教师观的总体情况以及"角色观""素养观"均有显著影响；其中，"父亲"的均分在各维度上均显著高于其他角色均分。

表 2-10 调查对象角色的差异分析（N=5207 人）

维度		人数	平均值	标准差	F 值	显著性
角色观	父亲	1185	4.6599	0.52502	8.775***	0.000
	母亲	3876	4.5813	0.52044		
	祖父母	111	4.4604	0.54143		
	外祖父母	14	4.3357	0.47815		
	其他抚养者	21	4.3810	0.91467		
	总计	5207	4.5952	0.52548		
素养观	父亲	1185	4.7750	0.47732	10.539***	0.000
	母亲	3876	4.7401	0.46666		
	祖父母	111	4.5039	0.54644		
	外祖父母	14	4.5000	0.57485		
	其他抚养者	21	4.5238	0.74688		
	总计	5207	4.7415	0.47434		
教师观	父亲	1185	4.7270	0.46846	10.891***	0.000
	母亲	3876	4.6739	0.43809		
	祖父母	111	4.4857	0.52442		
	外祖父母	14	4.4315	0.48332		
	其他抚养者	21	4.4643	0.81130		
	总计	5207	4.6805	0.45097		

注：*$P<0.05$，**$P<0.01$，***$P\leq0.001$

3. 学历的差异分析

表 2-11 显示，学历因素对教师观的总体情况以及"角色观""素养观"均有显著影响；其中，"角色观"中"高中及以下"学历的家长均分显著高于其他角色均分，"素养观"和"教师观"中本科学历的家长均分显著高于其他角色均分；总体"教师观""角色观"以及"素养观"中"研究生"学历家长的均分则是最低。

表 2-11 调查对象学历的差异分析（N=5207 人）

维度		人数	平均值	标准差	F 值	显著性
角色观	高中及以下	2668	4.6275	0.50391	5.846***	0.000
	专科	1278	4.6204	0.47445		
	本科	1208	4.6186	0.49643		
	研究生	53	4.5208	0.71235		
	总计	5207	4.5952	0.52548		

（续表）

维度		人数	平均值	标准差	F值	显著性
素养观	高中及以下	2668	4.7549	0.45058	11.728***	0.000
	专科	1278	4.7672	0.43930		
	本科	1208	4.7919	0.41986		
	研究生	53	4.7898	0.59075		
	总计	5207	4.7415	0.47434		
教师观	高中及以下	2668	4.7018	0.42415	10.190***	0.000
	专科	1278	4.7061	0.40908		
	本科	1208	4.7197	0.39694		
	研究生	53	4.6777	0.60553		
	总计	5207	4.6805	0.45097		

注：*$P<0.05$，**$P<0.01$，***$P\leq0.001$

三、研究结论与讨论

（一）研究结论

本次调查发现，家长视角下幼儿园教师观整体状况良好。这与我国越来越重视教师队伍（包括幼儿园教师队伍）建设有着密切的关系。2018年《中共中央国务院关于全面深化新时代教师队伍建设改革的意见》颁布，这是中华人民共和国成立以来党中央出台的第一个专门面向教师队伍建设的里程碑式的政策文件，文件提出了提高教师的工资待遇、提升教师的政治地位、提振教师的职业声望，倡导尊师重教的社会氛围，标志着当前我国正处于教师教育改革与发展的攻坚时期[1]，充分反映出了国家对教师专业发展内涵和意义更加深刻的认识，新教师政策演变与发展的背后凸显了对教师专业发展、角色定位以及对教师作为自主的终身学习者的肯定，进一步影响和优化了家长等社会公众对于幼儿园教师的认识与态度。

差异分析发现，被调查对象的年龄、角色、学历对教师观中的"角色观""素养观"和总分有显著影响，而职业、孩子所在班级则没有显著影响；"教师观"

---

[1] 姜勇，洪江凝.中国教师教育改革的追寻与坚守：学、智、哲三识合一[J].中国教育学刊，2021（02）：41-46+80.

与"素养观"中 26—30 岁年龄段教师均分显著高于其他年龄段，"父亲"角色的均分在"教师观""角色观"和"素养观"上均显著高于其他角色；"素养观"和"教师观"中"本科"学历的家长均分显著高于其他角色均分；总体"教师观""角色观"以及"素养观"中"研究生"学历家长的均分则是最低。

（二）家长视角下幼儿园教师观的特点分析

1. 家长的幼儿园教师观具有目的性

家长的幼儿园教师观是基于某种目的而形成的家长对教师的看法和认识。家长对幼儿园教师的关注也是根据自身需要而进行的，家长大都只是根据自己和孩子的实际情况，从班级教师身上发现可以帮助孩子提高的个别的、片面的属性。这就体现了自利选择原理，体现着家长的幼儿园教师观的目的性。在与幼儿园教师进行交互活动时家长是带着明显的目的的，清楚自己孩子的需要，然后根据这些需要确定具体的教育目的，带着这样的目的，家长就会有对幼儿园教师相应的期待和要求。本次调查中，家长对幼儿园教师角色认可度最高的三项均是对教师职业角色认定中"教育者"这一角色的倾向，即家长赋予幼儿园教师更高的"教育者"的期待，他们认为同时也期待幼儿园教师"是能与幼儿进行情感交流和有效支持发展的合作者""是深爱幼儿的教育者"，这是与家庭教育中抚养者不同的角色期待相关的，是家长希望从教师身上发现可以弥补自己不足、帮助孩子提高的属性。

2. 家长的幼儿园教师观具有多元性

家长的幼儿园教师观是家长基于自身认识对幼儿园教师社会地位、角色、素养、专业发展等方面的认识和判断。一方面，每一个家长都是独特的个体，都有自己独特的对人事物的认识和看法，因此形成的对幼儿园教师的认识和看法也是多元的；另一方面，作为被认识的对象——幼儿园教师个体也是多样的，每位幼儿园教师都有自己的个性特色和独特的处事方式、教育活动方法，所以这也会让家长形成多元化的教师观。本次调查中，关于教师角色、素养的调查，各维度的标准差均超过了 0.5。标准差代表的是一组数据平均值分散程度的度量，一个较大的标准差，代表大部分数值和其平均值之间差异较大。本次调查的各维度标准差均在 0.5 以上，特别是关于教师角色的调查中，教师"是幼儿的老师妈妈，照顾生活"这一内容的标准差甚至超过了 1，这说明本次调查中，家长的幼儿园教师观的个体差异比较大，多元性特征明显。

3. 家长的幼儿园教师观具有情境性与发展可塑性

家长的教师观具有情境性，其对教师的认识与倾向往往与自己孩子的教育情境或者自己孩子班级教师教育行为相联系，其教师观的形成涉及一种特定的情境氛围，是在日常的教育实践活动中能够体验和感受到的。

同时，家长教师观是家长本身的认识，会对家长产生一定程度的影响，但并不是说一旦形成就不可以改变。随着家长与幼儿园教师交往的深入，家长对其理解与认识会更新，而且随着家长对学前教育的了解，以及结合自身和孩子的实际情况，也会对教师产生新的观点、看法与期待。这些新的观点和看法会影响家长对教师的认识，从而改变其教师观，所以家长的教师观并不是一成不变的，是可以被塑造、被改变的，家长的教师观具有发展可塑性。

第四节 教师视角下的学前教师观

学前教师观是一种蕴含于教师的内隐机制，包含了学前教师对自己的定位、职业特点、专业发展等内容，教师观不仅影响着学前教师的教育教学行为，还影响着学前教师的教学理念和思维方式，进而影响到教育质量。随着二孩政策的全面开放，社会对学前教育教师的需求越来越大，我们以对江苏省学前教师的观察与调查问卷为研究材料，了解幼儿教师如何看待自身的角色与定位，从而能够更深入地了解学前教师，并提出建议，促使教师能够改善自己陈旧的观念，增强教师职业发展的内在动力，优化幼儿教师队伍。

一、研究设计

（一）研究对象

本研究选取 L 市、N 市、S 市 5 所幼儿园的 204 名学前教师作为研究对象。

（二）研究方法

以 J 省 L、N、S 三个市 204 名幼儿园教师为研究对象，开展问卷调查，发放 213 份问卷，其中有效问卷 204 份，回收率 95.8%。

二、调查结果

（一）被试基本情况

本研究调查问卷的被试为 J 省 L、N、S 市幼儿园教师，其基本情况主要包括"年龄""教龄""毕业院校""职称""担任的行政工作"，具体情况见表 2-12。

表 2-12 学前教师基本情况

背景变量	类别	人数（人）	百分比（%）
年龄	20—25（岁）	109	53.43
	26—30（岁）	38	18.63
	31—40（岁）	36	17.65
	41—50（岁）	13	6.37
	50 岁以上	6	2.94
教龄	0—1 年	73	35.78
	2—4 年	53	25.98
	5—14 年	56	27.45
	15—25 年	11	5.39
	25 年以上	11	5.39
毕业院校	幼儿师范学校	142	69.61
	高中	5	2.45
	职业高中	20	9.80
	大学本科或以上	47	23.04
职称	特级	1	0.49
	一级	18	8.82
	二级	40	19.61
	三级或无	145	71.08
担任的行政工作	园长	5	2.45
	教导主任	6	2.94
	年级组长	8	3.92
	班长	17	8.33
	无	168	82.35

根据表 2-12 显示，被调查的 204 名教师：多数年龄集中在 20—25 岁，共有 109 名，占比约 53%。26—30 岁的教师共有 38 名，占比约 19%。31—40 岁的教师共有 36 名，占比约 18%。41—50 岁的教师共 13 名，占比约 6%。50 岁以上的

教师共有 6 名，占比约 3%。这说明教师队伍趋于年轻化，学前教师的队伍注入了很多的新血液。

调查对象教龄在 0—1 年的教师占比 35.78%，教龄在 2—4 年的教师占比 25.98%，教龄在 5—14 年的教师占比 27.54%，教龄在 15—25 年以及在 25 年以上的教师均占比 5.39%。说明大多数学前教师入职时间相对较短，城市幼儿园是学前教育专业毕业生更青睐的选择。

69.61% 的教师毕业于幼儿师范学校，2.45% 的教师毕业于高中，9.8 的教师毕业于职业高中，23.04% 的教师毕业于大学本科或以上，这说明学前教师高学历的人才比较少，学前教育专业毕业生培养层次比较低。

有 0.49% 的教师的职称为"特级"，8.82% 的学前教师职称为"一级"，19.61% 的学前教师的职称为"二级"，71.08% 的学前教师的职称为"三级或无"，说明学前教师的职称水平也比较低。其原因之一是被调查教师年龄偏低、入职时间较短、尚欠丰富的教育经验与客观合理的自我认知。

（二）学前教师观内容分析

调查中关于教师眼中的学前教师观的内容共有五个方面，分别为职业特点、教师责任、专业成长、角色定位和职业素养。下面就具体情况作出分析。

1. 职业特点

职业特点是指某个职业区别于其他职业的属性，关于职业特点的题目共有 3 题，问题的具体数据见表 2-13。

表 2-13　学前教师职业特点统计数据（N=204）

序号	问题内容	选项	比例（%）
1	您认为幼儿教师在人们心目中的地位怎么样？	很高	6.37
		高	18.14
		一般	64.22
		低	11.27
2	您认为在当今社会里当一名幼儿教师受人尊敬的程度	很受人尊敬	5.88
		受人尊敬	25.00
		一般	59.80
		不受人尊敬	7.35
		很不受人尊敬	1.96

（续表）

序号	问题内容	选项	比例（%）
3	您认为一个有价值的主题主要体现在	蕴含丰富的教育意义	18.14
		符合幼儿的兴趣与需要	52.45
		能促进幼儿某方面的发展	22.06
		幼儿容易接纳	7.35

由上表可以看出，64.22%的学前教师认为幼儿教师在人们心中的地位"一般"，59.80%的学前教师认为幼儿教师受人尊敬的程度"一般"，说明大部分学前教师对自己的社会地位持中性态度，认识比较客观，职业认同感一般。52.45%的学前教师认为一个有价值的主题主要体现在"符合幼儿的兴趣与需要"，可以看出学前教师比较重视幼儿的兴趣在幼儿活动中的地位。

2. 教师责任

关于教师责任的题目共有2题，问题的具体数据见表2-14。

表2-14 学前教师责任情况统计数据（N=204）

序号	问题内容	类别	比例（%）
1	面对课堂教学秩序混乱，我的做法	认为幼儿意志力差，不强行统一要求	2.45
		想办法吸引幼儿，让幼儿集中注意力	86.77
		提出严格要求，给幼儿规则意识	10.29
		感到无能为力	0.49
2	对于注意力不集中的幼儿，我会	想办法吸引幼儿的注意	87.26
		承认个性差异，顺其自然	5.88
		走到面前提醒	5.88
		感到无奈	0.98

表2-15 学前教师对幼儿承担的责任排序情况（N=204）

项目	第一位占比（%）	第二位占比（%）	第三位占比（%）	第四位占比（%）	第五位占比（%）	平均排名
传授知识和发展智力	22.67	8.14	6.4	24.42	38.37	3.48
培养劳动技能和审美情趣	3.49	23.26	16.86	30.81	25.58	3.52
促进幼儿的身心健康发展	44.77	22.67	25.58	4.65	2.33	1.97
进行思想和道德引领	4.07	14.53	36.05	36.05	9.30	3.32
培养幼儿良好习惯	25	31.4	15.11	4.07	24.42	2.72

由上表（表2-15）可以看出，44.77%的学前教师认为"促进幼儿的身心健康发展"最重要，在选项中所占比例最大，"进行思想和道德引领"在"第四位"中所占比例较大，"传授知识和发展智力"在"第五位"中所占比例最大。根据平均排名，在教师眼中，教师的职责从高到低依次为："促进幼儿的身心健康发展""培养幼儿良好习惯""进行思想和道德引领""传授知识和发展智力""培养劳动技能和审美情趣"。87%左右的学前教师能够承担起自己的责任，"面对课堂教学秩序混乱"，86.76%的学前教师都选择了"想办法吸引幼儿，让幼儿集中注意力"，10.29%的学前教师选择了"提出严格要求，给幼儿规则意识"，2.45%的学前教师选择了"认为幼儿意志力差，不强行统一要求"，0.49%的学前教师选择了"感到无能为力"。说明大多数教师将幼儿的生命安全放在第一位并能够承担起自己的责任。

3. 专业成长

关于专业成长的题目共有5题，问题的具体数据见表2-16。

表2-16 学前教师专业成长情况统计数据（N=204）

序号	问题内容	选项	比例（%）
1	您在教学中常遇到的困惑有（多选）	接受了新的观念，但行为跟不上	37.25
		设计了很好的活动方案，但实施起来不流畅	51.96
		清楚自己在教学中的问题，但是不知道如何改进	31.86
		无法判断出一个好的活动方案的标准	10.29
		不能准确分析幼儿的行为和需求	22.06
		语言表达能力不够强，影响了课堂教学的组织和师幼互动的效果	23.53
2	您在实施《纲要》时遇到的最大困惑是（多选）	教学行为转变	44.61
		教学设计	32.84
		教学评价	28.92
		新教育理念的理解	46.08
		课程内容整合	46.57
		师幼互动	24.02
3	目前，您在能力上发展需要较多的是（多选）	专业基本功（弹、唱、画、跳）	64.71
		教学评价能力	54.41
		培养幼儿建立常规的能力	50.98
		设计、组织教育教学活动的能力	57.35

(续表)

序号	问题内容	选项	比例（%）
4	您在教师专业发展方面面临的主要问题是什么（多选）	缺少进修学习机会	56.86
		工作压力太大无暇顾及	39.22
		幼儿园对个人发展有阻碍	14.71
		幼儿教师社会地位低下，缺乏动力	37.75
		家务事繁重，无暇顾及个人发展	14.22
		面临退休，觉得没有再发展的必要	4.41
5	为了促进教师学习与发展，您认为以下措施对促进教师专业化发展较多的是（多选）	支持和鼓励提升学历	68.62
		制定严格的教师学习制度	38.24
		提供外出培训进修的机会	63.24
		开展课题研究	52.45
		提供专业书刊、网络资源	48.04
		给予教师自我学习的空间和时间	55.88
		公平合理的奖评制度	52.45

由上表可以看出，51.96%的教师认为在教学中常遇到的困惑是"设计了很好的活动方案，但实施起来不流畅"，说明活动的开展是学前教师普遍遇到的问题。56.86%的教师认为自己在教师专业发展方面面临的主要问题包含"缺少进修学习机会"，39.22%的教师的选择中包含了"工作压力太大无暇顾及"，37.75%的教师的选择包含了"幼儿教师社会地位低下，缺乏动力"，14.71%的教师的选择包含了"幼儿园对个人发展有阻碍"，14.22%的教师的选择中包含了"家务事繁重，无暇顾及个人发展"，说明学前教师的专业发展遇到的主要问题是进修机会的缺少。

68.62%的学前教师认为"支持和鼓励提升学历"能够促进教师学习与发展，52.45%的学前教师认为促进教师学习与发展较多的是"开展课题研究"，48.04%的学前教师认为是"提供专业书刊、网络资源"，55.88%的学前教师认为是"给予教师自我学习的空间和时间"，52.45%的学前教师认为是"公平合理的奖评制度"。这说明教师仍看重自身学历，并希望能够通过多种方法促进自身的专业化发展。

4. 角色定位

关于角色定位的题目共有1题，问题的具体数据见表2-17。

表 2-17　学前教师角色定位统计数据（N=204）

序号	问题	选项	比例（%）
1	您认为幼儿教师与其他中小学教师在角色定位上有什么区别（多选）	能使用符合幼儿年龄特点的语言进行保教工作	75.98
		能与幼儿进行有效的沟通	69.61
		能与同事合作交流、共同发展	52.94
		能与家长有效沟通合作	61.27
		能协助幼儿园与社区建立合作互助的良好关系	60.78

由上表可看出，关于幼儿教师与中小学教师在角色定位上的区别，75.98%的学前教师的选择里包含了"能使用符合幼儿年龄特点的语言进行保教工作"，69.61%的学前教师的选择里包含了"能与幼儿进行有效的沟通"，61.27%的学前教师的选择里包含了"能与家长有效沟通合作"。可以看出学前教师能够认识到幼儿园教师是具有独特专业性的职业[①]，并非谁都能当，具有特殊价值和不可替代性。

5. 职业素养

关于职业素养的题目共有 4 题，问题的具体数据见表 2-18。

表 2-18　学前教师职业素养统计数据（N=204）

序号	问题内容	选项	比例（%）
1	您每天完成工作后，对自己的表现都感到满意吗	总是很满意	22.09
		有时很满意	65.70
		只是偶尔很满意	8.72
		不满意	3.49
2	您对作为幼儿教师这个职业给你的要求有清晰的认识吗	肯定有	56.98
		多数时候有	34.88
		有时有	6.98
		极少有	1.16
3	您认为幼儿教师应具备哪些优秀品质（多选）	良好的专业知识	94.77
		优秀的道德品质	90.12
		较强的专业技能	85.47
		有责任心	91.86
		有组织能力	85.47
		对幼儿的亲和力	86.63

---

① 张晓玲，张庆文. 教龄越长教得越好吗？——PCK 视角下体育教师"教龄"再认识的混合研究［C］// 中国体育科学学会. 第十一届全国体育科学大会论文摘要汇编. 上海体育学院，2019：6155-6156.

（续表）

序号	问题内容	选项	比例（%）
4	您认为幼儿教师履行教育教学职责需要最基本的素养是（多选）	对幼儿园教育目标、任务、要求和基本原则熟悉	94.19
		掌握幼儿园各项工作（如环境创设、一日活动、保育、班级管理等）的知识和方法	92.44
		掌握安全防护和救助幼儿的基本方法	86.63
		了解3—6岁幼儿保教和幼小衔接的有关知识与基本方法	87.79
		掌握观察、记录等了解幼儿的基本方法	86.05

由上表可以看出，22.09%的学前教师对自己每天完成的工作"总是很满意"，65.70%的学前教师认为"有时很满意"，8.72%的学前教师认为"只是偶尔很满意"，3.49%的学前教师认为"不满意"，说明大多数学前教师对自己工作的态度比较满意；56.98%的学前教师对幼儿教师这个职业给自己的要求有清晰的认知，34.88%的学前教师多数时候能够对职业给自己的要求有清晰的认知，这说明大多数学前教师的职业素养很高。此外，学前教师认为学前教师应该拥有各种优秀的品质，这说明学前教师对自己的要求比较高。

（三）差异分析

教龄代表教师从事教学工作年限[①]，受访教师的教龄与年龄基本成正比，可以认为年纪越大的教师教龄越长，由于学前教师年龄和教龄成正比，且教师的成长历程与年龄无关，与教龄有关，故以下将分析不同教龄教师学前教师观的差异。

1. 不同教龄学前教师的学前教师观差异分析

（1）职业特点：教龄在2—4年的学前教师对自己每天完成工作的满意度最低，对自己每天完成工作的满意度由高到低为：25年以上>15—25年>5—14年>0—1年>2—4年；教龄在15—25年的教师认为幼儿教师在人们心目中的地位最低，认为幼儿教师在人们心目中的地位由高到低为：2—4年>25年以上>0—1年>5—14年>15—25年。

（2）角色定位：教龄在0—1年、2—4年、5—14年、25年以上的学前教师均认为自己与中小学教师在角色定位上最显著的差异是"能使用符合幼儿年龄特

---

① 荣莹.教师地位凸显与幼儿园班级管理的融合[J].佳木斯职业学院学报，2019（11）：95-96.

点的语言进行保教工作",教龄在 15—25 年的学前教师认为最显著的差异是"能与幼儿进行有效的沟通"。

(3)教师责任:不同教龄的学前教师认为自己对幼儿承担的责任基本上一致,总体上无显著差异。

(4)专业成长:教龄在 0—1 年、2—4 年的学前教师在专业发展方面遇到的问题一致,依次为:"缺少进修学习机会""幼儿教师社会地位低下,缺乏动力""工作压力太大无暇顾及"。教龄在 5—15 年、25 年以上的学前教师在专业发展方面遇到的问题一致,依次为:"缺少进修学习机会""工作压力太大无暇顾及""幼儿教师社会地位低下,缺乏动力"。教龄在 15—25 年的学前教师在专业发展方面遇到的问题依次为:"工作压力太大无暇顾及""缺少进修学习机会""幼儿教师社会地位低下缺乏动力"。所有教龄的教师在专业发展方面遇到的最大的问题都是缺少学习进修机会。

(5)职业素养:不同教龄的学前教师认为教师履行职责所需要的职业素养大体一致,总体上无显著差异。

2. 不同学历学前教师的学前教师观差异分析

(1)职业特点:不同学历的学前教师对自己每天完成工作的满意度由高到低为:高中>职业高中>幼儿师范学校>大学本科或以上。不同学历学前教师认为幼儿教师在人们心目中的地位由高到低为:职业高中>高中>大学本科或以上>幼儿师范学校。

(2)角色定位:不同学历的学前教师对自己的角色定位基本上一致,总体上无显著差异。

(3)教师责任:不同学历的学前教师认为自己对幼儿承担的责任基本上一致,总体上无显著差异。

(4)专业成长:学历为大学本科或以上和幼儿师范学校的学前教师在专业发展方面遇到的问题一致,依次为:"缺少进修学习机会""工作压力太大无暇顾及""幼儿教师社会地位低下,缺乏动力"。学历为职业高中的学前教师在专业发展方面遇到的主要问题为:"缺少进修机会"和"其他"。而学历为高中的学前教师在发展方面遇到的问题为"家务事繁重无暇顾及",次要问题为"工作压力大"和"幼儿教师社会地位低下"。

(5)职业素养:不同学历的学前教师认为教师履行职责所需要的职业素养大

体一致，总体上无显著差异。

（四）调查结论

（1）对自身职业特点的认识是教师观的基础成分。城市学前教师普遍比农村学前教师具有更高的专业素养，专业信念更加坚定，并且能认识到自己的职业具有不可替代性，但对自身的认同感并不高。

（2）学前教师对教师素养的理解比较全面，他们认为，幼儿教师应该具备的专业素养包括"良好的专业知识""较强的专业技能""优秀的道德品质"等。

（3）关于对自身职业角色的认知，大多数学前教师建立了民主、平等的师幼关系，能够将自己放在平等的位置上与幼儿沟通，没有出现过体罚幼儿的情况，符合"以幼儿为本"的原则，但也存在着用一个标准去对待幼儿的现象。教师认为自己是幼儿健康发展的促进者、道德的引领者。

（4）关于对自身专业成长的认知，教师注重专业发展和教学能力的提高，能够认识到自己在专业发展方面的不足。

此外，城市幼儿园教师也存在着一些功利的现象。实习时所在的幼儿园每天上午有两小时的户外活动时间，有一天早晨，班里涂鸦区的一个小朋友看到我走过去开心地向我摇了摇手中的作品，当看到我要拍摄的时候，她立刻拿起笔低下头开始认真画画。这一举动让我感受颇深，城市幼儿园的一些幼儿在获得良好教育资源的同时，也失去了一些童真。

三、影响教师学前教师观的因素分析

（一）内部因素

影响学前教师的教师观的内部因素，是来自个体本身的因素。通过总结发现，内部因素有以下几种类型：

首先是教师的教育观念，学前教师很重视与幼儿的沟通与交流，在传统的幼儿教育活动中，教师总是被赋予权威的形象，听与说、教与学、讲与做成为儿童学习生活的一种模式，这是一种以自身视角看待幼儿的做法。教师要站在幼儿的角度，明白幼儿的所见所想所需要，给予幼儿适当的支持，幼儿才会主动地吸收周围环境的信息。①总体而言，大多数学前教师建立了民主、平等的师幼关系，并不认为幼儿与教师之间是单纯的"教育者"与"被教育者"的关系，这符合"以幼儿为本"的基本原则。教师认为自己的职责首先就是儿童身心发展的促进者，这与《纲要》中的"幼儿园必须把保护幼儿的生命和促进幼儿的健康放在工作的首位"相符合。在儿童成长的过程中，儿童的求知欲、想象力、情感、价值观、社交能力都是从与教师、与周围的人的互动中获得的，因此学前教师认为自己也是幼儿道德的引导者。相比于观察幼儿，学前教师更注重理论的学习，教师首先倾向于自己是整个班集体幼儿的"保护者""引导者"的身份，其次才是细致地了解每个儿童，注重每个儿童相对于自身的发展。说明教师对于幼儿发展的个体差异认识不够充分，在教育过程中用一个标准去对待所有幼儿的情况普遍存在。

教育观念能够影响教师的行为[②]，一些教龄长的教师，由于习惯了一直以来的教育理念与模式，一时难以改变教育行为，这符合五种教育观念中的两种，一是内心认同，但由于客观环境因素的影响，无法应用到实践中的教育观念；二是内心认同，但在应用中由于认识不足无法正确实施的教育观念[③]。这时教师职后培训就显得十分重要，增强老教师对新观念的情感接受态度，使教育观念内隐化，并在活动中体现出来。此外，大多数教师将幼儿的兴趣与需要放在第一位，说明教师有意识地认为幼儿是中心，幼儿处于主体地位。

其次是工作能力，在幼儿园中，不同年龄段的幼儿注意力有较大差距。小班幼儿的注意力以无意注意为主，注意力不稳定，教师想办法通过一些游戏或者口令让幼儿集中注意力其实并不是一种能够长期使用的办法。单纯地依赖幼儿的无意注意，会因缺乏目的性而难以完成学习任务，幼儿克服困难的意志力也不能得到锻炼，因此大多数学前教师并没有找到适合的方法来改善课堂秩序混乱的问题。

虽然教师的专业基本功有待提高，但是教师能够清楚地认识到自己的不足，说明这一群体能够进行正确的自我反思与评价。在南京市实验幼儿园实习的时

---

① 王颖.河北省农村幼儿园教师教育观念调查研究［J］.河北能源职业技术学院学报，2019，19（02）：18-20.
② 彭景.教师教育观念在教师培训中的作用研讨［J］.决策探索（下），2019（07）：68-69.
③ 王钢.幼儿教师职业幸福感的特点及其与职业承诺的关系［J］.心理发展与教育，2013，29（06）：616-624.

候,所在班级的主班老师在观察完我的活动之后告诉我,新手老师在开展活动的时候都会有一个问题,就是急着赶流程,因为新手老师对于活动节奏的把握比较弱,忽略了最重要的事——让幼儿达成活动的目标。但在开展一个活动的时候,不可避免地会遇到一些突发情况,这就要求教师对自己的活动流程与语言作出一些预设来保证活动的流畅性。

第三是个人经历,从教龄来看,在工作满意度方面,教龄在15—25年以及25年以上的教师满意度较高,均为45.5%。其次为工作5—14年的教师,有29%对自己每天的工作都很满意,再其次为教龄在0—1年的教师,满意度为14%,最后是工作2—4年的教师,满意度为13%。学前教师的工作满意度呈现从低到高的趋势变化关系。教龄越长的教师教学经验与教学资源都比较丰富,且在园所担任的行政职位也随之升高,因此职业满意度相应提高。刚入园的教师由于刚进入一个比较陌生的环境,处于职业引导阶段,团队归属感不强,经验不足,自我成就感较低,因此职业幸福感较低。[1]

第四是自我规划,学前教师能够认识到作为一名合格的幼儿园老师所需要的职业素养,包括良好的专业知识、优秀的道德品质、较强的责任心与终身学习的理念。大多数教师在入职2—4年都能比刚入职的老师更清楚地意识到自己在教学活动中的问题,由此看来教研活动对入职2—4年的教师比较重要,新手教师与熟练型教师进行交流,能够帮助新手教师解决在教学中遇到的问题。

此外,教师的专业信念比较坚定,这与教师良好的专业素养是密不可分的。教师的心态也影响着教师的教学工作,据悉工资低、压力大、工作效能感低、晋升空间小会导致教师离职[2],而社会地位与收入是成正比关系的。因此适当提高教师的收入,可以增加教师职业的认同感。

(二)外部因素

关于影响学前教师的教师观的外部因素分析包括以下几个方面:

一是社会环境氛围,上文关于"教师职业特点"的研究结果显示:在问及幼

---

[1] 时松,陈翠,陈惠邦.她为什么离开这家知名幼儿园———一位新入职幼儿园教师转行的个案研究[J].天津师范大学学报(基础教育版),2019,20(04):84-88.
[2] 李旭红.实习教师职业认同的特点[D].长春:东北师范大学,2011:29.

儿教师在人们心目中的地位时,有76%的教师认为地位"一般",说明学前教师对自己的职业认同感并不高,职业认同感是教师个体对教师职业和教师角色的认知[①],因"红黄蓝"等幼儿园虐童事件,社会上对幼儿园老师存在着一定的误解,这或多或少会对学前教师的职业认同感产生影响。

二是职后培训的欠缺,人认知的发展是身体与环境互动的结果[②],学前教育人才的培养要求教师具备扎实的多学科通识性知识,幼儿园教师要树立终身学习的理念,职前培养层次低的学前教师,可以通过职后培训来提高自身素质,促进自身的专业发展。目前职后培训存在着一些问题,如培训的连贯性不强,培训重视理论、忽视实践等。教师职后培训是教师应有的权利,1949年,日本颁布的《教育公务员特例法》,明确了教师以及任用者在教师培训各方面的权利和义务;法国于1972年将中小学教师在职培训纳入教师培训体系。美国通过建立教师资格证审查制度来保障和完成对中小学教师的职后培训,英国政府于1972年发表的教育《白皮书》,明确规定新教师至少用五分之一的时间进行在职培训。我国教育培训工作开始走向法制化轨道的标志是1985年颁布的《中共中央关于教育体制改革的决定》。结合学前教师专业发展的需求,发现幼儿园职后培训还有一段路要走。此外,就研究者个人而言,在大学中所学的弹、唱、跳、画等技能仅仅是浅尝辄止,样样都学,样样不精。本科学前教育专业学生在理论上强于专科学前教育学生,而在技能上专科学前教育专业学生又强于本科生。如何做好理论与技能的平衡,也是幼儿园教师职后培训所要重视的地方。

三是职业压力,教师的学习意识比较强,大多数教师虽然愿意学习但是受到了一些阻碍,并能认识到教师的专业发展是一个长期不间断的累积过程。阻碍学前教师专业发展的原因主要有缺少进修机会、工作压力大、幼儿教师地位低下。影响学前教师专业发展的因素大多来自幼儿园和社会。相比于农村教师,城市教师更注重自身的专业发展和教学能力的提高,当付出与获得无法平衡时,会产生很大的职业压力。[③]

---

① 王晓倩.具身认知视角下教师职后培训的困境与超越[J].当代继续教育,2019,37(04):35-41.
② 吕梦凡.太原市城市和农村初中教师职业压力的比较研究[J].才智,2019(04):52.
③ 季红珍.幼儿园食育主题活动开展策略探析[J].成才之路,2020(03):102-103.

四、提升学前教师观的建议与对策

（一）提高入职门槛，引进高层次人才

根据调查，我们可以看出学前教师总体的学历水平并不高，幼儿师范学校毕业的教师占了绝大多数，且职业高中和高中毕业的教师也占了一部分，这在一定程度上影响着教师队伍整体的素质。学历层次的提升是学前教育发展的必然要求，政府和教育主管部门在招聘教师时，应该明确对教师学历和专业的要求，提高考试门槛，确保被招聘的学前教师的学历水平和专业程度，让真正热爱学前教育事业的人员进入教师队伍。

（二）优化教师培训，解决教师教学困惑

前文分析过，教龄在 25 年以上的教师，72% 都会有"接受新观念，但行为跟不上"的问题，教师需要足够的培训机会，针对发展水平不同的教师，培训重点也不同。所以针对教龄长的教师，培训内容要紧扣新的观念，获得一些前沿的教育教学知识，使其挖掘新观念的教育价值，引发教师对新旧观念的认知冲突，让新观念内隐化，这样才能在实践中积极思考与运用。针对教龄短的新教师，可以让他们多开公开课，以便能够掌握一些课堂教学的策略与技巧，获得教学知识与技能。培训不是单纯的灌输理念，其根本目的是提高教师素质，优化教师教学水平，不可忽视实践的重要性，培训要接地气，要能够解决教师在教学活动中所遇到的困惑。此外，培训还应该考虑到动机、需要、情感、价值观的涵盖。

（三）调整学前教育专业人才培养体制，提升办学质量

学前教育师资的培养要充分发挥高校和政府的协同作用，高校要加强院校师资队伍建设，保证教学质量和毕业生质量。目前学前教育的职前培养仍然存在一些问题，如学前教育毕业生数量不足、培养层次低、规模不够、高层次人才稀少等，在江苏的 167 所大学中，仅有十多所院校开设了学前教育专业，其中有八所院校为专科学校，这就说明江苏学前教育培养层次偏低，且数量低于社会对学前教育毕业生的需求，提倡具有资质的高校开设学前教育专业，以满足社会需求。学前教师认为，支持和鼓励教师提升学历可以促进教师的专业化发展，可以为已

经工作的教师提供升学渠道，鼓励教师通过函授、成人自考或非全日制升学提升自己的学历层次和专业水平，增加专升本的本科院校数量，让更多的专科学生提高学历。

（四）减轻教师负担，让幼儿园返璞归真

前文显示有49%的教师认为自己在专业发展方面面临的问题包括工作压力大，幼儿园教师额外负担比较重，各种检查、考核、评比多，教师普遍感受到经济获得与付出不成正比[1]，有时教师甚至没有时间去带班，这是一种本末倒置的现象，为学前教师减负，就要最大限度地减去教师主责之外的事项和责任，要厘清教师职责边界，清理与教学无关的事项，使教师全身心投入教书育人的工作中，营造良好的教学环境，落实立德树人的根本任务。

---

[1] 任佳琦.幼儿教师职业压力来源与应对办法[J].教育理论与实践，2019，39（11）：41-42.

第三章

XUEQIAN JIAOSHIGUAN DE
SHIDAI BIANQIAN

学前教师观的时代变迁

教师究竟应该是什么样的一种角色，究竟应该承担什么样的职责，具有怎样的社会地位，可以说在不同的历史时期、不同的社会环境下是大不相同的。关于教师的观念是不断发展变化的，教师观的内容体现了历史性和时代性。本章主要通过考察改革开放以来的教师教育政策文件，来分析学前教师观的时代变迁规律。

自 1978 年改革开放以来，迄今为止已有 40 多年。伴随着改革开放进程的深化与推进，教育领域也产生了巨大变化。学前教育政策发展先后经历了恢复调整、提高改善、改革创新、系统完善四个时期的发展与演变。不同时期的教育政策对于幼儿园教师的角色定位、职责、社会地位以及专业发展的规定呈现了不同的特点。

第一节　不同时代的学前教师教育政策的演变

一、1978—1989 年：恢复调整阶段的学前教师教育政策发展

在这一阶段，地方负责、分级管理、各级教育部门主管的学前教育行政管理体制基本形成，国家也先后颁布了诸多学前师资职前教育、职后培训工作的文件政策，学前教师的数量和规模都迅速扩大，我国教师进入了全新的发展阶段，相关教师的法规、政策数量在这一阶段也呈现逐渐上升的趋势。对学前教师的认识在不断探索中改进。

（一）学前师范教育的职前培养功能逐步恢复和加强

师范教育在"文化大革命"中一度被中断，立即恢复并加强师范教育的职前培养功能是这个时期的重要内容。1977 年的全国教育工作会议就明确提出，要大力发展高师、中师、幼师等各级师范学校，扩大招生，提高教育质量，以便为教育战线不断补充合格的教师。[1] 该会议的召开为学前师范教育职前培养功能的恢复和加强做好了有力的铺垫工作。十一届三中全会召开之后，国家立即采取了有效措施对师范教育进行恢复和加强。1978 年教育部发布的《关于加强和发展师范教育的意见》提出："统筹规划，有计划有步骤地建立师范教育网。十一届三

---

[1] 何东昌.中华人民共和国重要教育文献（1976—1990）[M].海口：海南出版社，1998：1615.

中全会确立改革开放的基本政策后,对内改革表现在职前教师教育方面,则集中于为基础教育培养数量足够、质量合格的师资。仅1978年就恢复增设师范院校77所。"[1]

为适应社会发展与教育发展的要求,我国第四次全国师范教育工作会议于1980年6月组织召开。会议讨论并明确了师范教育的地位、作用与任务,指出,师范教育是教育事业中的"工作母机",师范教育的基本任务就是师资培养:高等师范本科院校,主要培养中等学校师资;师范专科学校,培养初级中等学校师资;中等师范学校和幼儿师范学校,培养小学和幼儿园师资。[2]随后教育部下发《幼儿师范学校教学计划试行草案》《中等师范学校教学计划试行草案》等文件,对幼儿师范学校及其他师范学校的人才培养目标、课程设置、时间安排、修业年限等都作了详细规定。至此,学前师范教育的职前培养功能得以逐步恢复和加强。

为了进一步应对学前教育发展的要求,教育部于1986年3月下发了《关于加强和发展师范教育的意见》,明确了各级师范学校的培养任务,规定:"要认真办好现有的幼儿师范,布点太少的应适当发展。职业中学办幼儿师资班的做法要进一步总结、完善和推广,还可组织社会力量办各种类型的培训班,以适应学前教育发展的需要。"同时还规定了幼儿教师在职前培养中的素质结构,包括"思想政治教育和专业思想教育""专业素质方面"以及"教育课程和教育实践的改革"等,为高质量的幼教师资队伍建设提供了保障。[3]学前师资培养中的师范教育功能、培养任务被明确确立。

(二)学前师资在职培训体系初步形成

该阶段,学前师范教育的职前培养功能在恢复和强化的同时,幼儿园教师在职培训体系也在逐步构建中。提升幼儿园教师的教育教学能力是在职培训体系建立和完善的目标。为此,国家颁布了一系列政策法规,以保障幼儿园教师在职培训的有效、顺利地进行与开展。

---

[1] 曲铁华,郝秀秀.我国职前教师教育改革的演进历程、影响因素及特征(1978—2014)[J].当代教育与文化,2016,8(04):74-80.
[2] 苏林,张贵新.中国师范教育十五年[M].长春:东北师范大学出版社,1996:15-17.
[3] 魏军.我国幼儿教师政策变迁的文本分析[J].学前教育研究,2009,174(06):20-23.

1978年教育部重新恢复以后，在普通教育司恢复了学前教育处，主要工作是指导全国城乡各类型幼儿园的政策执行和专业发展、负责幼儿教师与干部的培训工作、办一批优质的示范幼儿园、加强对学前教育领域科学研究的指导。各省（自治区、直辖市）、市、县、街道和乡镇的教育部门，也陆续设立了相关的管理和科研部门，专门组织学前教育领导和教育研究人士负责学前教育工作，使得各级管理部门都在集中的指挥下执行各项工作。[1]1979年7月，全国托幼工作会议顺利召开；会议决定在国务院设立托幼工作领导小组及其办事机构，负责研究和实施有关托幼工作和学前教师培训的规定。该领导小组的成立和随后开展的各项工作，都有力推动了我国学前师资在职培训体系的恢复和发展。

1981年10月，教育部颁布了《幼儿园教育纲要（试行草案）》，这是我国改革开放后的第一个幼儿园课程标准，它起到了拨乱反正、促进学前教育规范化的作用[2]，也为后续的学前教师培训政策的制定提供了参考标准和依据。

此阶段，农村学前教师发展也被纳入师资培训规划之中。1983年9月，教育部发布《关于发展农村幼儿教育的几点意见》，首次对我国农村学前教育进行了专项规划和部署，文件尤其针对学前教师队伍建设提出了一些具体要求，"一定要给予足够的关注，同时针对性地加以管理，以实现学前师资符合标准并逐步提高为目标"[3]；对没有接受过专业学习和系统训练的农村学前教师按计划分批培训，同时，此项计划要纳入各级各地的培训规划并划拨专项经费。各地的幼儿师范学校、教师进修院校和有条件的中等师范学校，要量力承担培训农村学前教师的任务。力争在1990年前，使大部分学前教师都能接受一些专业的培训，并使多数示范性幼儿园园长和一定数量的骨干教师达到幼儿师范毕业的水平。[4]该文件调动了学前教师参与培训的积极性，对于学前师资队伍建设起到了正确的引导作用。至此，学前师资在职培训体系初步形成。

1986—1988年，我国幼儿园教师进修培训开始关注学历补偿教育。1986年10月，国家教委在《中小学教师考核合格证书试行办法》的基础上，针对幼儿园

---

[1] 王凌玉.我国学前教师培训政策演进研究——基于1978—2016年政策文本的分析[D].长春：东北师范大学，2017：18.

[2] 庞丽娟.中国教育改革30年（学前教育卷）[M].北京：北京师范大学出版社，2009：3.

[3] 何东昌.中华人民共和国重要教育文献（1976—1990）[M].海口：海南出版社，1998：2129.

[4] 何东昌.中华人民共和国重要教育文献（1976—1990）[M].海口：海南出版社，1998：1755.

教师单独提出了补充意见，即《关于幼儿园教师考核的补充意见》。该《补充意见》指出各级教育部门一方面要对学前教师合格证考试提起关注，另一方面更要"真正把学前教师岗中培训作为一项重点工作去做"[1]。1988年，国务院办公厅转发了国家教委等八个部门联合颁布的《关于加强幼儿教育工作意见的通知》。《通知》强调：发展学前教育事业要从培养和提高师资入手，必须重视幼儿园教师培训工作，使得现有学前教师的专业水平与学前教育发展相匹配。为达到这一要求，各地有关部门要科学规划幼儿园教师培训工作。[2]学历补偿教育成为该阶段幼儿园教师在职培训的重要内容。

总体来说，这一阶段教师政策的建设重心在于提高教师社会地位，通过法律法规明确教师的专业地位[3]：第一，提高教师社会地位，塑造尊师重教的社会风气。1985年，第六届全国人民代表大会常务委员会第九次会议通过决议，将每年9月10日定为教师节。1986年颁布的《中华人民共和国义务教育法》指出：全社会应当尊重教师。国家保障教师的合法权益，采取措施提高教师的社会地位，改善教师的物质待遇，对优秀的教育工作者给予奖励。同年，成立了中小学幼儿园教师奖励基金会，用于表彰全国优秀教师，鼓励教师终身从教。第二，探索合格教师的基本要求，通过法律明确教师的专业人员身份。在一系列政策中均提出加强教师队伍建设，并通过法律明确教师专业人员的职业身份。1983年的《关于中小学教师队伍调整、整顿和加强管理的意见》、1985年的《中共中央关于教育体制改革的决定》、1986年的《中华人民共和国义务教育法》均明确提出，只有学历合格或者获得"考核合格证书"的人员才能担任教师，规定小学教师、中学教师的最低学历要求，明确教师应该获得规定的教师资格证书。

二、1990—1998年：提高改善阶段的学前教师教育政策发展

依法治教是建立具有中国特色的现代化学前教育的重要内容之一。在这一时

---

[1] 何东昌.中华人民共和国重要教育文献（1976—1990）[M].海口：海南出版社，1998：2509.
[2] 王凌玉.我国学前教师培训政策演进研究——基于1978—2016年政策文本的分析[D].长春：东北师范大学，2017：21.
[3] 徐莹莹，王海英，魏聪.我国教师专业化政策的演进历程、逻辑转换及未来走向[J].教育评论.2022（06）：124-132.

期我国颁布的有关学前教育、教师教育和学前教师培训的政策法规，使得学前师资队伍建设工作更趋规范化。对幼儿园教师职前教育和在职培训一体化的认识，是终身教育思想在学前师资队伍建设方面的具体体现。

（一）学前师范教育工作逐渐规范化

这一时期，"规范化"是学前师资职前培养工作发展的主旋律，相关政府部门出台了大量的文件、纲要、条例，无论是强调要明确培养学校的培养目标、规格、课程设置，还是重视建立教师保障制度、资格制度，其目标都是让我国的学前师范教育工作走上规范化的轨道。

为了指导20世纪90年代乃至21世纪初教育的改革和发展，在《中国教育改革和发展纲要》出台之后，国家教委于1995年颁发《三年制中等幼儿师范学校教学方案（试行）》。方案对中等幼儿师范学校的培养目标与规格、课程设置与时间安排等进一步作了明确规定，指出中等幼儿师范学校是培养德、智、体等诸方面全面发展、能适应当代幼儿教育发展和改革需要的幼儿教师。[①]

《中华人民共和国教师法》《中华人民共和国教育法》和《幼儿园工作规程》的颁布逐步建立了学前教师保障制度、资格制度。1993年颁布的《中华人民共和国教师法》第十一条规定："取得幼儿园教师资格，应当具备幼儿师范学校毕业及其以上学历。"1995年颁布的《中华人民共和国教育法》以法律的形式重申了国家对"教师资格"和教师"聘任制"的规定。《教师法》以法律的形式确定了幼儿园教师的从业标准；《教育法》对教师的专门规定，则为幼儿园教师的专业化发展奠定了坚实的法律基础。1995年，国务院颁布《教师资格条例》，对幼儿教师资格的认定作出了具体的限定："幼儿园、小学和初级中学教师资格，由申请人户籍所在地或者申请人任教学校所在地的县级人民政府教育行政部门认定。"[②]1996年《幼儿园工作规程》发布，第三十七条指出："幼儿园教师必须具有《教师资格条例》规定的幼儿园教师资格，并符合本《规程》第三十五条规定。幼儿园教师实行聘任制。"经过了一系列相关政策与法律的明确限定后，我国逐

---

① 关于颁发《三年制中等幼儿师范学校教学方案（试行）》的通知[J].课程·教材·教法，1995（04）：1-4.
② 教师资格条例（1995年12月12日国务院令第188号）.

步建立起了一套关于幼儿教师职业的相对完整的法律保障体系，幼儿教师职业准入门槛得以提高，幼儿教师素质得到了进一步的法律保障。[1]学前师范教育工作的规范化得以保证。

（二）学前师资在职培训工作逐步法制化

在这一时期，我国学前师资培训工作开始逐步迈入法制化与规范化阶段。其间，《幼儿园工作规程（试行）》《幼儿园管理条例》《中华人民共和国教师法》《中华人民共和国教育法》《面向 21 世纪教育振兴行动计划》等一系列政策法规的先后出台，在法律层面上为幼儿园教师在职培训提供了切实有效的保障。培训工作执行力度更大，开展工作的程序更为规范，学前教师队伍的整体素质得到了快速提升。

1989 年 6 月，国家教委颁布《幼儿园工作规程（试行）》，要求"幼儿园园长应有扎实的教育工作经验和领导幼儿园发展能力，同时还需考取相应的专业岗位考评证书"，教师要"参加业务学习和幼儿教育研究活动"。1989 年 8 月，国务院批准了《幼儿园管理条例》，这是新中国第一个学前教育行政法规。首次从行政法规入手，规范了学前教师的岗位需求，强化了这一群体的专业化要求，从而激励他们不断提升自我专业水平，跨入更高的教育层次。对于学前教师在职培训合法化而言也是一个良好的开端。上述两个法规性文件，标志着我国学前教育迈向了法制化的新里程，推动了学前教师在职培训的规范化。[2]

《中华人民共和国教师法》的培训方面对包括学前教师在内的教师队伍提出了完备的要求；《中华人民共和国教育法》将"通过培训提高教师素质、加强教师队伍建设"，以法律的形式确定下来。两法从法律层面明确规定学前教师享有参加进修或者其他方式培训的权利，标志着我国改革开放以来逐渐成熟的学前教师在职培训工作，向着制度化、法规化的层面迈进。[3]1998 年教育部制定、1999 年国务院批转的政策文件《面向 21 世纪教育振兴行动计划》出台，该《计划》

---

[1] 魏军.我国幼儿教师政策变迁的文本分析[J].学前教育研究，2009，174（06）：20-23.
[2] 王凌玉.我国学前教师培训政策演进研究——基于 1978—2016 年政策文本的分析[D].长春：东北师范大学，2017：23.
[3] 王凌玉.我国学前教师培训政策演进研究——基于 1978—2016 年政策文本的分析[D].长春：东北师范大学，2017：24.

推行"跨世纪园丁工程",要求大力提高我国教师队伍(包括学前师资)的总体素质,特别要加强师德建设,合理优化教师队伍内部结构,加强各学段的骨干教师培养。该文件表明,我国学前师资队伍建设工作开始关注质的要求,这为下一阶段师资队伍建设的创新发展奠定了基础。

在该阶段,我国学前师资队伍发展更趋规范化,在对学前师资在职培养的形式、方式逐步明确、细化的同时,也开始对职前培养与职后培训之间的联系加以关注。特别是在终身教育理念的影响下,我国学前教师培训开始关注提高教师素质、实现教师的持续性发展、终身发展,教师教育呈现出"职前培养"与"职后培训"一体化发展趋势。

总体来说,这一阶段教师政策的建设重心在于提高教师专业身份的规范化,构建并实施教师资格证制度。1993年,《中华人民共和国教师法》提出,教师是履行教育教学职责的专业人员,其中第三章"资格和任用"部分对教师资格认定机构、条件等内容作出规定。这是我国历史上第一次在法律层面明确教师"专业人员"身份,明确合格教师的基本要求。1995年,国务院颁布《教师资格条例》,对教师资格的分类和适用、教师资格考试、教师资格认定等内容作出规定,从学历、品德、身体条件、职业道德等方面明确社会成员进入教师职业的基本要求。1998年,教育部从东、中、西部选择部分省市进行教师资格认定的试点工作,2000年正式颁布《〈教师资格条例〉实施办法》,再次对教师资格认定的条件、资格认定申请的程序和资格认定的管理作出补充性说明。自此,教师资格认定工作从政策设计阶段进入政策全面实施阶段。这一阶段期间,教师资格证制度的颁布与实施从实践层面促进了教师职业的规范化,在教师专业化历程中具有重要意义。

三、1999—2009年:改革创新阶段的学前教师教育政策发展

世纪之交,随着我国学前教育改革的持续深入推进和学前教育事业的快速发展,学前师资队伍建设进入新的发展阶段,学前教师学历水平快速提高,职后培训开始寻求突破,逐步构建了灵活且有特色的新体系。

（一）学前师资教育实现优质化发展

这一时期，"优质化"发展是学前师资职前教育工作的主要目标，相关政府部门出台的文件、纲要、条例，提出了学前师资培养要多样化发展，师范教育要逐步向教师教育转型，要重视学前教师教育的均衡发展。我国的学前师资职前教育走上了优质化发展的方向。

1999年3月，教育部印发《关于师范院校布局结构调整的几点意见》，提出了重组师范教育资源、调整学校布局、逐步提高层次结构重心、提高教师培养培训质量和效益的目标。为实现该目标，首先，要鼓励一批高水平综合大学参与幼儿园教师培养工作，拓宽幼儿园教师来源渠道，实现其来源多样化，从而优化师资队伍结构；其次，从城市向农村、从沿海向内地逐步推进，由三级师范向二级师范过渡。最后，职前职后教育贯通，逐步形成体现终身教育思想的教育新体系。这也表明我国开始关注教师培养职前职后一体化的融合。[①]

2001年，首次正式以"教师教育"替代"师范教育"的《国务院关于基础教育改革与发展的决定》颁布，这标志着我国师范教育开始向教师教育转型。实践中也开始了各种从"师范教育"向"教师教育"转型的改革。2004年10月，为适应教师专业化和教师教育发展的新形势，我国启动了《教师教育课程标准》的研制工作。无论是鼓励教师来源多样化、非师范高校参与师资培养，还是合并改组中等师范院校，该阶段师资队伍建设的工作目标都是为了提高教师培养质量、优化师资队伍结构。这些尝试都为21世纪的职前教师教育的发展开辟了良好的开端。

重视推动教师教育均衡发展。长期以来，我国东中西部间、城乡之间存在着教育不均现象，反映在学前师资队伍建设领域，则表现为教师队伍结构不均衡，师资质量、结构存在着区域不均、城乡不均的情况。针对东中西部之间学前教育发展区域不均衡的问题，我国对中西部地区教师教育采取重点倾斜政策。2002年，教育部颁布《教育部关于"十五"期间教师教育改革与发展的意见》，明确指出要"加强对西部地区教师教育的规划和指导"。同时，该《意见》也提

---

① 曲铁华，郝秀秀.我国职前教师教育改革的演进历程、影响因素及特征（1978—2014）[J].当代教育与文化，2016，8（04）：74-80.

出,要"继续推进教师教育结构的战略性调整,高效重组教师教育资源"。

(二)创新机制,职后培训构建灵活特色新体系

在这一阶段,我国学前师资职后培训工作及其政策不断创新发展,逐步形成了开放灵活、规范有序的具有特色的学前教师培训体系,培训的顶层设计愈发趋于合理,培训工作形式拓展、规模扩大、质量显著提升,为新时期的学前教育事业奠定了良好基础。

学前师资培训工作被纳入继续教育大框架范围中。1999年9月,教育部出台《中小学教师继续教育规定》,在"附则"中明确将学前师资培训纳入国家继续教育的体系,指出该《规定》中所提及的中小学教师包含学前师资。该《规定》提出:组织管理方面,各级人民政府教育行政部门分别对学前教师继续教育工作进行指导、管理和具体实施;条件保障上,学前师资的继续教育的运行资金以政府财政拨款为主,多渠道筹措,在地方教育事业费中专项列支。

借助《幼儿园教育指导纲要(试行)》的颁布,学前师资培训开辟新思路。2001年7月,教育部颁布的《幼儿园教育指导纲要(试行)》,提出教育评价环节在学前教育工作中的重要作用。在这一背景下,园本培训应运而生,"以园为本"、以学前教师"自评"为主的专业发展思路成为教师继续学习的重要组成部分。

2003—2009年,我国教育部等政府部门不断探索学前师资培训的新思路,逐步建构了灵活多样、具有中国特色的培训新体系。2003年3月,国务院办公厅转发《关于幼儿教育改革与发展的指导意见》,提出要制定学前教育师资培训规划,加强学前教师培训机构的建设。2006年,随着《教育部关于大力推进城镇教师支援农村教育工作的意见》的发布,城镇教师支援农村教育、支教教师需要参加各类支教岗前培训,成为相关教师继续教育的重要形式,为改善农村师资力量总体薄弱的状况提供了有力支持。2006年修订版的《中华人民共和国义务教育法》第四章第三十二条规定:"地市级的政府有关部门和教育主管部门要宏观调控,合理调配本地的教师布局,并且指导本地的教师进修与校际交流。"2007年5月,国务院批转的《"十一五"规划纲要》指出:一方面要加强教师培训,"鼓励和支持具备条件的综合大学培养和培训中小学教师……提高教师教育的层次和

水平"①；另一方面也要加强学校（幼儿园）领导干部队伍建设，"选拔一批忠诚于党的教育事业、能力突出、潜心办学的优秀人才担任各级各类学校（幼儿园）的主要领导，改进对学校（幼儿园）主要领导干部的管理与考核制度，加强对各级各类学校（幼儿园）领导干部的培训，不断提高领导学校（幼儿园）发展与改革的能力"②。上述法规文件的颁布与实施，不断创新了学前师资培养的新模式。

四、2010 年至今：系统完善阶段的学前教师教育政策发展

（一）学前师资教育实现专业化发展

这一时期，学前师资职前教育发展的主要目标是"专业化"发展。具体表现为学前教师培养体系实现优化改革、持续推进学前教师教育课程改革、构建教师队伍建设标准体系框架、完善教师资格制度和实施师范专业认证工作。

1. 学前教师培养体系实现优化改革

2010 年 7 月，党中央、国务院颁行《国家中长期教育改革和发展规划纲要（2010—2020 年）》，将学前教育作为未来十年教育改革发展的"八大任务"之一，要求教育行政部门及其相关部门加强配合，各司其职，严格执行学前教师准入标准，充分调动多方力量发展学前教育。

2. 持续推进学前教师教育课程改革

2011 年 10 月，教育部颁布《教师教育课程标准（试行）》提出，科学设置师范教育类专业公共基础课程、学科专业课程和教师教育课程，学科理论与教育实践紧密结合，教育实践课程不少于一学期。2012 年 2 月，教育部颁布《幼儿园教师专业标准（试行）》(以下简称《专业标准（试行）》)。《专业标准（试行）》由基本理念、基本内容、实施建议三部分构成，对幼儿园教师在专业理念与师德、专业知识、专业能力三个方面提出具体的专业素质要求。《专业标准（试行）》是教师队伍建设标准体系的重要组成部分，填补了中国缺乏中小学和幼儿

---

① 何东昌.中华人民共和国重要教育文献（2003—2008）[M].北京：新世界出版社.2010:1383.
② 何东昌.中华人民共和国重要教育文献（2003—2008）[M].北京：新世界出版社.2010:1384.

园教师专业规范要求的空白，是国家对合格幼儿园教师的基本要求，是幼儿园教师实施教育教学行为的基本规范，是引领幼儿园教师专业发展的基本准则，是幼儿园教师培养、准入、培训、考核等工作的重要依据。①

3. 构建教师队伍建设标准体系框架

教育部委托课题组开展了教师队伍建设标准体系研究，按照"课题引领、广集众智、立足实际、系统设计、创新管理、服务基层"的工作原则，从教师专业素质、培养培训、管理服务和保障监督四个方面，规划设计了教师队伍建设标准体系框架。

4. 完善教师资格制度

2013年8月，教育部颁布《中小学教师资格考试暂行办法》，对报考条件、考试内容与形式、考试实施、组织管理等作了明确规定。该文件的颁布与实施加速了我国职前教师教育，包括幼儿园教师教育的专业化进程。

5. 实施师范专业认证工作，有效推进学前教师教育的专业化进程

学前师资培养体系改革推进过程中，不少高等院校进行了合并重组、三级师范向二级师范过渡，培养机构呈现多元化特征。伴随着这种变化，学前师资培养工作也出现了一连串新的问题，例如"综合院校中幼儿园师资培养专业不受重视""大量不合格培养机构增加""培养机构的经费和专业师资投入不足"②等。为了提高师范类专业人才培养质量，培养高素质的教师队伍，2017年10月，教育部印发《普通高等学校师范类专业认证实施办法（暂行）》，提出：认证工作要以"学生中心、产出导向、持续改进"为基本理念；强调遵循师范生成长成才规律，以师范生为中心配置教育资源、组织课程和实施教学；强调以师范生的学习效果为导向，对照师范毕业生核心能力素质要求，评价师范类专业人才培养质量；强调对师范类专业教学进行全方位、全过程评价，并将评价结果应用于教学改进，推动师范类专业人才培养质量的持续提升。师范类专业认证对内强调分层、分级、分类，全面提升教师教育质量，对外关注三个衔接性工作，即认证标准对接教师专业标准、认证工作对接教师资格制度、职前培养衔接职后发展。学前教育专业的师范认证工作的实施将全面、有效推进学前教师教育的专业化进程。

---

① 《中国教育年鉴》编辑部.中国教育年鉴（2013）[M].北京：人民教育出版社，2014：282.
② 庞丽娟，洪秀敏.中国学前教育发展报告[M].北京：北京师范大学出版社，2012：174.

党的十九大报告提出,培养高素质教师队伍。2014年9月9日,习近平总书记在考察北京师范大学时说:"要加强教师教育体系建设,加大对师范院校的支持力度,找准教师教育中存在的主要问题,寻求深化教师教育改革的突破口和着力点,不断提高教师培养培训质量。"2018年2月,教育部等五部门印发《教师教育振兴行动计划(2018—2022年)》的通知,提出五年发展目标:"经过五年左右努力,办好一批高水平、有特色的教师教育院校和师范类专业,教师培养培训体系基本健全,为我国教师教育的长期可持续发展奠定坚实基础。师德教育显著加强,教师培养培训的内容方式不断优化,教师综合素质、专业化水平和创新能力显著提升,为发展更高质量、更加公平的教育提供强有力的师资保障和人才支撑。"为了实现这一目标,《计划》针对当前教师教育发展不平衡、不充分的问题,从师德教育、培养规格层次、教师资源供给、教师教育模式、师范院校作用五个维度,提出"五项重点任务""十大行动"。《教师教育振兴行动计划(2018—2022年)》对破解当前教师教育(包括学前教师教育)亟待解决的突出问题,培养高素质、专业化、创新型的教师队伍,具有重要意义。未来五年,全面落实教师教育振兴行动计划,对深化我国学前教师教育改革,推进学前教师教育体系建设具有极大的重要性。

(二)学前师资在职培训不断优化改革、日趋完善

这一时期,学前师资在职培训工作的主要目标是"不断优化改革"。2010年7月,党中央、国务院颁行《国家中长期教育改革和发展规划纲要(2010—2020年)》,提出要充分调动多方力量发展学前教育,不断发展学前教师培训,实现其质量的进步与飞跃。"具体来看,首先,要完善培训体系,做好培训规划,创新培训模式,增强学前教师培训的有效性。其次,要建立健全学前师资培训体系,把学前教师的培训经费划入政府财政预算。第三,通过研讨进修、学术沙龙等方式,培养学前领域的教育核心人才、学术领军人物,造就一批讲求师德的教学名师。最后,对农村幼儿园园长和骨干教师进行培训,政策向农村地区、民族地区和薄弱学校倾斜,追求均衡与公平。"[①]

---

① 王凌玉.我国学前教师培训政策演进研究——基于1978—2016年政策文本的分析[D].长春:东北师范大学,2017:28.

2010 年,"国十条"的颁布和学前教育三年行动计划的启动、实施,对于培养一支讲求师德、精于业务、技能过硬的学前师资队伍有了新的要求:依法落实幼儿教师地位和待遇,切实维护幼儿教师权益;完善学前教育师资培训体系;建立幼儿园园长和教师培训体系,满足幼儿教师多样化的学习和发展需求;创新培训模式,为有志于从事学前教育的非师范专业毕业生提供培训;三年内对一万名幼儿园园长和骨干教师进行国家级培训;各地五年内对幼儿园园长和教师进行一轮全员专业培训。

幼师国培项目的实施则进一步推进了学前教师培训体系优化改革。2011 年、2012 年、2013 年,教育部、财政部先后发布《关于实施幼儿教师国家级培训计划的通知》《关于做好 2012 年"国培计划"实施工作的通知》《"国培计划"示范性集中培训项目管理办法》,上述《通知》及幼师国培项目的实施,对于师资培训工作提出要求:"一要认真做好项目规划,优化项目设置,下放培训重心,确保来自农村地区学员固定比例的同时,均衡布局农村的不同类型幼儿园的学前教师人数。二要对授课内容和形式进行改善,严格按照有关标准,在调研基础上尽力满足当地教师专业发展的诉求,保证培训规划设计的针对性和可操作性,有详有略,理论与操作相结合。三要实现培训管理的优化,使培训真正起到应有的作用和效果,这就需要各地依据国家出台的有关管理办法,建立健全项目管理制度,进行有序管理。以便加强优质培训资源开发和整合,加强培训后的跟踪指导,为以后培训的改进与培训效果稳步提高奠定了基础。"[①]

2016 年,教育部颁布《关于大力推行中小学教师培训学分管理的指导意见》,提出要改进教师全员培训的相关制度,多种方式提升学前教师的学习培训热情,帮助教师树立终身学习的理念,不断提高学前教师的专业技能和教学质量。学前师资培训体系实现系统完善发展。

总体来说,这一阶段教师政策的建设重心在于通过标准化、卓越化等手段推动教师质量的提升。具体表现为:第一,凸显专业特质的教师教育课程标准与专业标准。2011 年,教育部颁布《教师教育课程标准(试行)》,明确教师教育课程理念、课程目标、课程设置和课程内容。2012 年,教育部印发《幼儿园教师

---

① 王凌玉.我国学前教师培训政策演进研究——基于 1978—2016 年政策文本的分析[D].长春:东北师范大学,2017:30.

专业标准（试行）》《小学教师专业标准（试行）》和《中学教师专业标准（试行）》(以下简称《教师专业标准（试行）》)，重申教师作为履行教育教学工作职责的专业人员身份，并从职业道德、专业知识和专业技能三个方面明确教师应具备的专业素质。这是我国以政府权威身份定义"教师专业"、构建"教师专业"特质的体现。① 第二，实施"卓越教师培养计划"。2014 年，教育部印发《关于实施卓越教师培养计划的意见》，目的在于更新教师职前教育培养模式，强化教师培养院校、地方政府和中小学协同培养师范生的新机制；2018 年，教育部印发《关于实施卓越教师培养计划 2.0 的意见》，目的在于深化多方协同育人培养模式，打通教师教育的职前职后阶段。无论是标准化，还是卓越化举措，都进一步明确了我国教师专业发展的内涵。

经过恢复调整、提高改善、改革创新、系统完善四个时期的发展、过渡与演变，我国学前师资队伍建设逐步实现了培养目标从关注规模扩张到重视质量提高的转变、培养模式从单一封闭到多元开放的转变，也逐渐深化了对幼儿园教师的认识。

第二节　现代学前教师观的时代演变特点

40 余年以来，我国学前教师政策在探索、发展、深化和强化过程中取得了丰硕的成果，凝结了特色鲜明的中国经验，学前教师政策内容愈加具体，政策目标愈加清晰，形成了纵向结构合理、横向内容丰富的适应时代发展且与全球教师发展目标相一致的政策体系。其内容包含教师教育、教师入职与招聘、教师资格与标准、教师专业发展、教师待遇与福利、教师评价与监督、教师代表与权利等方面内容；同时也观照了教师政策薄弱环节，对学前教育教师政策、农村教育教师政策，以及特殊教育教师政策予以充实。教师政策演变与发展的背后凸显了对教师专业发展、角色定位以及对教师作为自主的终身学习者的肯定，同时也蕴含了对新教师观的追寻。具体呈现了如下特点。

---

① 徐莹莹，王海英，魏聪.我国教师专业化政策的演进历程、逻辑转换及未来走向[J].教育评论．2022（06）：124-132.

一、在教师专业发展方面，实现了从工具本位向教师本位的转变[①]

工具本位是指在特定的条件下，由国家制定大政方针引导教师教育发展，其主要目的是使师资队伍建设、教师职责以及教师教育作为为国家经济建设、社会发展而服务的工具的价值取向。而教师本位是指在充分认识了教师专业发展、职责、角色以及教师教育的内涵和重要性，在尊重和遵循教师专业发展规律的前提下，利用和整合各种社会资源以有效促进教育事业的发展，从而制定注重教师全面和谐发展政策的价值取向。需要明确的是，工具本位和教师本位两种价值取向是相对的，不是全然对立的。在工具本位占主导的价值取向指引下，教师政策的制定与实施，虽然直接目的在于为经济建设和社会发展服务，但在一定程度上，也促进了教师群体与个体的发展和进步。而在教师本位主导的价值取向指引下，教师政策的制定与实施，同样起到了促进经济建设和社会发展的作用，只不过此时的教师政策外在的社会性价值，开始成为教师自身专业发展的附属性价值存在，而并非起决定性和主导性的作用。

具体可通过对政策文本的分析，明显发现这一价值取向的变化。1978年，教育部颁布的《关于加强和发展师范教育的意见》中指出，"大力发展和办好师范教育"，"以配合各项经济事业和科学技术事业的发展，适应社会主义革命和建设的需要"；1985年颁布的《中共中央关于教育体制改革的决定》中，明确提出"教育必须为社会主义现代化建设服务"，"现在的问题就是如何在有限的财力物力条件下，把教育搞上去，满足社会主义现代化建设的迫切需要"；1993年颁布的《中国教育改革和发展纲要》中，依然提出"加快教育的改革和发展"，"建立适应社会主义市场经济体制和政治、科技体制改革需要的教育体制，更好地为社会主义现代化建设服务"；等等。从以上政策文本的原文表述中，我们可以清晰地看到，国家所制定的教育政策无疑都是为经济建设、社会进步服务，将教育政策的最终归宿，归置于经济社会发展的目标之下，教师政策作为教育政策的一部分，自然而然地也成了为国家经济社会发展而服务的工具。但是，随着我国教育事业以及师资队伍建设的不断发展，需要真正从属于自身的政策支持的要求越来越迫切，

[①] 曲铁华，崔红洁.我国教师教育政策价值取向变迁的路径与特点——基于1978—2013年政策文本的分析[J].现代大学教育，2014（03）：70-76+113.

以教师本位为主导的价值取向，开始在教师政策文本中凸显出来。1994年发布的《国务院关于〈中国教育改革和发展纲要〉的实施意见》中规定"加强教师队伍建设，提高教师的思想、业务素质和教学水平，建设一支具有良好政治素质、热爱教育事业、结构合理、相对稳定的教师队伍"；1996年《国家教育委员会关于师范教育改革和发展的若干意见》的通知中，指出了师范教育改革和发展的主要任务是，"全面推进师范教育各项改革，全面提高教育质量和效益"，"构建体现终身教育思想具有中国特色的社会主义师范教育体系，逐步实现师范教育现代化"；2018年，《中共中央、国务院关于全面深化新时代教师队伍建设改革的意见》颁布，这是中华人民共和国成立以来党中央出台的第一个专门面向教师队伍建设的里程碑式的政策文件，文件提出了提高教师的工资待遇，提升教师的政治地位，提振教师的职业声望，倡导尊师重教的社会氛围，标志着当前我国正处于教师教育改革与发展的攻坚时期[1]，充分反映出了国家对教师专业发展内涵和意义更加深刻的认识。所以说，教师政策的价值取向，经历了从工具本位向教师本位的移行。

二、在教师角色定位方面，实现了从对教的关注到对学的关注的转变

（一）教育角色：从单一角色到多元角色

不同历史发展阶段的教育政策对幼儿园教师角色定位是不同的。1904年，"癸卯学制"、1912年《师范教育令》《师范学校规程》将幼儿园教师称为"保姆"；1952年《幼儿园暂行规程（草案）》将幼儿园教师称为"教养员"；1981年《幼儿园教育纲要（试行草案）》将幼儿园教师改称"教师"；1989年《幼儿园工作规程（试行）》明确规定了"幼儿教师的职务实行聘任或任命制。幼儿园教师对本班工作全面负责，其主要职责……是结合本班幼儿的特点和个体差异，制订教育工作计划，并组织实施；观察、分析并记录幼儿发展情况；严格执行幼儿园安全、卫生保健制度；参加业务学习和幼儿教育研究活动"。2001年《幼儿园教育指导纲要（试行）》明确提出"教师应成为幼儿学习活动的支持者、合作者、引

---

[1] 姜勇，洪江凝.中国教师教育改革的追寻与坚守：学、智、哲三识合一[J].中国教育学刊，2021(02)：41-46+80.

导者"。伴随着教师政策的时代演变，幼儿园教师角色由单一的"讲授者"演变为更为多元的支持者、合作者与引导者。这一转变的实质是将教师从"教"的窠臼中脱离出来，从对教的关注，转向对幼儿学习活动的关注，是理念层面从"知识本位"向"能力本位"转变过程中的必然体现，是教师从"经师"到"人师"的嬗变。[1]

（二）课程角色：从课程实施者到资源开发者、课程研究者、建构者

课程角色是教育过程中教师与课程交互作用而形成的角色。2001年新课程改革设置三级管理课程政策后，要求教师不仅要做课程的实施者，更要做课程的资源开发者，甚至做课程的研究者与建构者。2001年《幼儿园教育指导纲要（试行）》中指出：教师要"充分利用自然环境和社区的教育资源，扩展幼儿生活与学习的空间"。幼儿园没有国家统一的课程，没有教材使用的规定，这就给予了每个幼儿园很大的空间，使得幼儿园能够根据当地以及自身的实际情况，制定出适合本幼儿园的课程。从这个角度上来看，幼儿园教师的课程资源开发者、研究者、建构者是时代发展与课程改革赋予的新角色。[2]

（三）主体角色：从学习者到反思实践者

主体角色是教师在自我发展过程中所形成的角色，是伴随社会和技术发展对教师的高要求而出现的新角色。终身学习理论以及网络媒介的出现，使得教师作为终身学习者的角色逐渐增强。但学习型社会的建立和终身学习理念的普及，使得仅仅作为学习者的教师已难以凸显其职业特点。而反思是教师专业生活的基本特质，成为反思性实践者逐渐成为人们对教师角色的共识定位。[3] 两次卓越教师培养改革计划均体现了对教师终身学习者与反思实践者角色的强化与重视。2014年《教育部关于实施卓越教师培养计划的意见》提出：要着力提升师范生的学习能力、实践能力和创新能力。2018年《关于实施卓越教师培养计划2.0的意见》提出，要深化协同育人，贯通职前职后……培养造就一批教育情怀深厚、专业基

---

[1] 袁丹，靳玉乐.教师角色嬗变与教学个性展现[J].中国教育学刊，2016（06）：78-81+86.
[2] 虞永平.试论园本课程的建设[J].早期教育（教师版），2001（08）：4-6.
[3] 程良宏.成为文化理解型反思性实践者：教师角色的新定位[J].课程·教材·教法，2017，37（11）：108-114.

础扎实、勇于创新教学、善于综合育人和具有终身学习发展能力的高素质专业化创新型中小学（含幼儿园、中等职业学校、特殊教育学校）教师。反思实践者是对教师提出的更高要求。

三、全面理解教师专业发展，将支持教师的自主发展作为教师专业化的实现路径

长期以来，国内的教师专业发展观倾向于将教师专业发展理解为通过外部力量获得成长[①]的过程。例如基于"过程—结果"范式开发"教学包"、通过训练教学行为促进教师教学技能的提升，或者通过识别优秀教师的特质来探寻培养优秀教师的发展路径，这些举措就是幼儿园教师专业发展外铄论教师观的体现。据此，政府主导的自上而下的师范教育模式或者教师职后培训就成为常态。这一理念下的教师培训就是：由政府发起指令性的教师发展要求，由大学提供课程、研讨会、专家讲座等，并由管理部门按照评价标准进行效果的评价，职前或者职后教师参与其中，就被认定为能实现专业发展。在这样的教师教育过程中，教师被认定为"被发展"的对象，如同英语语境中"发展"蕴含"发展某人或某物"（develop sb. or sth.）之意。在我国教师政策制定中，身处教育实践中的教师则处于被隐匿的状态，不管是教师政策的制定，还是教师专业化培训课程的实施，教师个人往往处于被安排的状态。教师政策是为了实现教育的外部功能、弥合社会的各种冲突，由各级政府自上而下地、依靠行政命令推动"外源式发展"[②]。这种对教师专业发展的理解与定位，这种相对独立的教师培训体系和统一的量化考评，不仅未能实现教师专业素养的提升，反而压抑了教师专业发展的能动性和积极性，成为教师专业发展的藩篱。[③]

随着终身学习理念等多种理论的出现，越来越多的研究者从多学科视角对教

[①] 姜勇，段青如.我国幼儿园教师教育研究学术史：70年回顾与展望[J].学前教育研究，2020（04）：37-52.
[②] 徐莹莹，王海英，魏聪.我国教师专业化政策的演进历程、逻辑转换及未来走向[J].教育评论，2022（06）：124-132.
[③] 蔡迎旗，海鹰.自主学习：幼儿园教师专业发展的现实之需[J].学前教育研究，2016（03）：34-40+56.

师专业发展进行重新解读，认为促进教师真正的成长只依靠"被发展"是远远不够的，教师专业发展最重要的是激发其专业发展欲望，形成以自身需求为内驱动力、以自我控制为导向的"内生性发展"，教师需要具备自主发展的能力，成为主动的学习者。

联合国教科文组织认为，发展应该是一个唤醒的过程，一个释放社会成员个体作用的过程，而不是由计划者和学者从外部来解决问题的过程。① 唤醒的前提是承认个体具有发展的权利和发展的能力。教师专业化最重要的是肯定教师具有自主发展的能力，为教师自主发展提供必要支持，支持教师基于教育教学工作中的反思性实践构建地方性知识，树立自主发展的信心；允许教师按照自己的方式探索适合自己的专业发展路径，尊重教师自主发展中的个体差异；鼓励教师通过个体反思、集体学习、专业阅读等方式不断更新专业知识，在持续不断的专业学习中获得终身学习的兴趣和能力，实现教师的专业化。②

在我国教师政策制定中，关注"自主发展"、突显教师专业发展的日常性、实践性，以及教师知识的内生性，成为教师政策的新内容。例如，2011年教育部颁布的《教师教育课程标准（试行）》提出：创新教师教育课程理念，坚持育人为本、实践取向、终身学习的理念。2012年教育部印发《幼儿园教师专业标准（试行）》提出"能力为重"的基本理念，要求把学前教育理论与保教实践相结合，突出保教实践能力；研究幼儿，遵循幼儿成长规律，提升保教工作专业化水平；坚持实践、反思、再实践、再反思，不断提高专业能力。2014年《教育部关于实施卓越教师培养计划的意见》提出：要推动以师范生为中心的教学方法变革，推进以"自主、合作、探究"为主要特征的研究型教学改革，着力提升师范生的学习能力、实践能力和创新能力；充分利用信息技术变革教师教学方式和师范生学习方式，提升师范生信息素养和利用信息技术促进教学的能力；充分发挥毕业论文（设计）在培养师范生的实践能力和反思研究能力方面的重要作用。这些政策都将支持教师的自主发展作为教师专业化发展的实现路径，体现了对"自主取向"的关注与重视，呈现了对教师专业发展的全面理解。

---

① RIBES BRUNO. Domination or sharing? endogenous development and the transfer of knowledge [M].Paris: UNESCO Press, 1981: 65.
② 徐莹莹, 王海英, 魏聪.我国教师专业化政策的演进历程、逻辑转换及未来走向[J].教育评论, 2022（06）: 124-132.

四、制定教师专业标准和资格制度，提高教师地位

教师专业标准指导教师专业发展的方向，教师专业标准对提升教师专业素养、提升教师地位具有直接作用。我国对教师专业标准领域的关注是基于对教师队伍建设的重视。1993年我国教育部颁布的《中华人民共和国教师法》，明确规定国家实行教师资格制度，规定"热爱教育事业，具有良好的思想品德，具备本法规定的学历或者经国家教师资格考试合格，有教育教学能力，经认定合格的，可以取得教师资格"。1996年，我国启动教师资格制度，国家对专门从事教育工作人员的专业水平、教育水平、道德水平和身体素质等条件进行了规定。2006年3月，教育部正式启动教师专业标准的研究制定工作。其间，学界对教师专业标准内涵、发展路径以及国际经验借鉴等方面进行了探索研究，基于此，2012年教育部印发《幼儿园教师专业标准（试行）》《小学教师专业标准（试行）》《中学教师专业标准（试行）》三个文件，对我国幼儿园教师、中小学教师专业标准建设产生重大推进作用，对于教师专业发展意义非凡，极大地提高了幼儿园教师的社会地位。

教师资格制度是促进教师专业发展的重要手段，教师资格制度从政策法规层面对从事教育活动的人进行职业许可管理，保障教师职业的专业化水平。随着教师专业发展意识的建立与不断深化，我国在借鉴世界各国教师专业发展经验的基础上，立足于本土需要，不断规范与完善教师资格制度。1986年颁布的《中华人民共和国义务教育法》就规定"建立我国教师资格制度，向合格教师颁发资格证书"。1993年《中华人民共和国教师法》规定国家实施教师资格制度，并对教师取得教师资格的基本程序和思想品德、学历、能力等资格条件进行了明确的规定。1995年《教师资格条例》、2000年《〈教师资格条例〉实施办法》则进一步规定与规范了教师资格认定的基本法治规范。2011—2015年期间，教育部先后发布《教师教育课程标准（试行）》以及各级各类学校教师的专业标准和技术能力标准，2013年的《关于扩大中小学教师资格考试与定期注册制度改革试点的通知》，2015年的《关于进一步扩大中小学教师资格考试与定期注册制度改革试点的通知》则进一步完善了我国"质量至上、能力本位"取向的教师资格制度。[①] 教师

---

① 高慧斌，王文宝，何美，等.改革开放40年教师政策体系演进［J］.教师发展研究，2018，2（04）：1-9.

资格制度建立的功能在于提高教师的教育教学水平，是国家保障教师队伍质量的基本制度，具有强制性、时代性和导向性特征，对于教师队伍建设具有规范管理功能、考核筛选功能、专业导向功能。教师资格制度的建设与教师的专业化发展以及教师观的演进息息相关，贯穿于我国教师观发展的全过程。研究教师资格制度成了研究我国教师观以及教师教育研究的重要内容。

教师专业标准与资格制度的颁布和实施深化了我国教师的专业发展研究、提升了我国教师的社会地位，也同时推动了我国教师教育研究的方向。

当前，我国正处在建设高质量教育体系和实现中国式教育现代化的新时代，正确把握学前教师政策的价值取向对于学前教师观的发展至关重要。第一，应牢牢把握学前教育阶段的特点，以学前教育整体特点带动学前教师的发展。第二，将内隐于工具价值取向的个人价值取向通过政策内容的充盈与政策工具的丰富更好地表达出来，以政策的供给促进教师群体的利益认同、提升价值认同，激励教师在把握个人价值取向上更好地将社会价值予以相融转化。第三，以提升教师个人价值的实现推动多元价值的融合，以人的全面发展促进社会的可持续发展。关切教师政策的个人价值取向是党的百年教师政策价值取向发展的实然追求，符合党和国家对教师发展的人本价值关怀，是做人民满意的好老师、落实"四有"好老师的标准，也是践行"四个引路人"的教师要求的内在动力。[①]因此，以学前教师政策为行动指南，以政策价值取向为主导方向，将社会价值取向与个人价值取向深度互融，以坚定的文化自信促进学前教师个人与社会的有机结合，从而加快教师的专业化进程，促进教师的全面发展，是我们共同的目标愿景。

在教师政策演变与发展的过程中，除了蕴含着对教师专业发展、角色定位以及对教师作为自主的终身学习者的肯定之外，也同时呈现出部分的问题与不足，例如对幼儿教师义务履行的关注多于对权利保障的关注。1993年颁布的《中华人民共和国教师法》是改革开放以来首次以立法的形式对教师的权利和义务等方面作出具体而明确的规定，其中第七条规定教师应享有除了具体的教育、科研方面的权利外，同时应享有"获取报酬""参与学校的民主管理"和"进修培训"等权利；第八条规定了教师应当履行的义务，主要涉及"遵守宪法""贯彻教育方

---

① 马光，史万兵.百年来党领导教师政策的演进历程与价值取向[J].渭南师范学院学报，2023，38（05）：1-7.

针""促进学生全面发展"等方面。而 1996 年的《幼儿园工作规程》、2001 年的《幼儿园教育指导纲要（试行）》则均未涉及对幼儿教师权益方面的规定。2003 年颁布的《关于幼儿教育改革与发展的指导意见》重申了要认真执行《中华人民共和国教师法》，《意见》指出："幼儿教师享受与中小学教师同等的地位和待遇。依法保障幼儿教师在进修培训、评选先进、专业技术职务评聘、工资、社会保险等方面的合法权益，稳定幼儿教师队伍。"为幼儿教师权益的保障和实现提供了政策法律方面的参照。

从幼儿教师政策变迁看，总体上我国幼儿教师的职业权利没有得到充分体现，更没有得到有效保证，除了《教师法》明确规定了教师的权利和义务之外，作为学前教育发展的三个不同时期的重要文本——《幼儿园管理条例》《幼儿园工作规程》和《幼儿园教育指导纲要（试行）》都没有提到幼儿教师应具有的权利，即使有部分政策对幼儿教师的权利作出了一定的规定，但总体上也是对幼儿教师义务履行的关注多于权利保障。对幼儿教师权利保障缺乏明确具体的规定，也使得教育管理者和普通大众容易忽视幼儿教师合理的职业权利，而片面强调幼儿教师应履行的责任和义务。这种状况已经不能完全应对当下幼儿教师队伍建设所面临的各种新问题。因此，推进学前教育立法势在必行。2018 年，《中华人民共和国学前教育法》被批准成为十三届全国人大常委会立法规划中的第一类项目，进入立法视野。2023 年 9 月，十四届全国人大常委会第五次会议对《中华人民共和国学前教育法（草案）》进行了审议。《教育法（草案）》第四十六、四十七、四十八条对幼儿园教师的工资福利、职称评定、岗位聘任、在职专业培训等内容作出了规定。其后期的实施将极大缓解、解决幼儿园教师地位待遇偏低、身份定位不明、准入不严、编制管理混乱、职称晋升难度大等问题，提升幼儿园教师的社会认同度与整体建设效果。

第四章

BUTONG GUOJIA DE XUEQIAN
JIAOSHIGUAN

不同国家的学前教师观

第一节 美国的学前教师观

一、美国学前教师的角色观

(一)美国学前教师的职业特性

在美国,由于深受皮亚杰发展阶段论的影响,早期教育的对象通常是指0—8岁(即小学三年级)的儿童,从这个范围来看,美国的学前教育属于早期教育的一部分。因此,在美国,学前教育专指婴幼儿在入小学前接受的各种教育。与此相应,学前教师主要是指从事从出生到入小学前的儿童教育工作的教师。职业特性是指某种职业的职业定位与发展,主要由该职业是否在所处的社会中具有作用、具有何种作用,以及怎样起作用来决定,是社会角色的重要方面。

1. 美国学前教师的职业定位

美国学前教师的职业定位自"二战"以来呈现出深刻的历史轨迹,其变迁不仅映射了教育理念的演进,也反映了社会对教育质量和教师角色的期待变化。

(1)"二战"后至1969年:职业角色的单一化

在"二战"后的几十年里,美国幼儿教师的职业角色被赋予了明显的社会服务特征。这一时期,受到冷战背景下对科技与智力开发重视的影响,幼儿教师被视为"知识传播者",其任务是通过学前教育激发儿童的智力潜能。[1]同时,面对国内贫困和社会不平等的挑战,幼儿教师也被期望作为"社区服务者",为弱势群体儿童提供教育机会,以期打破贫困的代际循环。

(2)1970—1980年:职业角色的规范化

进入20世纪70年代,随着社会对教育质量和教师专业能力的更高要求,幼儿

---

[1] 孙宁,姜勇.百廿年我国学前教师教育的发展与展望[J].学前教育研究,2024(08):36-45.

教师的职业角色开始经历规范化过程。儿童发展协会等专业机构推动了对幼儿教师能力角色和多元文化角色的认证,强调教师应具备促进儿童全面发展的能力和对不同文化背景儿童的理解与包容。[①]这一阶段的变革标志着幼儿教师职业角色从单一的社会服务者向具备专业能力的"儿童发展促进者"和"多元文化理解者"转变。

(3)1981—2000年:职业角色的专业化

20世纪80—90年代,随着信息技术革命和对教育质量的更高追求,幼儿教师的职业角色进一步强调专业化。这一时期,幼儿教师被期望成为"反思实践者",在教学实践中不断进行自我反思和批判性思考,以提升教育实践的质量。同时,幼儿教师也被视作"文化回应者",需要在多元文化的社会背景下,展现出对不同文化价值观的敏感性和适应性。

(4)2001年至今:职业角色的多样化

进入21世纪,美国幼儿教师的职业角色进一步向多样化发展。联邦政府通过一系列专业标准,如《幼儿教师初级和高级专业准备标准》,整合和拓展了幼儿教师的职业角色。幼儿教师不再局限于传统的教学职能,而是被期望成为具备专业素养的"专业人员"、在教育过程中提供全面支持的"支持者",以及在教育管理和改革中发挥领导作用的"领导者"。

美国学前教师职业定位的历史演变揭示了一个从单一化到规范化、专业化,最终向多样化发展的轨迹。这一过程不仅反映了社会对教育的不断深化的需求,也体现了教师专业发展和自我实现的追求。

2. 教师专业标准的要求

教师专业标准是国家教育机构依据一定的教育目的和教师培养目标制定出的有关教师培养和教育工作的指导性文件。它具体规定了教师专业结构要素中的各项实施准则和方法。[②]从上述定义中可以看出,教师专业标准是国家或社会层面对于教师所应具备的专业知识、专业技能、专业素养等方面的要求,是衡量教师的依据或准则,并为教师培养、教育工作及评价、专业发展提供一定的方向。因此,一个国家的教师专业标准能够代表或反映出该国对于教师看法的普遍观点。美国学前教师的职业特性在很大程度上由专业标准的要求所塑造。这些标准不

---

① 丁远洋.二战后美国学前教师职前培养的历史研究[D].上海:上海师范大学,2019:17-45.
② 熊建辉.教师专业标准研究——基于国际案例的视角[D].上海:华东师范大学,2008:15-18.

仅规定了教师应具备的知识和技能，而且反映了教师在教育实践中的职业角色和期望表现。下面主要从全美幼儿教育协会（NAEYC，National Association of the Education for Young Children）制定的学前教师专业标准来进行探析。

自2009年起，美国经历了几次重要的专业标准修订，每一次更新都旨在更好地适应教育政策的变化、响应社会对平等和多元教育的需求，以及整合最新的教育研究成果。2019年12月，全美幼儿教育协会颁布的最新版《早期教育从业人员专业能力标准》（表4-1），标志着对幼儿园教师专业角色的全新定位。[①] 这一版标准通过六项核心内容——对儿童发展背景的理解、家校社合作、观察与评估技能、多元化教学实践、学科课程内容知识，以及职业精神——为教师的专业发展提供了全面的框架。新版标准强调了教育公平、多元文化教育的重要性，并追求早期教师的卓越发展。其特点在于目标的引领性、内容的操作性，以及实施的有效性。

表4-1 《早期教育从业人员专业能力标准》的内容和指标

标准	要求
1. 了解儿童学习与发展的背景	a. 了解0—8岁婴幼儿在生理、认知、社会、情感、语言（包括双语或多语）等领域的发展
	b. 了解并珍视每个儿童都是具有独特发展差异、成长经历、特长、兴趣、能力、学习方法、选择能力的个体
	c. 了解儿童的发展与学习过程是在多种背景下发生的，这些背景包括家庭、文化、语言、社区、早期学习环境及其所处的包括结构性不平等在内更大的社会背景
	d. 利用有关幼儿发展关键期、儿童个性化、不同文化背景下儿童发展和学习的知识作出符合实际的正确决策，从而为每个儿童的发展与学习提供支持
2. 建立家社合作关系	a. 了解、理解并重视每个家庭的多样性特点
	b. 建立与家庭相互尊重、互惠互利的合作伙伴关系，参与家庭教育以促进幼儿发展
	c. 利用社区资源支持幼儿与家庭的学习与发展、与早期教育机构、学校、社区间建立合作伙伴关系

---

① 沙爽. NAEYC早期儿童教育教师专业标准与美国幼儿教师培养研究［D］，长春：东北师范大学，2014：9-19.

（续表）

标准	要求
3. 观察与评估儿童	a. 了解评估（包括正式和非正式、形成性和诊断性等类型）的主要目的是为早期教育的环境设置和教学计划提供有用的信息指导与教学抉择
	b. 了解各种评估类型的特点、目的，相关使用工具和使用方法
	c. 以道德为准则使用观察和评估工具，并使其与幼儿的语言、文化发展等背景相适宜，从而促进幼儿发展
	d. 与家庭和同事之间建立互相评价的合作伙伴关系
4. 开展多元化（与文化、语言、发展适宜）的教学实践	a. 建立并展示与幼儿积极的、充满爱的、支持性的人际关系，同时了解这是与幼儿合作的基础
	b. 了解并使用适应幼儿学习规律和满足幼儿学习需要的教学技能，认识到差异化教学、游戏教学、教师领导和执行能力对幼儿的发展至关重要
	c. 广泛使用促进幼儿发展、文化性、语言性、反偏见且基于证据的教学策略，并体现通用性学习原则
5. 掌握幼儿学科课程内容知识	a. 了解学科内容知识、中心概念、研究工具和方法、学科结构、早期儿童课程领域的内容资源
	b. 了解学科教学法知识、幼儿在每个领域的学习方式，以及幼儿教育者如何使用"标准1"至"标准4"中的相关教学知识和教学实践来支持幼儿各领域的学习以提高教学实践
	c. 通过应用、拓展、整合、更新幼儿教育工作者的学科内容知识、课程内容资源、学科教学法知识来改进教学实践
6. 具备幼儿园教师职业精神	a. 认同并热爱学前教育专业及幼儿教育领域的工作，积极成为幼儿、幼儿家庭、幼儿教育领域的倡导者
	b. 了解并遵守基本公共性道德准则和幼儿教育专业职业准则
	c. 运用包括以技术为媒介的沟通策略有效地支持幼儿的学习和发展，并与家庭和同事之间开展有效的合作
	d. 进行终身性和持续性学习以不断改进教学实践
	e. 在日常工作和实践中，坚持养成反思性学习习惯以成为专业人员
职前教师需在田野经历和临床实践中学习与评价以上六条核心专业标准	

注：参见 Professional Standards and Competencies for Early Childhood Educators.

美国学前教师专业标准全面覆盖了从儿童发展知识到教育实践技能的多个方面。这种全面性反映了学前教师职业的多样性，要求教师不仅是知识的传递者，还应成为儿童学习与发展的促进者、家庭和社区的合作者，以及教育实践的反思者与研究者。专业标准的动态更新以及对教师终身学习、持续改进教学实践的要求体现了学前教师职业发展的持续性。[①]随着教育理念的更新和社会需求的变化，教师需要不断学习新的知识和技能，以适应教育实践的演进。这种要求揭示了学前教师职业的一个核心特性：持续的专业成长和自我完善。

专业标准对教师职前、教师资格认证以及职后等不同阶段都起着引领作用。体现了一个有序的职业发展过程，每个阶段都有相应的标准作为指导，建构了一个相互联系、相互支持的学前教师职业发展生态系统，保障了学前教师职业的专业性。[②]

专业标准还要求教师进行自我反思，评估自己的教学实践是否达到了既定的标准。这种自我反思性是学前教师职业特性的重要组成部分，它促使教师不断审视和改进自己的教育实践，以实现更高质量的教学。

美国学前教师专业标准的要求充分体现了学前教师的职业特性，即学前教师是具备深厚的专业知识基础、持续的学习与适应能力、系统性的职业发展规划、高度的专业性以及强烈的自我反思意识的专业人员。[③]这些特性共同构成了学前教师职业的核心竞争力，为提供优质的幼儿教育奠定了坚实的基础。

（二）美国学前教师的社会地位

1.薪资待遇与社会认同

某一职业的薪资待遇能够从侧面反映该行业在社会中的受重视程度。同时，薪资待遇也是某一职业能否吸引优秀人才的重要因素之一。[④]因此，薪资待遇是衡量学前教师的社会地位和价值的指标之一。本文以美国劳动局公布的幼儿园教师平均年薪为代表，考察美国学前教师的薪资待遇与社会认同情况。根据美国劳动局的统计数据（如图4-1），美国幼儿园教师的平均年收入近几年大幅度增长。2019年美国幼儿园教师的平均年薪为40 370美元，到2023年美国幼儿园教师的平均年薪达到了61 320美元。这五年间，美国幼儿园教师的平均年薪涨幅大约是

---

① 朱宗顺.美国幼儿教师教育标准及启示［J］.教师教育研究，2006（04）：76-80.
② 沙爽.NAEYC早期儿童教育教师专业标准与美国幼儿教师培养研究［D］.长春：东北师范大学，2014：23-24.
③ 夏婧，刘昊.美国幼儿教师专业标准体系的建构历程、特征及其启示［J］.黑龙江高教研究，2015（02）：17-20.
④ 陈寒，王凤琴.教师职业吸引力及其影响因素的国际比较研究［J］.上海教育科研，2023（07）：27-34.

51.87%。这一结果体现了该职业在社会经济结构中地位的提升。不仅反映了对幼儿园教师专业价值认可度的增加，也可能指示着社会对学前教育重要性认识的提高。薪资作为衡量职业吸引力和竞争力的重要指标之一，其增长可能促进了更多有才能的个体选择从事学前教育行业，从而提升整体教师队伍的素质。

此外，薪资提升也可能与美国近年来对教育领域的政策改革有关，这些改革强调了提高教师专业标准和教学质量。例如，全美幼儿教育协会等组织对幼儿园教师的专业能力标准进行了修订，强调了对教育公平、多元文化教育以及教师专业发展的价值追求。这些标准和政策的实施可能间接提高了幼儿园教师的薪资水平，同时也表明了社会对幼儿园教师角色的期待正在发生变化，从单一的知识传授者转变为儿童全面发展的促进者和支持者。然而，薪资增长背后还可能隐藏着更深层次的社会经济因素，如生活成本的上升、劳动力市场的变化等。因此，这一现象需要在更广泛的社会经济背景下进行综合分析。总体而言，美国幼儿园教师薪资的增长是对该职业社会地位和价值认可的一个积极信号，一定程度上能够代表美国学前教师的社会认可度。

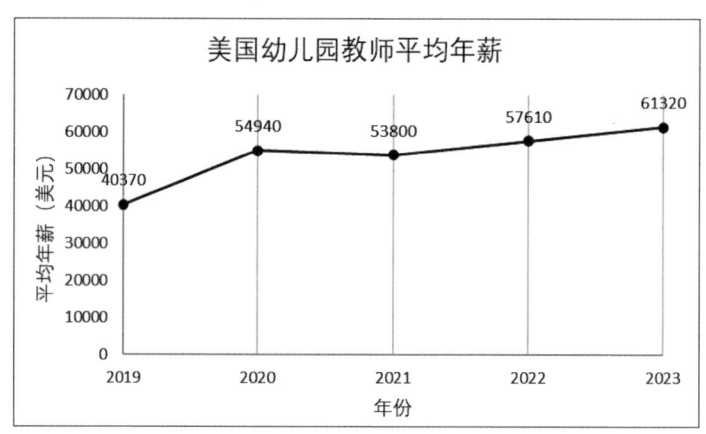

图 4-1　美国幼儿园教师平均年薪变化图

2.政策支持与受重视程度

美国学前教育政策支持及其受重视程度的历史可以分为几个重要阶段。20世纪上半叶，美国政府对学前教育的关注度较低，仅在个别州的政策和立法中偶有涉及。在这一时期，学前教育更多是经济和社会发展的副产品，而并未成为政府的重点。20世纪初，联邦政府成立了联邦儿童局，主要负责儿童健康和家长教育工作，强调家庭环境对幼儿教育的影响，然而学前教育机构本身并未受到广泛重视。①

"二战"结束后，随着政府干预的加强，美国开始通过一系列政策法规推动学前教育的进展，逐渐建立起保育学校和儿童保育中心。政府也将学前教育的资金投入纳入财政预算，学前教育由此进入了快速发展的阶段。1965年，政府推出了"开端计划"（Head Start），保障贫困儿童享有平等的教育机会，表明美国政府开始重视学前教育中的社会公平问题。

到了20世纪80年代，在教育公平得到一定保障的基础上，美国政府的重点转向了学前教育的质量提升，并通过立法来推动这一目标的实现。② 例如，1981年《提前开始法》和1994年克林顿总统签署的《2000年目标：美国教育法》将学前教育列为全美教育目标的首位，旨在确保到2000年所有儿童都为入学作好充分准备。这些政策的实施，标志着美国学前教育从单纯关心弱势儿童的教育，逐步扩展到面向全体儿童的普遍教育。

2002年，《不让一个儿童落后法》由布什总统签署，法案包含了大量与学前教育相关的条款，特别是"阅读优先计划"，覆盖了从幼儿到小学的各个教育阶段，强化了幼小衔接，同时要求教师提升素质，注重幼儿的情感和社会性发展。此外，1979年《儿童保育法》和1990年《儿童早期教育法》也为学前教育质量的提升提供了法律保障。这一系列政策和立法，极大地推动了学前教育的普及和质量的提升，截至目前，美国4—5岁儿童的入园率已超过98%，充分显示了学前教育在美国教育体系中的重要性。

通过政府对学前教育的政策支持，美国的学前教育从早期的社会边缘领域逐步成长为国民教育的重要组成部分，学前教师的社会地位也随着教育事业的发展不断提高。

二、美国学前教师的知识观

教师的知识储备是其素质的基础。学前教师不仅要为幼儿提供日常保育，更

---

① 荀渊.美国教师教育标准的历史逻辑和现实需要[J].教师教育研究，2010，22（05）：75-80.
② 沙莉，庞丽娟，刘小蕊.通过立法强化政府在学前教育事业发展中的职责——美国的经验及其对我国的启示[J].学前教育研究，2007（02）：3-9.

需要通过教育活动促进幼儿全面发展。幼儿阶段是个体成长的关键时期，能否在这一时期施加适宜的教育影响，直接关系到幼儿未来的成长方向。而这和教师的教育能力与知识储备密不可分，只有具备适合幼儿身心发展的专业知识，教师才能有效地引导幼儿成长。

在学前教师的培养过程中，知识标准的设定通常有两种方法：一是以知识领域的基本概念和结构为线索，明确早期教育专业人员应掌握的知识体系，这主要分为本体性知识（subject-involved knowledge）、实践性知识（practical knowledge）和条件性知识（conditional knowledge）；二是以幼儿的发展需求为核心，描述教师应如何运用不同知识领域促进幼儿成长的标准。美国的学前教师知识标准设定主要采用第二种方法，即从幼儿发展需要出发，制定适应儿童需求的知识标准。[1]这种方法虽然相对笼统，但为教师的知识体系提供了较大的灵活性。其核心不在于知识概念的掌握，而是如何将各领域的知识用于促进幼儿的发展。

（一）美国学前教师的专业知识观

美国学前教师的教育对象是 0—5 岁的儿童，这一阶段的幼儿身心发展具有显著的阶段性特征。因此，学前教育的重点不在于系统化的知识传授，而在于推动儿童全方位的发展。因此，学前教师首先需要掌握与幼儿成长、发展、学习相关的基础知识。这类知识也被称为本体性知识，即教师在其专业领域内所应具备的学科知识水平。无论学前教师任职于何种类型的教育机构，都必须达到在其专业领域所认可的水平。

首先，心理学知识是学前教师必备的核心内容之一。在美国，合格的学前教师需掌握广泛的心理学知识，包括人类行为与环境的关系、语言发展、情感调节与动机、记忆形成等。此外，学前教师需深刻理解家庭对儿童发展的关键作用，了解从胎儿期到幼儿期各阶段的生理发育规律及个体差异，并关注幼儿的情感和社会发展。美国社会对学前教师心理学知识的重视也直观地反映在学前教师认证过程中，对于心理学基础知识的考查作为教师认证的首要内容。

其次，学前教师还需要掌握与教学相关的知识，例如，学习如何发生、影响

---

[1] 林崇德，申继亮，辛涛.教师素质的构成及其培养途径[J].中小学教师培训，1998（01）：10-14.

学习的因素、知识建构、学习氛围、儿童需要（包括特殊需要、兴趣、态度和动机）等。这些知识涵盖所有儿童发展领域在内的生理、社会、情感、审美和道德（或伦理）。此外，学前教师还需具备涉及学前儿童各阶段的健康、安全、营养等方面的知识，确保在日常教学中能够结合幼儿的健康管理进行教育活动设计。

总之，美国学前教师专业知识的要求围绕儿童发展需求展开，强调教师应具备的基础知识和能力，以保障他们在幼儿教育中发挥促进作用。

（二）美国学前教师的普通知识观

教师的本体性学科知识是教师进行教学的必要条件，即教师必须掌握任教学科的学科内容。但实践证明教师的本体性知识与学生学业成绩之间并不存在正相关关系。现代教育理论则更注重教师的教育教学实践能力和广博的通识知识，这些素养不仅可以帮助教师在进行教学工作时可以更加宏观地构建学生的知识体系，还有利于教师日后教学水平的提升和拓展。注重教师掌握广泛的普通知识已成为美国教师培养和认证的一个标准。

全美幼儿教育协会制订的学前教师初级许可证计划中，对幼儿职业从业者候选人应具备的普通知识准备分为六大领域：语言和读写知识（Language Literacy）、艺术知识（The Arts）、数学知识（Mathematics）、身体锻炼和体育知识（Physical Activity and Physical Education）、科学知识（Science）和社会知识（Social Studies）。

美国学前教师应具备的普通知识是以幼儿的身心发展特点和已有经验为基础，以儿童应发展的能力为出发点来设定的。其目的是促进幼儿各方面能力的发展。对美国学前教师的知识要求体现出以儿童为中心，注重教师多学科知识的掌握，突出了美国学前教师知识观的多元性和全面性。

三、美国学前教师的多维能力观

（一）多元文化应对能力观

美国作为一个多元文化特征鲜明的国家，伴随着非欧裔人口的持续增长，教育体系中来自不同民族和国家的儿童比例也在上升，这给学前教师提出了新的挑战。在多元文化的环境中，如何与来自不同文化背景的幼儿建立有效互动，已成为学前教师面临的重要课题。因此，具备多元文化应对能力，成为美国学前教师职业素养中不可或缺的一部分。

为培养学前教师的多元文化应对能力，美国采取了多种途径。首先，积极招募与幼儿有相似文化背景和语言的专业人员加入教师队伍，这是帮助教师与幼儿进行有效沟通、促进文化认同的重要方式。其次，高等教育机构通过政策支持和资金资助，推动不同文化背景的教师候选人的培养工作，并帮助现有教师提高对多元文化的理解和敏感度。最后，为在职教师提供针对性的培训，帮助其在实际教学中更好地应对文化差异，同时鼓励教师在课程设计和教学过程中融入多元文化内容，以满足不同背景幼儿的需求。

由此可见，随着美国社会对文化多样性的重视不断加深，多元文化应对能力已成为美国学前教师观的一个显著特征，反映了教育领域中对文化包容性和多样化教学的不断追求。

（二）实践能力观

美国学前教师的实践能力，在全美幼儿教育协会制定的学前教师专业标准中得到了详细和系统的阐述。该标准涵盖了教师在儿童学习环境创设、教学组织与方法、正确评价以及家园合作等方面的实践能力，特别强调教师在实践中掌握并应用这些能力。

1. 创设积极学习环境的能力

全美幼儿教育协会要求学前教师能够创建健康、互相尊重、支持性强且具有挑战性的学习环境，以促进儿童的全方位发展。在设计和创设学习环境时，教师应优先考虑幼儿的生理和心理需求，依据儿童的年龄特征、文化背景以及个体兴趣，合理组织和安排相关材料与活动。同时，教师需将文化内容与家庭生活有机结合，在促进儿童发展的同时，帮助其建立文化认同感。

2. 组织与教学的能力

组织与教学能力是学前教师的核心实践能力之一。在课程计划的制订过程中，教师首先需要基于对幼儿行为的系统观察与记录，结合幼儿的兴趣与发展需求来规划教学内容。美国学前教育高度重视游戏的教育价值，认为游戏不仅能够激发幼儿的好奇心，还能通过实践经验帮助其发展解决问题的能力。此外，教师应熟练掌握并应用多种教学策略和工具，以有效促进幼儿的学习与发展。

3. 正确评价的能力

评价能力是教师确保教学质量和促进幼儿发展的关键。美国学前教育注重过程性评价，要求教师通过科学的评价手段了解儿童的当前发展水平，并据此设定下一阶段的目标。评价过程分为两个主要环节：一是对幼儿在特定时间段内的表现进行分析与反馈；二是基于评价结果，设计适应儿童发展的下一步教学活动。此外，教师还需结合相关理论，对儿童可能存在的发育迟缓或特殊需求进行评估，以便及时采取干预措施，促进其全面发展。

4. 沟通与合作的能力

幼儿的教育不仅依赖于学校，还需要家庭的积极参与。学前教师和家长的有效沟通与合作，是促进幼儿全面发展的关键因素。因此，教师需具备与家长进行专业且有效沟通的能力。在合作过程中，教师首先需了解儿童的个体发展特点，并掌握能够支持儿童发展的策略，与家长共同制定和评估教育目标。与家长合作的主要环节包括明确合作目的、掌握合作方式、有效开展合作以及对合作进行评估。合作的最终目标是促进儿童的健康成长和学习，并通过教师与家庭、与社区的紧密协作，提供适当的教育资源和支持。

在与家长合作的过程中，教师还需为家长提供有关儿童发展、教育项目、社区资源等方面的信息，特别是对发展迟缓儿童的支持措施。同时，教师应及时准确地与家长沟通儿童的成长情况，并为有特殊教育需求的儿童提供个性化的服务，以确保每个儿童的学习和发展都得到充分的支持。

第二节 英国的学前教师观

一、英国学前教师的角色观

英国的学前教育是指儿童进入小学前0—5岁的保育与教育，通常在专门的早期保教机构或者小学附设的学前班进行。故而，英国的学前教师便是指为0—5岁儿童提供保育和教育服务的专业人员。学前教师在幼儿发展的过程中扮演着重要的角色。

（一）英国学前教师的职业特性

1. 英国学前教师的职业定位

对英国学前教师职业定位的探讨离不开其在各历史时期演变、发展过程中的角色变化。从工业革命时期的家庭保姆到现代教育体系中的专业教育者，英国学前教师的角色经历了深刻的转变。这些转变不仅反映了社会价值观和教育目标的变化，也映射了政治、经济以及科技革新对教育实践的深远影响。随着对儿童早期发展重要性认识的不断加深，英国学前教师逐渐成为儿童成长道路上的关键引导者。他们的工作不再局限于知识传授，更扩展到了对儿童身心健康、社会情感发展以及终身学习能力的培养。通过历史脉络的梳理，系统地分析英国学前教师职业角色的演变过程，以更好地理解其职业定位。

（1）工业革命时期至20世纪初：从家庭保姆到儿童教育者

在工业革命的浪潮中，英国社会结构和家庭生活发生了显著变化。随着女性大量进入劳动力市场，对儿童照看的需求催生了早期的学前教育机构。起初，这些机构中的教育者多由家庭保姆或妇女担任，她们主要负责儿童的基本照看和日常活动。然而，随着社会对儿童早期教育重视程度的提升，这些教育者逐渐被视为儿童教育者，开始接受有关儿童发展和教育的初步培训。这一时期，学前教师的角色开始从单纯的家庭保姆向具有一定教育责任的儿童教育者转变，标志着学前教育职业化的初步形成。

（2）20世纪初至"二战"前：从儿童教育者到专业教师的初步形成

20世纪初，随着心理学和教育学的发展，社会对儿童早期发展的认识不断深化。尤其是福禄培尔教育理念的传入，英国开始出现了以儿童为中心的教育模式。学前教师不再仅仅是儿童的看护者，而是开始承担起促进儿童身心发展的重要角色。这一时期，学前教师的教育和培训得到了重视，专业教师的培养开始制度化，学前教师的专业知识和技能得到了系统化的构建。教育者开始运用新兴的儿童发展理论指导教育实践，学前教师的职业角色逐渐向专业化方向发展，为后续的教育改革和专业化奠定了基础。

（3）"二战"后至1970年代：从专业教师到儿童发展专家

"二战"后，英国政府推行了《巴特勒教育法》（Butler Education Act），确立了义务教育的年龄范围，并提出了对学前教育的支持。随后，对公共教育服务的投入大幅度增加，学前教育亦得到了空前的重视。学前教师的角色不再局限于学校教育，而是扩展到了儿童的整体发展，包括健康、营养和社会情感等方面。[①]政府和专业机构开始制定相应的教育标准和政策，推动学前教师成为儿童发展领域的专家。这一时期，学前教师在儿童早期干预、特殊教育需求识别和家庭支持等方面发挥了重要作用，其职业角色得到了进一步的扩展和深化。

（4）1970—1980 年代：从儿童发展专家到职业规范化

进入 20 世纪 70 年代，随着教育制度的不断完善和社会对教育质量要求的提高，学前教师的角色开始向政策执行者转变。这一时期，英国政府推出了一系列教育改革措施。例如，1972 年的《教育法案》（Education Act 1972）对教育结构进行了调整；1988 年的《教育改革法案》（Education Reform Act 1988）引入了国家课程，规定了所有公立学校必须教授的统一课程和评估标准，这要求学前教师在教学中遵循国家标准。[②]这些法案都逐步加强了教育的标准化和系统化，学前教师需要在新的政策框架下开展工作，英国学前教师的职业定位也走向了规范化和专业化。

（5）1980 年代至 21 世纪初：职业规范化到职业多元化

20 世纪 80 年代起，受新自由主义经济政策的影响，英国教育领域开始经历市场化的变革。学前教师的角色不再只是政策的执行者，他们需要在日益竞争的教育市场中寻求自身的定位和发展。随着私立和志愿部门的参与增加，学前教师需要具备市场意识和商业技能，以满足家长和社会对教育多样化的需求。这一时期，学前教师不仅要关注教育质量，还要关注教育服务的供给和需求，他们的职业角色呈现出更加多元和复杂的特点。

（6）21 世纪初至今：成为终身学习者和创新者

进入 21 世纪，全球化和信息技术的快速发展对教育领域产生了深远的影响。学前教师面临着新的挑战和机遇。随着《每个孩子都重要》（Every Child Matters）政策的推出，学前教师被鼓励成为终身学习者和创新者，以适应教育发展的需

---

① LIGHTFOOT S，FROST D.The professional identity of early years educators in England：implications for a transformative approach to continuing professional development［J］.Professional Development in Education，2015，41（02）：401-418.

② 曹能秀，王艳玲，田静，等.近十年来美英日三国学前教师教育改革初探［J］.外国中小学教育，2013（07）：1-7.

求。英国教育部政府部门和专业机构越来越重视教师的持续专业发展，并推出持续专业发展计划，鼓励教师参与研修和研究项目，提升自身的教育教学能力。英国学前教师不仅是儿童学习的引导者和支持者，也是终身学习者和创新者。

2.教师专业标准的要求

自2005年起，英国对学前教育教师的职前培养给予了高度重视，并成立了专门机构负责制定教师专业标准。该标准经历了多个版本的演变，包括2006年、2012年及2013年的修订。[①]本文将以2013年版的《早期教育教师标准》（Early Years Teacher, EYT）（以下简称《教师标准》）为基础，探讨英国学前教师的职业特性及其专业要求。

英国《教师标准》的出台反映了对早期教育质量不断提升的迫切需求。早期教育被认为是儿童身心发展的关键期，因此制定明确的职业标准旨在为教师提供清晰的工作指南和评价依据。之前的教育标准和指导方针分散且缺乏一致性，《教师标准》旨在统一教师的职业规范，确保教育实践的高质量和一致性。这一标准的制定不仅是对教师专业素养的要求，也是对职业发展的支持，旨在通过系统的标准提升教师的专业能力和职业认可度。英国早期教育教师标准的出台，标志着对早期教育领域的深入改革，致力于通过明确的标准提升教育质量、统一教师规范、支持教师职业发展，并保障儿童的安全和成长。

表4-2 英国《早期教育教师标准》框架

标准	要求
1.为0—5岁儿童的健康成长提供支持	a.确保儿童的身心健康，提供安全的学习环境
	b.促进儿童的身体发展和运动能力
	c.支持儿童的心理健康和情感发展
2.与儿童及其家庭合作，促进学习和支持发展	a.积极与家庭沟通，了解儿童的背景和需求
	b.通过合作活动支持家庭参与儿童的学习过程
	c.建立家庭和学校之间的良好关系，促进儿童的全面发展
3.了解儿童保护政策和程序，辨识儿童是否处于危险状态并指导如何保护他们	a.熟悉儿童保护的法律和政策
	b.能够识别可能的虐待和忽视迹象，并采取适当行动
	c.提供保护儿童的支持和指导，确保他们的安全

---

① 胡恒波，陈时见.英国学前教师专业化改革的策略与基本经验[J].外国中小学教育，2013（07）：26-31.

（续表）

标准	要求
4.为幼儿设置高期望目标	a.设定具有挑战性和适宜性的学习目标
	b.提供丰富的学习机会，激发儿童的兴趣和潜力
	c.评估儿童的进步，并根据需要调整目标和策略
5.观察和评价幼儿以衡量个人发展	a.定期观察儿童的行为和发展情况
	b.使用多种评估工具和方法来衡量儿童的进步
	c.根据评估结果调整教学方法，以满足儿童的需求
6.考虑到每个孩子的个性化需求	a.了解和尊重每个儿童的独特性和文化背景
	b.提供个性化的教学和支持，满足不同儿童的需求
	c.制订个性化学习计划，以促进每个儿童的发展
7.通过促进积极的伙伴关系来支持孩子，从而实现更广泛的专业责任	a.与其他教育工作者、专业人员和社区组织建立合作关系
	b.积极参与团队工作，共同支持儿童的学习和发展
	c.拓展专业网络，以增强支持儿童的能力
8.参与教学实践	a.在实际教学中应用教育理论和最佳实践
	b.不断反思和改进自己的教学方法
	c.参与专业发展活动，提升教学技能和知识

从英国《教师标准》的八大核心标准（表4-2）及其具体要求中，可以分析出英国学前教师的职业特性主要体现在以下几个方面。

（1）综合性专业能力

英国学前教师的职业特性首先体现在其具备的综合性专业能力。这包括为0—5岁儿童的健康成长提供全面支持，涵盖身心健康、认知发展和情感支持等多个维度。教师不仅要懂得如何教育儿童，还需要具备促进其身心健康、保障安全的能力。这表明学前教师不仅是教育者，也是儿童的全方位支持者。

（2）高度个性化的教育实践

英国学前教师必须依据每个儿童的个性化需求进行差异化教育。《教师标准》要求教师能够观察和评估儿童的个人发展，根据不同儿童的学习特点和需求调整教学策略。这种个性化教学模式反映了英国学前教师的职业特性之一，即注重尊重儿童的个体差异，并以此为基础进行教育实践。

（3）强大的合作与沟通能力

英国学前教师需要与儿童的家庭、同事以及社区紧密合作。《教师标准》要求教师积极与家长沟通，共同促进儿童的学习和发展。通过与家庭的协作，教师不仅承担着教学的责任,还需要发挥协调者的作用,帮助家庭与学校建立紧密联系。这种合作性特质要求教师具备强大的沟通能力和团队合作精神。

(4)儿童保护意识和安全责任感

儿童的安全与福祉是学前教育的核心关注点之一。英国学前教师的职业特性突出其对儿童保护的高度敏感性和责任感。《教师标准》明确规定教师需熟悉儿童保护政策,能够识别儿童可能面临的危险并采取适当的保护措施。教师不仅是知识传授者,更是儿童的保护者,必须在教育过程中优先考虑儿童的安全问题。

(5)持续反思与职业发展

《教师标准》强调了教师需要在日常实践中不断进行反思和专业提升。这一特性表现在教师应具备开放的心态,愿意在教学实践中学习和改进。通过参与职业发展培训和反思教学效果,教师能够不断提升自身的教学水平。这体现出英国学前教师的职业特性包含持续的专业成长和自我完善。

(6)高期望与挑战性目标设定

英国学前教师被要求为儿童设定高期望目标,并在教学中提供挑战性学习机会。教师不仅要帮助儿童实现当前的学习目标,还需激励他们不断进步、发掘潜力。这一特性反映出教师对儿童的长远发展负有责任,要求教师具备制定高质量教育目标和激发儿童学习兴趣的能力。

(7)广泛的专业责任

英国学前教师的职业特性还包括广泛的专业责任,不仅限于课堂教学。教师被要求在教学之外,积极参与学校和社区的专业活动,发挥更广泛的社会责任。这种责任感超越了传统的教学任务,涵盖了教师对教育环境、政策实践的参与和贡献,表明学前教师是社会中重要的专业角色。

综上,英国学前教师的职业特性包含了多维度的专业能力、高度个性化的教育方法、强大的合作与沟通能力,以及对儿童安全与福祉的高度关注。同时,学前教师的职业特性还包括持续的职业反思与成长、设定高期望目标以及履行广泛的专业责任。这些特征共同构成了英国学前教师的核心职业特性。

(二)英国幼儿教师的社会地位

1. 薪资待遇与社会认同

国际经济合作与发展组织发布的教育概览,即 OECD 教育概览(Education

at a Glance：OECD Indicators）是对世界各地教育状况信息统计的权威来源。基于 OECD 教育概览提供的薪资数据，英格兰学前教师在 2021 年和 2022 年的平均年薪分别为￡47,451 和￡48,800，而苏格兰教师的薪资则更高，2022 年达到了￡53,136。此外，教师在长期任职后，薪资上升幅度显著，例如英格兰教师在 15 年间（2007—2022 年）的薪资可增长至￡55,726。这一系列薪资数据表明，英国政府对学前教师的经济保障不断加强，教师的薪资水平有持续上升的趋势，反映了职业的可持续发展性和吸引力。

然而，薪资水平的提高并非孤立现象，而是与政府在学前教育领域的财政投入密切相关。自 2006 年《儿童保育法》出台以来，英国政府持续增加对幼儿教育的财政支持。尤其是近年来，随着政策的调整和实施，政府通过"30 小时免费托儿服务"等项目增加了学前教育资金。这些政策不仅直接推动了教师薪资的提升，还为教师提供了更广泛的职业发展机会和社会福利保障。2020 年，英国政府进一步承诺投入数十亿英镑，用于支持学前教育，包括改善教学条件和教师待遇。薪资与政府投入的密切关联反映了学前教师在社会结构中的重要性。薪资不仅是教师经济福利的体现，更是其社会地位的表征。英国学前教师不仅承担着儿童早期教育的重任，还通过其专业化发展逐渐获得社会的认可与尊重。政府持续加大资金投入，通过政策和财政手段提升学前教师的职业吸引力，推动了其在教育体系中的核心角色定位。

总体而言，英国学前教师的薪资水平随着政策支持和财政投入不断提升，反映了社会对学前教育工作者的高度重视。政府的持续投资确保了学前教师在职业生涯中的稳定性与发展空间，进一步巩固了其社会地位。这种基于政策导向和经济支持的体系展现出学前教师在英国教育体系中的重要性和社会影响力。

2.政策支持与受重视程度

（1）英国政府对学前师资培训的投入

在英国，约 80% 的早期教育机构为私立机构，这些机构在师资质量上通常低于公立机构，大学毕业生的比例相对较少。为提升学前教师的专业素养，英国政府在 2006—2011 年间实施了"早期教育专业人员资格认证"项目（Early Years Professional Status, EYPS）。政府设立了毕业生领导者基金（Graduate Leaders Fund, GLF），向英国儿童工作发展委员会（Children's Workforce Development Council,

CWDC）拨款7300万英镑，用于支持学前教师职前教育。[①]这些资金用于资助学前专业毕业生、其他专业毕业生及那些无相关学位但希望成为学前教师的人员。即使学员未能在首次培训中获得认证，仍可申请全额资助，这显示了政府对学前教师培养的高度重视。

2012—2015年期间，EYPS项目的管理责任转交给了教学署（Teaching Agency）。教学署将这些资金分批次分配给各培训机构，同时鼓励培训机构通过赞助单位、雇主及地方政府筹集额外资金。此外，培训机构也可以向学员收取政府未覆盖的费用，但这些费用相对于政府资助而言仍较少。

2013年，卡梅伦政府推出了改进版的早期教育教师政策（Early Years Teacher Status, EYTS），这是EYPS项目的升级版。卡梅伦政府强调对学前教育的顶层设计，并受到其"自由、公平与责任"政策纲领的影响。这一政策明确承诺对职前教育路径的资助金额，体现了政府对学前教师教育的重视及财政支持力度的加大。

（2）英国对学前教师的认证制度

"二战"后，受新自由主义思想的影响，英国对学前教育的干预较少。然而，在布莱尔首相执政期间（1997—2006年），面对全球学前教育的兴起和国内日益增长的学前教育需求，英国政府出台了多项学前教育政策。这些政策奠定了现行学前教师职前教育和资格认证制度的基础。2003年，黑人女孩受虐致死事件引发广泛关注，布莱尔政府随即推出了《每个孩子都重要》政策。该政策旨在改革儿童服务体系，明确政府需保障儿童实现健康、安全、快乐、成就和经济保障五大目标，并强调儿童工作者必须接受专业培训，从而推动了学前教师的专业化改革。[②]

2004年，布莱尔政府发布了"儿童保育十年战略"（A Ten-year Strategy for Childcare），对0—18岁儿童的基础教育工作进行系统规划。该"战略"提议在学前教育机构中设立"早期教育专业教师"（Early Years Professional Status, EYPS），并设定了到2015年为每家机构至少配备一名具有EYPS资格的专业教师的目标。2006年，布莱尔政府采纳了"儿童保育十年战略"中的提议，正式推出了"早

---

① 石丽娜，兀静.英国学前教育师资培养与质量保障的特色［J］.早期教育（教育教学），2020（12）：19-21.
② 王敏琦.英国幼师职前教育与资格认证制度对我国幼师教育的启示［J］.职业技术教育，2017，38（35）：77-80.

期教育教师身份标准"政策（Guidance to the Standards for the Award of Early Years Professional Status）。该政策由英国儿童工作发展委员会（Children's Workforce Development Council, CWDC）负责实施，专门负责早期教育专业的培训。自2006年以来，EYPS项目成为英国政府唯一认可的专门的学前教师资格认证标准及职前教育指南。这一认证制度的推出标志着英国学前教育领域在师资专业化方面实现了从无到有的突破，成为政府认可的首个专门资格认证制度。EYPS项目不仅为英国的学前教师教育奠定了专业化的基础，还在一定程度上提升了学前教师的职业地位。然而，在培训机构的选择和培训途径的多样化方面，仍存在需要进一步改进的空间。

2013年，卡梅伦政府在寻求提升英国幼儿教育质量的过程中，对EYPS项目进行了重要改革。政府决定保留EYPS项目中的精华部分，并进行改进，推出了EYTS政策。EYTS作为EYPS的升级版，代表了更高水平的学前教师资格认证制度，更加适应当代英国的教育需求。同时，EYTS政策还设立了《早期教育教师标准》明确了职前教育培训必须依据这些标准进行，并且受训者必须达到标准要求才能获得"早期教育教师"资格认证。[1] 这一政策改革不仅提升了学前教师的专业水平，还进一步推动了学前教育质量的整体提高，反映了政府对学前教育领域不断追求卓越的决心。

在英国，国家职业资格认证（National Vocational Qualification, NVQ）和国家通用职业资格认证（General National Vocational Qualification, GNVQ）在学前教育领域同样适用。学前领域从业者入职时需根据国家标准申请相应级别的资格证书。教育部规定，学前领域从业者最低需达到二级水平（Level 2），并鼓励学前教育机构聘用持三级资格证书（Level 3）的人员。自2014年9月1日起，申请者需具备二级语文与数学资格证书，并且自2016年7月30日后注册者需完成为期三个月的急救培训（Pediatric First Aid, PFA）。[2]

总体而言，英国对学前教师的重视程度不断提升，并且对其专业化要求也逐步提高。通过不断优化和强化资格认证体系，英国在提升学前教师的质量和专业

---

[1] 胡恒波.英国早期教育专业教师EYPS培训研究[D].重庆：西南大学.2013：57-85.
[2] 王颖华.卓越教师专业标准的国际比较及其启示[J].西北师大学报（社会科学版），2014，51（04）：92-99.

水平方面取得了显著进展。这种政策的实施不仅提高了学前教师的职业地位，还有效促进了学前教育的整体质量；反映了英国对学前教师重视程度的提高，以及对学前教师专业化的高要求。

二、英国学前教师的知识观

根据英国《早期教育教师标准》中对英国学前教师职业素养等各方面能力的具体要求，分析和梳理英国学前教师所必备的关键知识。

（一）儿童发展知识

英国学前教师需掌握多维度的儿童发展知识，这不仅包括生理发育的基本过程，还涵盖了儿童在认知、情感以及社交能力上的不同发展阶段及特点。这类知识为教师提供了关于不同年龄段儿童身心发展特点的深入理解，从而能够设计出符合儿童特定成长需求的教育活动。例如，针对不同年龄段儿童，教师应清楚儿童在语言发展、运动协调能力、情感表达及社交互动等方面的表现差异，进而通过科学的教学设计促进其综合能力的全面发展。

（二）教育理论与实践知识

英国学前教师还需具备对教育学理论的深刻理解，并能将理论有效应用于教学实践中。这包括对经典教育学理论的掌握，如皮亚杰的认知发展理论、维果茨基的社会文化理论以及布鲁纳的发现学习理论等。教师不仅应理解这些理论在学前教育中的具体应用，更应能够灵活地将它们转化为教学策略，指导日常的教育活动。例如，运用维果茨基的"最近发展区"理论，教师能够为儿童提供具有适度挑战性的学习任务，促进其能力的逐步发展。

（三）儿童保护法律

英国学前教师还必须具备对儿童保护相关法律法规的全面认知，尤其是在如何识别虐待、忽视等儿童权益受到侵犯时的情况，并在必要时采取相应的行动。在英国，学前教师需熟悉并严格遵守《儿童法》（Children Act，1989）等相关法律，确保儿童的身心安全。在此基础上，教师还应接受有关儿童保护方面的专项

(四)多元文化教育知识

随着英国社会多元文化背景的增强,学前教师需具备跨文化的敏感性与包容性。教师需理解不同文化对儿童发展带来的影响,并能够设计出反映多元文化的课程内容,使得儿童在尊重文化差异的氛围中成长。此外,教师还需善于通过故事、艺术、音乐等多种方式,在教育活动中融入文化多样性内容,从而帮助儿童理解和尊重不同的文化传统和价值观。

(五)教育评估方法知识

英国学前教师需熟练掌握多种教育评估工具和方法,以准确衡量儿童的学习进度、发展水平及个性化需求。这要求教师不仅应具备对儿童行为和表现的敏锐观察能力,还要能够使用如《幼儿发展阶段性观察框架》的评估工具,综合儿童的学习表现,科学地规划后续的教学策略,确保教育活动的个性化与科学性。

三、英国学前教师的能力观

(一)教学设计与课程实施能力

英国学前教师需具备强大的教学设计与实施能力。这包括课程规划、教学资源的选择以及教学方法的合理应用。在教学设计中,教师需要依据学前教育大纲和儿童发展的具体需求,设计出具有趣味性、互动性且能够促进多维度发展的课程。同时,教师还需灵活调整教学活动,确保教学内容能够适应不同儿童的个性化需求,达到全员发展。

(二)儿童行为观察与发展评估能力

系统地观察儿童的行为与发展是教师日常工作的重要组成部分。英国学前教师不仅要通过直观的观察来捕捉儿童在课堂中的表现,还要借助专业评估工具进行数据收集与分析。通过这些信息,教师能够更好地了解儿童的优势与不足,进一步制订符合个体需求的教育方案。这种评估过程有助于在教学中实施个性化干预措施，确保每个儿童都能在教育活动中得到最佳发展。

（三）沟通与多方协作能力

学前教师不仅与儿童互动频繁，还需要具备与家长、同事及社区成员的良好沟通能力。与家长的有效沟通能够促进家庭与学校的合作，共同推动儿童的发展；与同事及社区成员的合作则有助于创建一个支持儿童多维成长的教育网络。这类能力尤其重要，因为学前教育不仅仅是学术知识的传授，更包括社会支持系统的建立与维持。

（四）个性化教学能力

英国学前教师需具有识别每个儿童独特需求的能力，并能够根据这些需求制订个性化的教学计划。这不仅要求教师在日常教学中关注每个儿童的学习兴趣和进展，还需具备适应和调整教学活动的灵活性，从而使得每个儿童都能够在其自身的节奏下得到最大的发展机会。

（五）团队协作与领导能力

在英国学前教育体系中，教师通常处于多学科团队的一部分，因此团队协作和领导力显得尤为重要。学前教师需具备在团队中与其他专业人员如心理学家、语言治疗师等合作的能力，确保教育决策的科学性和全面性。此外，在特定情况下，教师还需要展现领导能力，引领团队成员共同改进教育实践，推动创新与发展。

四、英国学前教师的必备品质

（一）关爱与责任感

关爱和责任感是学前教师必备的职业素养。英国学前教师首先需展现出对儿童的深切关爱和强烈的责任感。根据《早期教育教师标准》中的第一项标准，教师必须确保儿童的身心健康，并提供一个安全的学习环境。这要求教师在日常教学中不仅要关注儿童的学业发展，还要关注他们的情感和心理健康。此外，教师需要通过建立积极的师生关系，促进儿童的身体发展和情感表达。

（二）尊重与包容

学前教师应尊重每个儿童的独特性和文化背景，这是《早期教育教师标准》中第六项标准的核心内容。教师需认识到尊重和包容是创造一个积极学习环境的基础，这有助于满足不同儿童的需求，并促进他们的个性化发展。通过了解和尊重每个儿童的背景，教师能够提供更加个性化的教学和支持。

（三）道德与法律意识

教师应具备高度的职业道德和法律意识，严格遵守与儿童教育相关的法律法规。《早期教育教师标准》明确要求教师需熟悉儿童保护的法律和政策，并能够在必要时识别和报告可能的虐待与忽视情况。此外，教师应以身作则，在日常教学中展现诚信和正直的行为，为儿童树立良好的榜样。

（四）持续学习与改进

《早期教育教师标准》强调教师应参与教学实践，并不断反思和改进自己的教学方法。这表明学前教师应具备持续学习的能力和态度，通过参与专业发展活动，提升自己的教学技能和知识。教师应主动寻求反馈，并根据反馈调整教学策略，以确保教育实践的持续改进和创新。

（五）领导与影响力

在团队协作中，教师不仅是执行者，更应成为推动教育创新与改革的领导者。《早期教育教师标准》要求教师应具备一定的领导能力，能够在学前教育团队中发挥积极作用。教师需与其他教育工作者、专业人员和社区组织建立合作关系，积极参与团队工作，共同支持儿童的学习和发展。

综上所述，英国学前教师观是一种以儿童为中心、融合专业发展、伦理责任和社会领导力的综合教育理念。它强调教师需具备深厚的专业知识储备，尤其在儿童各发展阶段的理解上，能够基于教育理论进行创新实践和反思。同时，教师应秉持高度的伦理责任感，严格遵守儿童保护相关法律，确保儿童的权益与福祉得到维护。在专业成长方面，教师不仅要通过终身学习和持续发展不断提升自身的教学水平，还要展现对教育质量的追求。此外，英国学前教师观提倡尊重每个儿童的独特性与文化多样性，营造包容与和谐的教育环境。教师还被鼓励发展领导力，通过与家长、社区和其他教育工作者的合作，积极参与教育政策和实践改革，推动儿童的全面发展。这一观念不仅反映了英国对学前教师的专业定位，更体现了英国学前教育体系对儿童最佳利益的不懈追求。

第三节　日本的学前教师观

一、日本学前教师的角色观

日本的学前教育体系主要由幼稚园和保育所组成，分别侧重于教育与托育功能，以促进儿童的全面发展。近年来，日本还发展了综合型的认定儿童园，融合了教育与托育的双重优势。日本学前教师不仅负责儿童的教育，还承担照顾、引导以及与家庭和社区合作的职责。教师通过体验式学习和游戏活动，培养儿童的自主性与社会化能力。

（一）日本学前教师的职业特性

1. 日本学前教师的职业定位

（1）19世纪末至20世纪初：从保育者到游戏引导者的转变

19世纪末至20世纪初，日本学前教育深受德国教育家福禄培尔教育思想的影响，尤其是在教师角色的转变方面。教师从最初单纯的保育者，逐渐演变为"游戏引导者"，这一变化反映了对儿童发展认识的深化。福禄培尔提出了通过游戏促进儿童身心发展的理念，认为游戏是儿童表达自我、理解世界的重要途径。因此，教师的职责不仅限于照顾儿童的日常生活需求，而是进一步通过有计划的游戏活动，启发儿童的自主学习能力与创造性思维。这一时期的学前教师逐渐转向以儿童为中心的教育理念，重视儿童的个性化发展和内在潜力的挖掘。福禄培尔的"恩物"游戏体系被引入日本，成为教师引导儿童进行系统性游戏的工具，旨在通过体验与互动，让孩子在游戏中探索世界、解决问题。[①]这种教育理念也

---

① 王幡.日本学前教育中的教师角色与地位研究[J].通化师范学院学报，2013，34（11）：111-116.

标志着学前教师从传统的"传授者"角色向"引导者"的身份转型。结合日本本土文化与社会发展的实际需求，学前教育逐步融入了启发性和社会化的元素，培养儿童的自主性和合作精神。通过这种转变，日本学前教师的专业地位得到了提升，教师不仅作为照顾者存在，更成为儿童发展的促进者和支持者。这一时期的变革奠定了现代日本学前教育的基础，并对其后来的教育理念和实践产生了深远的影响。

（2）1945—2006 年：从社会化引导者到全面发展的支持者

在 1945—2006 年间，日本的学前教育经历了重要的转型，教师角色从社会化引导者逐步演变为全面发展的支持者。这一时期，"二战"后的日本面临国家重建，教育政策侧重于社会集体意识和道德重建，教师承担了培养儿童社会化的重要任务。学前教师在此阶段不仅担任知识传授者，更成为社会规范和集体生活的引导者。战后日本的教育体系在某种程度上反映了国家对社会秩序重建的需求，这一需求显著提高了学前教师在社会化教育中的角色的重要性。

1947 年颁布的《教育基本法》标志着日本学前教育的一个重要转折点，该法案确立了学前教育在国家教育体系中的核心地位。根据《教育基本法》，学前教育的目标不仅限于基础保育，还包括支持儿童在认知、情感、社会性等方面的全面发展。学前教师的职责由传统的保育角色扩展到支持儿童全面发展的多重角色。他们需要关注儿童的个体性与集体生活的平衡，帮助儿童在社会环境中建立自我意识和社会责任感。《教育基本法》不仅推动了学前教育的制度化和专业化发展，还对学前教师的职业标准和实践提出了新的要求。教师在这一时期需要掌握更多的专业知识和技能，以适应全面发展的教育需求。这一政策变革促进了教师角色的多样化，使其在支持儿童的社会性、道德性以及认知发展等方面发挥了更为综合的作用。

（3）2008 年至 21 世纪初：环境创设与个性化学习支持者

2008 年，日本修订了《幼儿园教育要领》和《保育所保育指针》，这两个重要的教育指导文件明确强调了教师在创设学习环境中的关键作用。[1] 这一修订标志着教师角色的演变，从单纯的知识传授者转变为环境设计者和个性化学习支持

---

[1] 任丹萍.日本《幼儿园教育要领》(2017 版) 指导下的日本幼小衔接策略研究［D］.长春：长春师范大学，2022：6-19.

者。教师的职责不再局限于传授知识,而是扩展到为儿童创造适宜的学习和成长环境,以满足他们的个性化需求。根据修订后的指导文件,教师需要根据每个儿童的独特需求和发展水平,提供适宜的环境支持,以促进自主活动和游戏。这一时期的教育理念强调以儿童为中心、重视个体差异,并致力于通过精心设计的环境支持儿童的全面发展。研究表明,这种环境创设不仅有助于激发儿童的兴趣和主动性,还能支持他们在认知、情感和社会性方面的成长。

个性化学习和以儿童为中心的教育方式在这一时期得到了进一步深化。教师的角色愈加注重个体差异和发展性支持,通过为儿童提供灵活、丰富的学习材料和活动,来满足他们在不同发展阶段的需求。这种转变不仅提升了教育的质量,也促进了儿童在自我探索和社会交往中的积极参与。

(4) 21 世纪初至今:成长促进者与合作支持者

在 21 世纪初至今的日本学前教育体系中,教师的角色发生了显著的变化,他们的角色已超越了传统的知识传授与日常管理,更加侧重于引导儿童的全方位成长与合作支持。这一转变反映了现代教育理念的深化,教师需要更加重视儿童的自主性发展,并通过多样化的教育手段为儿童创造有利的成长环境。教师的职责从传授知识和维护秩序扩展到引导和支持儿童的认知、情感、社会性发展,同时帮助他们应对复杂的现代社会挑战。

在这一背景下,教师的角色日益注重与家庭和社区的紧密合作。研究表明,家庭和社区资源的充分利用对儿童的成长具有重要影响。因此,学前教师不仅要在课堂内引导儿童,还需要通过与家长和社区成员的合作,共同为儿童构建支持性的教育生态系统。全球化的进程和多元文化的交融进一步复杂化了教师的任务。现代学前教师需要具备跨文化意识,并能够在多元社会中为儿童提供适当的引导和支持。教师的教育实践越来越倾向于开放和多元化,强调通过体验式学习和跨文化互动,培养儿童对多元文化的尊重与适应能力。研究表明,这种开放与合作的教育理念在日本的学前教育中越来越得到重视[①],教师的角色正在向更加灵活、合作和多元的方向发展。

---

① 王幡,王建平.日本学前教育教师培养问题研究[J].延边大学学报(社会科学版),2015,48(03):137-143.

2. 教师专业标准的要求

日本学前教师的专业标准主要由《幼儿园教育要领》和《保育所保育指针》这两个文件规定。这两个文件分别适用于幼儿园和保育所，并由日本文部科学省（MEXT）和厚生劳动省发布。它们除了规定学前教育和保育的基本目标、内容、方法之外，也对教师应具备的专业素养和能力进行了具体的规定。

（1）建立信赖关系与创造良好教育环境

《幼儿园教育要领》明确指出，学前教师的首要职责是建立与幼儿之间的信赖关系，这种关系是促进幼儿健康发展的基础。[①] 教师需要通过积极的互动和关怀，营造一个安全和被尊重的环境，使幼儿能够在其中自由地参与各项教育活动。同时，教师还需致力于创造良好的教育环境，包括布置适宜的物质环境（如教室和玩具）和社会环境（如师生互动），以支持幼儿的自主活动和全面发展。这些环境的创设应当以幼儿的需求为导向，确保能够有效促进其成长和学习。

（2）环境布置与条件创设

教师在环境布置上需要有计划地进行安排，按照《幼儿园教育要领》的要求，布置应根据每个幼儿的理解和预期行为进行，以确保每个幼儿的主体活动能够在适当的环境中开展。这包括合理安排教室空间、选择适当的教育材料和玩具，以支持幼儿的探索和互动。《保育所保育指针》进一步强调了保育环境的多重构成，包括人的环境（教师与幼儿）、物的环境（设施设备和玩具）以及自然和社会环境。[②] 教师需要将这些要素有效结合，创造一个相互联系、支持幼儿发展的综合环境。

（3）支持幼儿自主性

日本学前教育理念经历了重大的转变，从传统的教师主导转向重视幼儿的自主性。当前的教育实践强调幼儿应通过从事自己感兴趣的活动来实现和深化学习目标。教师的角色是支持而非主导，他们需要创造条件让幼儿自由选择和探索，从而激发幼儿的主体性。这种转变要求教师减少对幼儿活动的干预，更多地关注如何通过环境和活动设计来鼓励幼儿自主参与和自我发展。

---

① 吴桐.日本新修订《幼儿园教育要领》述评——基于教育政策分析理论视角[J].现代教育科学，2019（12）：151-156.

② 何京玉，郭仁天，权赫虹.日本保育政策改革的新进展：基于对《保育所保育指针》第四次修订的分析[J].外国教育研究，2020（04）：56-70.

（4）促进幼儿全面发展

根据《幼儿园教育要领》，教师需要设计和实施丰富多彩的活动，以促进幼儿在认知、社交、情感等方面的全面发展。这些活动不仅要吸引幼儿的兴趣，还要能够挑战他们的能力，推动其全面成长。教师应根据幼儿的实际活动状况，调整和优化活动内容，以确保活动的多样性和针对性，从而支持幼儿在各个方面的成长和发展。

（5）培养适应小学生活的能力

教师在幼儿进入小学之前，还需关注幼儿的十种关键能力的培养，这些能力包括健康的身心、自立能力、合作精神、良好的道德规范、社会适应能力、思考能力、对生命和自然的尊重、语言表达能力以及感性认识。文部科学省进一步细化了这些能力，规定了36种幼儿的素质和能力标准。教师需要对幼儿的学习和成长进行详细记录，以便小学教师能够根据这些记录进行个性化的教学，从而帮助幼儿顺利过渡到小学阶段。

总体而言，日本学前教师的职业特性在于：一是致力于建立信赖关系和创设支持性环境，以促进幼儿的自主性和全面发展；二是通过精心布置环境和设计丰富多彩的活动来支持幼儿的探索与成长；三是关注幼儿的关键能力培养，并记录其发展，以确保其顺利过渡到小学。这些要求反映了学前教师在支持幼儿个性化成长和教育质量保障中的职业特性。

（二）日本学前教师的社会地位

1. 薪资待遇与社会认同

日本对学前教师的要求十分严格，所有教职员工必须持有相应的资格证书才能从事教育工作。这些资格证包括普通资格证、临时资格证以及保育士资格证，旨在确保教师具备必要的专业知识和技能。日本的幼儿园教师通常为公务员，其中国立幼儿园教师是国家公务员，而公立幼儿园教师则是地方公务员。与中小学教师的薪资水平相当，且工资通常每年会有所增加。这一制度不仅为教师提供了稳定的经济保障，还体现了对其职业的高度认可。为了进一步保障教师的社会地位，日本政府出台了《教育公务员特例法》，规定教师的工资水平相对于其他同类公务员高出4%。此外，自20世纪60年代以来，日本高度重视学前教育的发展，为提升教育质量，政府实行了多项奖励制度。1971年，日本通过了《关于国立、公立义务教育诸学校教职工工资的特别措施法》，旨在提升教师的工作积极性并减轻其生活压力。这项法案于2010年进行了修订，确保教师薪资水平高于其他同类公务员，进一步增强了教师的经济和社会地位。

日本对学前教育的重视反映在其整体教育政策中，因学前教育作为基础教育阶段，其质量直接影响到中小学乃至大学阶段的教育效果。为了提升学前教育的整体水平，日本不仅提高了学前教师的任用标准，还采取措施提升其社会地位，以吸引和留住更多优秀人才从事这一领域。这种政策旨在通过保证高质量的教师队伍，促进学前教育的持续发展，进而提升国家整体教育水平。

虽然日本从政策上给予了学前教师薪资待遇方面较大的保障，但从日本文部科学省公布的2022年度各级教师平均月工资来看（见表4-3），不论是国立、公立，还是私立幼儿园的平均月薪均低于中小学平均月薪，其中国立幼儿园平均月薪（329.1千日元）显著高于公立（274.7千日元）和私立幼儿园（227.7千日元）的平均月薪。这一现象揭示了学前教师在薪资待遇上的相对不足，反映出社会对这一职业的认同和重视程度仍然存在差距。虽然国立幼儿园教师的薪资显著高于公立和私立幼儿园教师，表明了在经济支持上的不均，但整体上学前教育领域的薪资水平未能完全反映学前教师在教育体系中的重要性。这种薪资差距不仅影响了学前教师的经济福利，也可能影响其社会地位和职业吸引力。尽管政策提供了一定的保障，但要提升学前教育的整体质量，仍需进一步缩小薪资差距，增强社会对学前教师工作的认可与尊重。

表4-3 日本2022年度各级教师平均月薪对比　　　　单位：千日元

性质	教育阶段			
	幼儿园平均月薪	小学平均月薪	初中平均月薪	高中平均月薪
国立	329.1	331.5	340.6	346.8
公立	274.7	322.3	332.0	353.2
私立	227.7	356.2	372.0	355.3

2.政策支持与受重视程度

（1）政策支持对幼儿教育的影响

日本政府对幼儿教育的重视体现在法律和财政支持的多方面措施上。自1947年颁布《学校教育法》以来，幼儿园教育被正式纳入学校教育体系，并明确其作为义务教育基础的重要作用。该法律规定幼儿园不仅仅是保育幼儿的场所,更是为儿童提供健康成长环境、促进其身心发育的关键机构。此法规同样适用于保育园,标志着政府对学前教育的长期关注与支持。此外,《教育基本法》进一步强调,幼儿教育是为儿童的一生奠定基础的关键阶段。该法律倡导幼儿园、家庭及社区之间的密切合作,确保教育的全面性和连续性。①

在教育理念方面,日本经历了从强调教师主导性到注重幼儿自主性的转变。20 世纪 40 年代末,日本学前教育吸纳了福禄培尔的教育思想,强调关注幼儿的内在潜力,重视启发和发挥儿童的好奇心、行动意愿和创造精神。《幼儿园教育要领》中明确了幼儿园的四大核心功能:首先,提供与家庭不同的环境,特别是鼓励幼儿自由嬉戏,使其在自主活动中发展主体力量;其次,培养幼儿的社会感知,通过互动和实践激发幼儿对世界的好奇心,并为其今后的知识积累奠定基础;第三,为今后各教育阶段的过渡提供支持,与家庭协作促进教育效果;最后,作为幼儿教育的中心,与社区和各学校合作,解答教育中的各种问题。② 为了减轻低收入家庭的经济负担,日本政府在 2017 年推出了幼儿教育"无偿化"政策,并在随后几年不断增加财政支持,2018 年投入达到 33 000 百万日元,比前一年增加 2101 百万日元。这一政策不仅扩展了低收入家庭的保育机会,也体现了政府对普及优质学前教育的决心。

(2) 学前教师资格认证及其管理制度

"二战"后的日本大兴文化,日本开始认识到只有从小接受教育才能启蒙思想和提高素质。1947 年 3 月,日本政府颁布了《教育基本法》和《学校教育法》。1949 年 5 月,日本公布了《教育职员许可法》和《教育职员许可法施行令》,并于同年 9 月实施。《教育职员许可法》的颁布以及幼儿园教员证书制度的建立,使日本的幼儿园教师培训很快步入正轨,在体制和资格认证方面也更加规范。1954 年,日本政府颁布《教育许可法实行规则》,对教员培养机构的指定、课程的认定及教员资格检查与考核等进行了详细的规定。这些法律和制度的颁布与实施,使日本的教师资格证书具有法律效力,教师质量有了保障,学前教师的队伍更加规范化、体制化,同时也使教师具有更高的社会地位。

---

① 王晓茜,张德伟.日本教育基本法的修改与教育基本理念的转变 [J].外国教育研究,2007 (11):6-13.
② 文部科学省.幼稚园教育要领解说 [M].东京:フレーベル馆,2008:243-244.

20世纪80年代以来，日本进入"终身教育"时代，对教师录用制度也进一步完善。如，在1988年重新修订的《教育职员许可法》中，进一步规范了资格证书制度的内容，指出不论国立、公立还是私立幼儿园，其教员均需具备幼儿园教员资格证书；并将幼儿园教员资格证书分为普通资格证书和临时资格证书两种。为进一步确保教师质量，2006年7月，日本中央教育审议会发表了咨询报告《今后有关教师养成——资格证书制度的应有做法》，正式提出教师资格证书更新制度的具体措施。并于次年6月对《教育职员许可法》再次修订，规定了教师资格证书的有效期限。从2009年9月起实施幼儿园教师资格证书更新制度，即幼儿园教师资格证书不再是永久有效的，普通资格证书有效期为十年。教师资格证到期后需要更新，教师须参加30个小时以上的义务性研习，经考核合格后，教师资格证书才能继续使用。从教师资格证书制度看，日本对学前教育的师资要求非常严格。

在学历要求上，自1872年起，日本就开始对学前教师的学历进行严格规定，要求师范院校毕业生才能获得学前教师资格。1949年，学历要求进一步提高至本科学士学位，确保教师队伍具备必要的学术背景和专业能力。教师资格的认定由都道府县教育委员会进行，并需经过文部科学大臣的批准，这体现了资格认证的权威性和规范性。资格认证的途径包括两类：一是从正规师范大学或院校毕业的学生，这些学生需完成一年的实习，积累实践经验后方可申请资格证；二是社会上报考的人员，这些申请者需通过每半年一次的综合考核，未达标者可能会被取消资格证书。这种严格的考核标准反映了日本对教师资质的重视。在资格证书方面，日本设有普通资格证书和临时资格证书两种类型。普通资格证书下分为专修许可证、一种许可证和二种许可证三类，其中专修许可证要求最高，持证者需拥有硕士学位并完成规定学分；一种许可证适用于本科生；二种许可证则授予短期大学毕业生或大学学习超过两年的学生。临时资格证书则用于正式教师短缺的情况下，获得者需具备高中学历。普通资格证书有效期为十年，临时证书有效期为三年。通过更新制度，日本推动学前教师的终身学习，确保教师不断提升其专业能力。

这一制度表明，日本对学前教师的重视程度极高，体现了对教育质量和教师素质的严格把控。这种高标准的学历和资格认证要求，不仅提升了教师的专业素养，也保证了学前教育的高质量发展。

二、日本学前教师的知识观

基于对日本《学校教育法》《教育职员许可法》和《教育职员许可法施行规则》等相关政策文件中对学前教师的规定性描述，分析其必备知识构成。

（一）教育理论知识

在日本，学前教师的教育理论知识是其职业素养的核心组成部分。日本对学前教师的教育理论知识要求体现在1947年的《教育基本法》和1949年的《教育职员许可法》中，这些法律明确了教师应具备的教育学和教育心理学理论基础。[①]教育理论知识包括教育学和心理学两大领域。教育学提供了教育的基本理论和方法，包括教育目标、教育内容、教学策略以及评估方法。这些理论为教师设计和实施教育活动提供了科学依据，确保教育过程的系统性和有效性。心理学则帮助教师理解幼儿的心理发展规律，包括认知发展、情感发展和社会性发展等方面。通过掌握这些理论，教师能够根据幼儿的年龄和发展阶段，采用适当的教学方法和干预策略，促进其全面成长。此外，教育理论知识还涵盖了课程设计理论和教学评价理论，这些理论为教师提供了系统的课程设计和评价框架，帮助他们更好地评估和调整教学活动，以满足幼儿个体差异和教育目标。

（二）专业保育知识

专业保育知识是日本学前教师资格体系中的关键部分，涵盖了对幼儿身心发展规律的理解和实践能力。《幼儿园教育要领》和《儿童福利法》对保育标准进行了详细规定，强调教师在幼儿的健康、营养和心理支持方面的职责。保育知识包括幼儿发展理论、保育方法和应对幼儿特殊需求的策略。教师需掌握幼儿的生理、心理和社会发展特点，以制定符合其发展水平的保育方案。这些知识不仅帮助教师在日常保育中支持幼儿的健康成长，还包括如何处理幼儿的行为问题和情感问题。专业保育知识还涉及家庭和社区的合作，教师需了解如何与家庭有效沟通，共同支持幼儿的成长。此外，日本学前教育还特别强调对特殊教育需求儿童

---

① 方明生.重视实践性指导能力培养的教师教育课程——日本上越教育大学教师教育课程分析[J].全球教育展望，2006，35（03）：47-51.

的支持，教师需要具备相关的专业知识，以确保所有幼儿都能在适合的环境中成长和学习。

（三）技能性知识

技能性知识在日本学前教育中占据重要地位。《教育职员许可法》的课程设置中包括了音乐、美术和体育等领域的知识。这些技能性课程不仅丰富了教育内容，还增强了幼儿的身体协调性和创造力。音乐、艺术和体育活动被认为是促进幼儿综合发展的重要手段，它们有助于幼儿的感官发展、动手能力和社交能力。教师需掌握这些领域的基本技能，并能够将其有效地融入日常教育活动中。通过艺术和体育活动，教师能够激发幼儿的创造力、想象力以及团队合作精神。此外，技能性知识还涉及如何将这些活动与幼儿的整体发展目标结合起来，从而提高教育的针对性和有效性。

（四）通识性知识

通识性知识为学前教师提供了广泛的知识基础，包括人文、社会和自然科学等领域。这些知识使教师能够在教育中融入多元文化和社会背景，增强教育的全面性和包容性。例如，人文学科的知识帮助教师理解和尊重不同文化和价值观，社会科学的知识提供了对社会结构和变化的洞察，自然科学的知识则有助于解释自然现象并激发幼儿的探索兴趣。这种通识性知识不仅丰富了教师的教育视角，还支持了跨学科的教学方法。通过将这些知识融入教育实践，教师能够更好地引导幼儿理解和适应多样的社会环境，为其未来的学习和生活奠定坚实的基础。

三、日本学前教师的实践能力观

（一）理解幼儿及综合指导能力

在日本学前教育体系中，教师对于幼儿发展的理解和支持是核心能力之一。幼儿通过自发的游戏和全身心的活动，探索和体验生活，从而在理解力、语言表达、思维能力、运动能力及社会性等方面得到全面发展。学前教师需要深入理解这些发展阶段及成长过程，以便在教育实践中提供恰当的支持。教师的综合指导能力要求其不仅要关注幼儿的个体差异，还要根据幼儿的不同发展需求，提供多样化的教育活动和指导。这种能力包括能够制订并实施符合幼儿发展阶段的教育计划，灵活调整教学策略，以促进幼儿的全面成长。此外，教师还需要具备观察和评估幼儿的能力，通过对幼儿行为和表现的细致观察，调整教学方法和活动内容，以支持幼儿的综合发展。

（二）保育及实践能力

日本的学前教师必须具备扎实的保育能力和实践能力，以满足幼儿的多样化需求。教师的保育能力涉及能够根据幼儿的普遍发展规律和个别差异，制订和实施有计划的、多样化的生活体验活动。这些活动包括但不限于游戏、自然探索和社会交往活动，旨在为幼儿提供丰富的生活体验和学习机会。教师还需要在实际操作中积累经验，通过不断的实践来提升自身的保育和教育技能。在此过程中，教师应积极参与各种生活体验、自然体验和社会服务活动，以增强应对复杂教育情境的能力。实践能力的提升不仅依赖于日常的教学经验，还包括通过反思和总结来不断优化保育策略和方法。

（三）沟通协调能力

学前教育不仅仅是教师与幼儿之间的互动，还涉及与家庭和社会的广泛联系。因此，学前教师的沟通协调能力尤为重要。教师需与幼儿的家庭保持密切联系，了解家庭背景和教育需求，以便为幼儿提供更为个性化的支持。同时，教师还需与社区机构合作，参与社区教育活动，推动幼儿的社会适应和发展。此外，教师在幼儿园内还需与同事建立良好的协作关系，共同制订和实施教育计划。有效的沟通和协调不仅能提升教育质量，还能促进园所内外部的合作与支持，形成教育合力，共同推动幼儿的发展。

（四）环境创设与支持能力

根据日本《幼儿园教育要领》的要求，学前教师的一个重要职责是创造一个有利于幼儿成长的教育环境。教师需有计划地布置和调整教育环境，确保环境设置能够支持幼儿的自主活动和全面发展。环境创设不仅仅是物理空间的布置，更包括对环境中各要素的整合和优化。教师需根据幼儿的兴趣和需求，设置适当的教育材料和活动区域，激发幼儿的探索欲望和创造力。此外，教师还需考虑到每个幼儿的特定需求，提供符合其发展水平的支持，确保所有幼儿都能在舒适、安全的环境中自由活动，促进其身心健康发展。

（五）全球视野与时代适应能力

在全球化和社会快速变迁的背景下，日本学前教师的能力要求也发生了变化。根据1997年"教养审"的审议报告，学前教师不仅需具备基础的学科知识和教育能力，还需具备"特殊"素质，这些素质包括全球视野和适应时代变化的能力。全球视野要求教师对地球、国家和人类的整体理解，具备丰富的人性关怀和国际社会必需的基本素质。适应时代变化的能力则包括与解决社会问题相关的素质、人际关系处理能力以及适应社会变革所需的知识和技能，例如外语能力和计算机应用能力。这些能力不仅帮助教师在多变的教育环境中保持灵活性和适应性，还促进了其在全球化背景下的专业发展和跨文化交流。

四、日本学前教师的必备品格

（一）职业热爱与自豪感

日本教育职员养成审议会的报告指出，教师需具备对教育事业的深厚热爱与自豪感，这不仅是职业的基本要求，也是持续从事教育工作的核心动力。教师的热爱体现了对幼儿教育的坚定信念和对自身职业的高度认同。在日本，教师的这种热情被视为建立和维护师生关系的基石，也是教师专业发展的根本动力。[1]

（二）高尚品德与个人修养

日本社会强调，学前教师的品德修养和个人行为对幼儿具有深远的影响。由于学前儿童在成长过程中对成人有较强的依赖性，教师的言行举止成为幼儿学习的重要榜样。因此，学前教师需具备高尚的品德和良好的个人修养，以在日常教育中对幼儿产生积极的示范效应，促进他们的品德培养和社会适应能力。

---

[1] 周卫东.当代日本教师继续教育特征概要[J].继续教育研究，2010（12）：7-8.

(三)教育使命感与责任意识

日本社会认为,学前教师应明确自己的教育使命,即培养具备社会责任感和良好素质的新一代。教师需要以高度的责任感和使命感投入教育事业,为国家的未来发展和民族的振兴作出贡献。对那些违背职业伦理、未尽职责的教师,日本教育体系规定了严格的资格撤销机制,以确保教育质量和教师的职业标准。[①]

综上,日本学前教师的职业角色、社会地位、职业素养和必备品格系统地勾勒出了其教师观的基本样态。日本学前教师是教育基石的塑造者和幼儿心灵成长的引导者。他们不仅需要具备深厚的专业知识和教育技能,还应展现出饱满的教育热情和强烈的使命感。学前教师的品德修养和职业道德对于幼儿的全面发展至关重要。在日本社会中,学前教师的社会地位得到了高度认可,相关法律和政策确保了教师职业发展和资格认证的严谨性。通过对教师综合素养的高标准要求,日本致力于推动幼儿教育的持续提升与发展,确保教育质量的稳步提高。

第四节 新西兰的学前教师观

一、新西兰学前教师角色观

(一)新西兰学前教师的职业特性

新西兰的学前教育体系以其高度重视儿童早期发展、强调双文化教育和多元化教学方式而闻名。学前教育服务包括从出生到5岁儿童的教育与照护,涵盖幼儿园、托儿所、家庭托育等多种形式。新西兰是世界上首批将毛利文化融入学前教育的国家之一,其学前教育政策注重文化多样性与社会公平,确保每个儿童都有机会接受优质的早期教育。在这种背景下,新西兰学前教师的角色从最初的简单照护者逐步转变为具备专业素养的教育者和文化倡导者,他们不仅关注儿童的健康、安全和基本生活照护,还肩负着促进儿童认知、情感和社交全面发展的责任。同时,随着双文化教育政策的推进,学前教师在文化传承与倡导中发挥着关

---

① 刘翠荣.日本学前教师的培训制度与标准[J].外国教育动态,1987(02):15-18.

键作用，通过教育引导儿童理解和尊重不同的文化背景，帮助他们在多元化的社会中健康成长。

1. 新西兰学前教师的职业定位

随着社会政治和经济的不断发展，不同时期的新西兰学前教师的职业定位也经历了相应的变化。

（1）19世纪末至20世纪初（1890s—1930s）：保育为主的阶段

在19世纪末至20世纪初，新西兰的学前教育开始伴随着工业化和城市化的步伐逐渐兴起，社会对学前儿童托管的需求大幅增加。随着越来越多的妇女进入劳动力市场，家庭需要将儿童托付给机构进行照护，这使得学前教师的角色在此时期主要集中在保育功能上。学前教育机构通常由慈善组织或教会管理，服务对象主要是贫困家庭的儿童，教师的任务更侧重于儿童的身体照护和基本生活需求的满足。[1] 此时，学前教师被视为类似保姆的角色，职责包括确保儿童的健康和安全，但教育的内容较为有限，学前教育的"教"与"育"的双重功能尚未广泛普及。教师的专业培训尚处于萌芽阶段，对教师的专业要求不高，整体教育体系较为简单，更多强调的是看护，而非有系统的教育活动。

（2）20世纪中期（1940s—1970s）：教育与照护结合的转变

到了20世纪中期，尤其是在第二次世界大战结束后，新西兰社会对儿童早期教育的关注逐步提升，学前教师的角色也开始发生转变。战后经济的快速复苏、婴儿潮以及教育需求的扩大，使得社会对学前教育提出了更高的要求。受国际教育趋势的影响，如美国和欧洲学者对儿童认知、情感和社交发展的研究，新西兰的学前教育开始逐步重视教育功能，教师的角色从单纯的保育者转向兼具教育功能的身份。在这一阶段，教师不仅需要照顾儿童的基本生活需求，还承担了在游戏与互动中引导儿童学习的责任，以促进他们的全面发展。政府开始着手学前教育政策的制定，尤其是在20世纪70年代初，学前教育的政策性框架逐步确立，学前教师的培训逐渐规范化，教师的职责扩展至儿童的社交、认知和语言能力的培养。[2] 总的来说，这一时期的教师角色转变显著，教育与保育开始结合，

---

[1] 朱培芳，佘丽. 新西兰学前教育的发展、策略及启示 [J]. 湖北师范大学学报（哲学社会科学版），2020，40（03）：121-126.

[2] 段琼，段凯. 新西兰早期教育改革的背景、内容、实施路径及启示 [J]. 早期教育（幼教·教育科研版），2020（09）：7-11.

教师的专业性和教育职能日益突出。

（3）20世纪80年代至21世纪前：教师角色的专业化

进入20世纪80年代，新西兰学前教育迎来了一个关键的发展时期，学前教师的角色开始逐步向专业化方向演进。特别是在1988年，安妮·米德（Dr Anne Meade）领导的学前儿童保育与教育工作组发布了《教育要更多》（*Education to be More*）报告，提出了行政管理、经费体制和质量保证等改革建议；同年12月，政府又以《五岁之前：新西兰的早期儿童保育与教育》（*Before Five: Early Childhood Care and Education in New Zealand*）为名正式发布学前教育政策纲要，确立了将学前教育纳入教育部管理，通过中心管理章程保障师资资格、课程计划和教学方法与标准，并规划了教师培训与分阶段经费增长方案。由此，学前教师的角色不仅涵盖基础的教育与照护，更强调具备专业化的知识、技能与实践能力。1996年，新西兰针对学前儿童的特点和兴趣，基于进步主义和社会文化理论设计并推出了一种以孩子为中心、促进孩子整体发展的 Te Whāriki 课程，该课程成为史上第一个具有法律性质、全国统一的学前课程标准。[1] 该标准涵盖所有正规的学前教育服务机构和家庭护理，并为学前机构和学前教师行动提供指南，被视为学前教育工作者的"圣经"。教师被要求设计和实施符合儿童发展特点的系统化课程，注重通过游戏和探索活动来促进儿童的全面发展。这一时期，学前教师的职业地位显著提升，专业化程度进一步提升。教师必须通过严格的培训和资格认证，才能进入学前教育领域执教。教师的职责不仅限于日常教学，还包括与家长和社区的协作，共同为儿童创造良好的学习与发展环境。

（4）21世纪初至今：教师角色的多元化

进入21世纪，新西兰学前教师的角色进一步多元化，教育与社会责任的融合成为教师角色变化的重要特征。随着全球化的深入以及新西兰双文化教育政策的实施，教师不仅是儿童的教育者和照护者，还需要承担起文化传承与倡导的责任。新西兰作为一个拥有丰富毛利文化与西方文化交融的国家，双文化教育政策要求学前教师在教学中体现文化多样性，帮助儿童从小理解并尊重不同文化背景，特别是引导他们接受和融入毛利文化。在这种双文化背景下，教师的角色变

---

[1] EDITORIAL. What is special about early childhood education in New Zealand [J]. International Journal of Early Years Education，2003，11（01）.

得更加复杂和多元，教师不仅需要具备扎实的教育专业知识，还必须具有高度的文化敏感性和责任感。此外，教师的职责也包括与家长和社区的密切合作，共同支持儿童的全面成长，确保他们在安全、关爱的环境中学习和发展。教师不仅是学术引导者，还是文化传递者与儿童权利的倡导者，他们的角色在多元文化的教育环境中不断扩展，显示出新西兰学前教育对多元文化和社会公正的高度重视。

2. 教师专业标准中的要求

为促进学前教师专业化发展，新西兰国家教育部于 2005 年颁布《幼儿园教师专业标准与绩效管理制度整合指南》(以下简称《指南》)，该《指南》由教师委员会依据《2002—2005 年幼儿园教师、园长和高级教师集体雇佣协议》研制，它规定了不同等级的幼儿园教师，包括新教师（Beginning Teacher）、完全注册教师（Fully Registered Teacher）、经验教师（Experienced Teacher）、园长教师（Head Teacher）和资深教师（Senior Teacher）应具备的知识、技能和工作态度。[①] 新入职学前教师的工作职责主要涵盖以下六个方面。首先是学习与教学，新入职教师需要在专业知识、教学策略以及教学计划与评价方面满足基本要求，以确保有效开展教学活动并支持幼儿的学习发展。其次是学习环境，教师应致力于建立和维持一个支持性和启发性的教育环境，促进幼儿积极参与和学习。第三是沟通交流方面，教师必须掌握有效的沟通策略与技巧，与幼儿、家长及同事进行清晰和建设性的互动，确保教育目标的实现。第四是教师需要支持并与同事合作，积极参与团队合作，分享资源和最佳实践，增强工作效率。第五是教师还需对发展幼儿园业务的贡献负责，包括参与课程改进和活动组织等，以提升教育质量。第六是幼儿园管理包括教师在日常管理和行政工作中的角色，如记录和报告学生进展、参与管理会议等，以确保幼儿园运作的顺畅。

此外，新西兰还通过颁布《注册教师专业标准》对入职学前教师进行规定。对于已有经验的教师，其工作职责除了涵盖上述六项内容外，还需特别关注两个方面。一是专业关系与价值，包括对学习者的关注与发展、与各关系主体（如家长、社区）的有效沟通和合作，以及对二元文化的理解和融入。在《注册教师专业标准》中，"专业关系与价值"涉及四项具体标准，每项标准下设有多个关键

---

① 严婧，徐利智，张云亮，等. 新西兰幼儿园新教师专业标准述评 [J]. 幼儿教育，2012（06）：5-8.

指标，着重于教师在建立积极的专业关系和体现教育价值方面的实践。二是实践中的专业知识，包括制订和实施适合的学习计划、创设有效的学习环境、进行教育评价等。在《注册教师专业标准》中，"实践中的专业知识"涉及八项具体标准，每项标准下也包括多个关键指标，强调教师在实际教学中的专业知识和技能应用。这些标准旨在帮助教师不断提升专业能力，确保他们能够有效支持幼儿的学习与发展，并在教育实践中体现高水平的专业素养。

（二）新西兰学前教师的社会地位

1. 薪资待遇与社会认同

在新西兰，学前教师的工资薪酬由"学前教师集体协议"保障，该"协议"明确规定了教师薪酬将随社会经济的发展以及教师专业能力的提升而逐步增加。这一协议不仅确保了教师薪资的公平性和竞争力，还鼓励教师通过不断提升自身学识和技能来获得更高的薪酬，从而促进了教师的职业发展和教育质量的持续提升。

表4-4 新西兰学前教师2017—2020年最低工资薪酬表（年薪）

资格	时间					
	2017年	2019年	2020年	2021年	2022年	2023年
Q1	$41,067	$45,491	$49,862	$51,358	$51,358	$57,358
Q2	$41,067	$45,491	$49,862	$51,358	$51,358	$57,358
Q3	$45,041	$45,491	$49,862	$51,358	$51,358	$59,544
Q3+	$46,368	$46,832	$49,862	$51,358	$55,948	$61,948

从表4-4中可以看出，新西兰学前教师的工资薪酬在2017—2023年间呈持续增长趋势。表中主要依据教师所持学历进行区分。例如，Q1等级代表学前教师的最低入职标准，通常要求持有教学文凭或同等学历的教师。而Q3+等级则指那些拥有四年教育学士学位、四年荣誉学位或研究生文凭的教师。这一等级划分主要体现了教师学历水平对教师薪酬的影响。

值得注意的是，2020—2021年间，由于政府推行工资平等计划（Pay Parity），各学历等级的最低工资标准实现统一，学历差异在当年并未显著反映在薪酬标准上。工资平等计划的核心目的，在于通过实现学前教师与义务教师阶段教师之间工资水平的接轨，改善长期以来学前教师社会地位偏低的问题。该政策不仅是对学前教师专业性的承认，也是提升学前教师职业认同感的重要举措。

自2022年起，新西兰学前教师的薪酬标准再次根据学历层级呈现出差异化趋势。这一变化在延续工资平等计划基本精神的基础上，更加细致地反映了教师学历水平对薪酬结构的影响，体现了新西兰对高学历、高专业素养教师的激励和认同。

表4-5 新西兰国内不同职业年收入及工作机会比较表

职业	年薪范围	工作机会
学前教师	$35,000—73,000	良好
小学教师	$46,000—73,000	一般
中学教师	$47,000—72,000	一般
法律文员	$40,000—55,000	一般
记者	$30,000—80,000	较少
图书管理员	$45,000—71,000	一般
电台播音员	$28,000—70,000	较少
护士	$31,000—39,000	良好
牙医	$65,000—150,000	良好
工商行政人员	$35,000—55,000	一般
行政办公室经理	$53,000—75,000	较少

注：参见新西兰政府职业网。

从表4-5中可以看出，新西兰学前教师的薪酬水平总体上属于中等偏上，与中小学教师在刚入职时的薪资水平略有差异，但差距并不显著，整体上相近。同时，新西兰为学前教师提供了相对良好的职业机会，确保了他们在就业市场上的竞争力。

总体来看，新西兰学前教师的收入与中小学教师相比几乎没有显著差别，均处于社会薪酬的中等偏上水平，并且这一薪酬水平随着时间的推移而持续增长。这种薪资结构反映了新西兰对学前教育的重视程度和对学前教师的认可，显示出学前教师的职业地位与其他教育阶段的教师处于相同的层次。这不仅体现了对教师工作的高度尊重，也反映了国家在提升教育质量方面的持续努力和对教育从业人员的公平待遇。

2.政策支持与受重视程度

新西兰对学前教师的重视程度主要体现在以下几个方面，尤其是在师资培养、教师资格认证和专业发展支持上。首先,在师资培养方面,新西兰政府通过增加对早期教育的投入,实施了三年制的教师教育项目。学前教师必须在新西兰教育学院(包括师范学院)完成为期三年的学前教育文凭课程,并通过多次实习和教学评估,才能成为合格教师。[1] 此外,培养方案不断拓展,现已提升至研究生文凭层次,学前教师在获得学士学位后可以继续攻读硕士学位,注重培养教师的研究能力和方法。师范生需在儿童教育实习中心和其他教育机构中积累持续的教学经验,每周至少实践 12—16 小时,通常为期 3—5 周。新西兰还出台了严格的职前选拔标准,从多个方面确保师资质量。截至 2014 年,新西兰提供学前教育文凭培训的高校共有 20 所,包括 7 所大学、7 所多科技术学院、4 所私立培训机构和 2 所毛利高等教育机构。[2] 这种多样化的培训机构配置,不仅确保了教育资源的广泛覆盖,也为教师的专业成长提供了丰富的选择和支持。

在教师资格认证方面,自 2001 年起,新西兰教师学会负责教师资格认证工作。注册教师分为临时注册、准注册和完全注册三个类别,教师需经历从临时注册到完全注册的转变。新西兰学历评估委员会和新西兰教师协会于 2004 年和 2005 年发布了资格注册认证的指导手册,涵盖职前培养、注册程序和资格取得等方面,为职前教师提供了系统的指引。这些手册帮助教师在理论和实践探索的基础上建立对早期教育的深入理解,新西兰政府为学前教师的从业标准和资格认证建立了完善的框架和程序,确保了教师质量的保障。

在职前和在职专业发展方面,新西兰提供了大量奖学金,支持毛利族和太平洋裔教师的教育资格认证,并资助教师获得资格认证和专业发展。政府推行双文化教学实践,使准学前教师认识新西兰的多元文化特色,并培养其应对多元文化的能力。教育部为入职教育提供了多项专业发展资助,帮助学前教师理解和实施 Te Whāriki 课程和双文化课程,并协助开发课程。在职培训方面,新西兰不仅为在职教师提供多样化的进修和培训方案,还出台了《幼儿园教师、园长和高级教师集体雇佣协议》,从时间和经费方面保障幼儿教师的在职培训进修权利。这些政策和措施不仅反映了新西兰对学前教育的高度重视,还体现了对学前教师职业发展的全面支持和尊重,确保了教师的持续成长和教育质量的提升。

---

[1] 黄锦芬.新西兰儿童早期教育走笔[J].教育导刊,1998(04):45-47+44.
[2] 徐利智.新西兰幼儿教师质量保障体系研究[D].上海:华东师范大学,2014:26-33.

二、新西兰学前教师的知识观

(一) 普通知识观

在新西兰，学前教师的读写与计算能力被认为是岗位上的基本要求，这些能力在《职前教师教育计划》(Initial Teacher Education Program，简称 ITE 计划) 中被列为职前教师选拔的重要标准。该《计划》由新西兰教育部与教师协会联合推行，旨在培养全国范围内的优质教师。选拔委员会使用英语和毛利语对申请人的语言能力进行全面考核，并通过统一考试评估其读写与计算能力。这一标准不仅保证了教师具备必要的基础技能，还确保了教师能够在多元文化环境中有效沟通和教学。

学前教师还需深入理解 Te Whāriki 和《怀唐伊条约》的核心内容。Te Whāriki 是新西兰的国家幼儿园课程纲要，被视为学前教育工作者的"圣经"，它详细规定了从出生到入小学前的早期教育和保育内容。[①] 新教师需根据 Te Whāriki 的指导，并结合幼儿的实际生活，全面而准确地运用其教学和评估理论。同时，新教师还需了解《怀唐伊条约》，该协议于 1840 年由英国王室与毛利人签署，承认毛利人对土地和文化的拥有权。对毛利人相关法律的理解不仅能帮助新教师更好地保护儿童权利，也有助于他们在教学中尊重和融入毛利文化。此外，掌握基本法律常识也是新教师的重要职责，以确保他们能够在教学过程中有效保护儿童的权利。

(二) 专业知识观

专业知识是指职前教师不仅要熟知并运用所授学科的理论知识，还能在单一科目的研究上取得突出成果。通过对新上岗的教师调研发现，许多教师熟知并可以运用学科理论知识，但缺乏对某类学科的深入研究，即对专业知识掌握全面却难以在某一方面有突出造诣。[②] 所以，新西兰教育界认为职前教师们应在掌握学科基本知识的基础上，深入研习某一学科，通过学习和积累该学科的知识技能，

---

① EDITORIAL. What is special about early childhood education in New Zealand [J]. International Journmal of Early Years Education, 2003: 11 (01).

② JANET RIVER. Initial teacher education research programme: A summary of four studies [M]. Wellington: Ministry of Education, 2006: 3, 7, 8, 10.

最终取得突出成果，这对教育研究的发展具有十分重要的意义。基于此，新西兰职前教师教育计划将专业知识作为职前教师考核的重要准则之一。对于学前教师来说，其所需掌握的专业知识主要包括新西兰幼儿教育课程纲要的内容、儿童观察与评价、游戏与教学等。

三、新西兰学前教师的实践能力观

在新西兰，学前教师需具备一系列实践能力，以支持幼儿的学习与发展。这些能力不仅要求教师具备个性化的教学方法，还需要能够适应幼儿多样的学习风格和兴趣，并有效利用各种资源和技术。具体来说，新西兰学前教师的实践能力主要体现在以下几个方面。

（一）计划与评价能力

新西兰的教师标准要求新教师在教学过程中能够进行系统的幼儿观察，并基于这些观察建立科学的教学计划、评价和评估方案。[1] 新教师需要在团队中参与计划的制订、评价的实施及评估的调整，协助修订个人和集体的学习目标。这一过程不仅帮助教师精准把握幼儿的学习需求，还促进了教学效果的提升。

（二）环境创设能力

新西兰的学前教师必须能够创建并维持一个既安全又富有指导性的学习环境，以维持和激发幼儿的学习热情。这包括物理环境和精神环境两个方面。教师需要在调整幼儿园的物理环境时，提供更多的学习机会，同时还要营造一个积极、支持的精神环境。例如，通过积极正面的指导增强幼儿的自信心，重视并欣赏幼儿的个性和能力，建立积极的师幼关系，并尊重幼儿所在社区的文化背景。

（三）沟通合作能力

新西兰的学前教师应掌握有效的沟通策略和技巧，能够在与幼儿、与同事和

---

[1] 孙意.中、美、澳、新四国幼儿园教师教育理念的比较研究——基于相关专业标准文本的分析[D].南京：南京师范大学，2015：66-68.

与家长之间进行高效的信息传递和互动交流。在不同场合选择合适的沟通策略，与人合作也是教师的重要能力之一。教师不仅需要与家长和社区合作，还要与同事协作，具备团队精神。在工作中，教师需学会与同事共享课程和教学法的知识，合作发展教学资源、策略和方法，并在遇到困难时寻求支持。

（四）参与园所业务与管理的能力

新西兰重视教师在园所事务中的参与度。教师应积极参与到幼儿园的各项事务中，包括幼儿园的管理过程，对幼儿园的各项制度与管理办法给予理解和支持，并合理地评价幼儿园的发展与改变，为园所的发展贡献自己的力量。这不仅有利于新教师更好地融入工作环境中，也有利于调动教师的工作积极性和主动性，形成个人—园所共同发展的良好局面。

四、新西兰学前教师的二元文化应对能力观

新西兰在学前教师的培养中特别重视二元文化应对能力，这一能力的核心在于理解并尊重《怀唐伊条约》中规定的两个文化伙伴——毛利人和英国移民的传统、语言及文化。新西兰学前教师的职责不仅包括掌握英语，还需具备流利的毛利语能力，并在教学实践中将毛利文化的要素恰当地融入课程设计。这种能力的培养不仅涉及对毛利文化和语言的理解，还包括在教育活动中有效地体现和传递这些文化元素。

新西兰作为一个多民族国家，其文化多样性是教育体系的重要组成部分。新西兰通过全面的政策和教育体系，将这种文化包容性贯彻到教师的培养和实践中。这种全纳性体现在师范教育的各个方面，包括教育标准、课程设置和资格认证等。例如，在新西兰的学前教育课程中，教师必须熟悉国家的政治背景和文化环境，深入理解《怀唐伊条约》的历史意义以及毛利人的法律权益。此外，教师还需对幼儿家庭所处环境中的多元世界观和价值观持开放态度，并能够在教学中尊重和融合这些多样性。

新西兰教育体系特别重视对毛利文化的教育与推广。在职前教育中，新西兰的教育学院从等级5到等级7的课程中均设有以毛利语命名的课程，这些课程旨

在帮助准学前教师深入了解毛利文化及其教育理念。这不仅提高了教师的毛利语水平，还加强了他们对毛利传统文化和制度的理解，使他们能够在实践中合理地应用这些知识。

新西兰教育体系的这种设计和实践，不仅有助于教师个人的文化素养提升，也为幼儿提供了一个更加包容和多元的学习环境。通过这些措施，新西兰确保了学前教育中对多元文化的尊重和融合，同时促进了教育的公平性和包容性，使教师能够在多文化背景下有效地支持和引导幼儿的学习与发展。

五、新西兰学前教师的职业素养与个人特质

（一）个人品质和专业素养

新西兰对教师申请人的个人品质和专业素养给予了高度重视，这也是《职前教师教育计划》中的重要考核标准之一。申请人应展现出良好的社会交往能力、健康积极的人生态度、良好的沟通倾向以及情绪管理能力。这些特质不仅有助于建立和谐的师生关系，也对幼儿的性格发展和价值观形成有着深远影响。

高素养的教师在职业角色中展现出更强的适应能力和教学效率，这对于其成为合格的学前教育工作者至关重要。例如，新西兰教育委员会在2016年发布的《职前教师教育未来发展战略选择》中，明确要求幼儿教育毕业生具备健康的生活态度、卓越的职业道德和强烈的责任感。同时，教师还需具备开朗的性格、良好的沟通能力以及对学术研究的热情。此外，能够有效处理人际关系的能力也是其必备的素养之一。这些要求确保了新西兰的职前教师在进入教学岗位之前已经具备了全面的个人和专业素养。

（二）职业态度与教育信念

与其他教育阶段相比，幼儿教育阶段具有独特的挑战性，因为幼儿在认知能力和价值观形成上尚处于初级阶段。因此，学前教师的职业态度与教育信念对于幼儿启蒙阶段的价值观和人生观的塑造具有决定性作用。在这一背景下，新西兰的《职前教师教育计划》特别强调了教师的态度与信仰作为选拔标准之一。

在职前教师选拔过程中，申请者的职业态度和教学倾向通常由选拔委员会通

过面试、个人陈述、推荐信等多元化方式进行评估。这些考核标准旨在从源头确保学前教师具备扎实的专业素养与教育信念，为其胜任学前教学并提升整个行业的专业地位奠定基础。这种考核机制有助于挑选出那些能够在教学过程中以身作则、树立良好榜样的教师，从而更有效地支持幼儿的全面发展。

综上，新西兰对学前教师的要求体现了一种全面、综合的职业标准。不仅强调教师需具备扎实的专业知识，同时还需具备卓越的实践能力，以及二元文化应对能力。此外，新西兰特别重视教师的个人品质和职业素养。这些要求共同构建了新西兰对学前教师的综合看法，旨在培养能够支持幼儿全面发展的高质量教师。

第五节　学前教师观的国际比较

一、不同国家学前教师角色的比较

不同国家对学前教师的角色期待各不相同，这与该国的社会文化背景以及对学前教育的功能认知密切相关。学前教师角色的定位主要取决于人们对幼儿发展过程中教师作用的理解和教育目标的差异。基于不同社会文化背景和教育理念对学前教师功能的认知与期待，学前教师的角色总体上可以大致分为以下三种类型：

第一种是学前教师作为社会文化的传播者，在强调学术知识和技能准备的国家，教育活动以教师的教为主，重点在于为幼儿进入小学打下基础。在这种教育价值观的影响下，这类教师扮演知识传授者和文化传播者的角色。基于该角色理念，学前教师须熟练掌握教的知识和教学方法。

第二种是学前教师作为幼儿发展专家，此类教师角色理念受儿童发展理论的影响较大，尤其是在那些强调幼儿自然成长与学习规律的教育体系中，教师更多关注幼儿的学，而非教师的教。基于此，学前教师需具备观察幼儿行为、评估幼儿发展水平的能力，能够辅助和引导幼儿成长，同时具备创设适宜环境及与家长、同事沟通合作的能力。

第三种学前教师角色被称之为"社会网络工作者"，这一角色定位反映了现代社会对教育与家庭、社区协作的需求。在这种理念下，学前教师不仅要关注幼儿的个体发展，还要与家长、社会工作者及社区资源建立合作伙伴关系，创造一个更为广泛、有利的成长环境，以支持幼儿的全面发展。

自 20 世纪末以来，美国掀起了以提升教育质量为核心的改革浪潮，其中学前教育质量的提升成为关注的焦点之一。学前教师被视为促进儿童学习与发展的关键主体，也是决定学前教育质量的核心因素之一。美国幼儿教育协会提出了学前教师的专业标准，对学前教师的知识、技能和实践能力进行全面考量，并逐步成为全美大多数州认可的学前教师培养"纲领"。与此同时，学前教师的资格认证制度、准入制度等也日益走向专业化，为提升学前教育质量提供了制度保障。

美国专业教学标准委员会（NBPTS）进一步提出了十大专业标准，明确规定了学前教师的职业化要求。这些标准不仅对教师应具备的知识和技能提出了严格要求，还特别强调教师负有在尊重和理解每个幼儿个体差异的基础上、积极促进其全面发展的责任。这些标准反映了科学主义和人文主义并存的价值取向，强调教师既要具备科学的专业能力，又要有深刻的人文关怀。因此，在这种背景下，美国学前教师被视为促进幼儿学习与发展的专业人员，符合前述"幼儿发展专家"型角色定位。通过这些标准和制度，美国学前教师的培养和专业化建设得到进一步加强，体现出对学前教育质量和幼儿全面发展的高度重视。

2003 年，英国政府发布了《每个孩子都重要》绿皮书，明确提出要构建高素质的幼儿教育师资队伍，并强调在教师雇佣过程中优化队伍结构，推动教师群体的多元化发展。这种多元化策略旨在建立一个包容不同文化和教育背景的幼儿教育服务体系，广泛吸纳各类拥有不同专业背景的人才，满足幼儿教育的多样性需求，从而确保幼儿教育质量能够从多种专业视角得到提升和保障。

此外，英国的《早期教育专业教师身份标准》和《早期教育教师标准》也明确指出，学前教师应承担更广泛的专业责任，并深刻认识到跨部门合作的重要性。学前教师不仅要与同事、幼儿家长及监护人合作，还要与其他机构和专业人员建立紧密联系，共同促进幼儿的全面发展。这种跨领域合作要求学前教师具备高度的沟通能力和多元合作的素质，能够根据幼儿的不同需求，与多方专家和机构协作，以满足幼儿的身心发展需求。在英国的学前教育体系中，学前教师的职责不仅限于幼儿园内部的教育，还延伸至社会各机构和团体的工作，致力于为社会整体福祉作出贡献。英国政府认识到，为全面提升幼儿教育质量并保障幼儿福祉，必须在确保教师专业性的基础上，加强教师多元能力的塑造与发展。

综上所述，无论是在吸纳学前从业人员的背景多样性方面，还是在对学前教师综合素质和能力的要求上，英国的学前教师被定位为一种多元化的专业角色，符合第三种"社会网络工作者"的角色定位。

日本的《幼儿园教育要领》和《保育所保育指针》明确规定，幼儿园与保育所的教师应通过创设支持性环境、提供丰富的活动条件，来引导和促进儿童的发育与成长，进而完成规定的教育目标。2006年修订的《教育基本法》强调，幼儿教育应为儿童的成长奠定基础，是幼儿园、保育所与家庭及区域社会紧密合作共同推动的工作。2007年修订的《学校教育法》则进一步明确，幼儿园应为儿童接受义务教育及其后续学习阶段作好准备。

从这些法律法规可以看出，日本非常重视学前教师在环境创设方面的能力。学前教师不仅要为儿童的发展提供适宜的教育环境，还要在与幼儿建立信任关系的基础上，支持他们的全面成长。这表明，日本的学前教师既是环境的创设者，也是促进儿童发展的关系构建者。因此，日本的学前教师角色可以被看作是第一种"学校教师"角色和第三种"社会网络工作者"角色的结合，既强调通过环境和条件为幼儿提供学习支持，又注重多方合作和关系建立，以促进幼儿的整体发展。

新西兰学前教师的角色与其国家学前课程标准 Te Whāriki 紧密相连。Te Whāriki 被视为学前教育工作者的重要指南，指导教师开展教学工作。该课程框架旨在为儿童早期学习提供社会文化情境，强调通过与环境中的人、地点、事物互动来进行学习。它不仅重视人际关系，还强调感知文化多样性、哲学以及自然环境的学习方式。在此理念的指导下，新西兰学前教师在儿童发展中的核心角色体现在以下两个方面：首先，教师要关注儿童的全部生活经验，有意识地开发与儿童生活密切相关的社区和家庭课程。教师应将儿童在生活中获得的直接和间接经验、活动和实践作为课程内容的核心。其次，课程设计需关注每个儿童独特的学习风格，鼓励儿童积极参与学习，承担起自主学习的责任。

此外，教师还要认识到游戏对儿童成长的关键作用，承认玩耍是促进儿童全面发展的重要途径。游戏不仅是儿童进入环境，进行积极探索、思考和推理的方式，也是他们理解自然、社会和物质世界的重要策略。因此，新西兰学前教师被定位为儿童学习与发展的支持者，承担着在游戏与生活经验中引导儿童成长的职责，这符合第三种"社会网络工作者"型角色的定义。

二、不同国家学前教师地位的比较

从前文的分析可以看出，不同国家的学前教师在薪资待遇和社会认可度上存在显著差异。在薪资方面，美国和英国的学前教师收入普遍低于其他教育阶段的教师，且社会对其认可度也较低。这种差异不仅体现在工资水平上，还反映在教师职业声望和社会支持上。相比之下，日本和新西兰的学前教师收入相对较高，与中小学教师的收入差距较小，社会认可度也显著更高。这意味着在日本和新西兰，学前教师的工作被视为与其他教育阶段同等重要，并且在职业尊严和薪资保障方面获得了更大的支持。

在受重视程度方面，近几年全球范围内对学前教育的关注明显增加。各国通过出台政策和法规，推动学前教育的快速发展。例如，美国、英国、日本和新西兰都陆续颁布了学前教育相关政策，重视财政投入，并采取措施提升学前教师的专业素质。各国还建立了明确的学前教师专业标准和认证制度，以此来确保学前教师具备高水平的专业知识与技能。这些举措表明，学前教师的地位正在不断上升，学前教育的质量也日益成为国家教育改革的重要议题。

然而，通过对美、英、日、新四国学前教师地位的横向比较可以发现，日本和新西兰学前教师的社会地位明显高于美国和英国。在日本，学前教师不仅被视为儿童发展的关键支持者，还受到国家法律的明确保障，其社会地位与中小学教师无异。同样，新西兰的学前教师受益于 Te Whāriki 课程框架的指导，强调教师作为儿童社会文化学习的支持者，社会地位也相对较高。而在美国和英国，尽管近年来学前教育受到越来越多的政策关注，但学前教师的收入和社会认可度仍需进一步提升，以缩小与其他教育阶段教师的差距。

通过上述比较可以看出，尽管全球各国都在加大对学前教育的投入和重视力度，但在学前教师的薪资待遇和社会地位方面，仍存在明显的国际差异。

三、不同国家学前教师的素质能力要求比较

在全球教育改革的背景下，美、英、日、新四国对学前教师的素质能力要求在许多方面表现出高度的一致性。首先，四国都对学前教师的专业知识与技能提

出了较高要求，这是学前教师履行其教学职责的基础。教师必须具备儿童发展理论、教育心理学、课程设计等领域的深厚知识，才能有效支持幼儿的学习与发展。其次，这些国家越来越强调教师的实践能力，尤其是学前教育的特殊性决定了学前教师需要拥有丰富的实践经验。在职前培训中，四国都增加了实践实习环节，并在教师的专业标准中明确指出学前教师应具备创设良好学习环境的能力、组织有效教学的能力、评估与反思的能力以及与家长和其他社会组织沟通合作的能力。比如，美国学前教师不仅需要在课堂中传授知识，还需具备与不同文化背景的家长进行沟通的能力，以应对多元文化社会的需求；而新西兰的教师则被期望能以社会文化背景为基础，通过互动促进儿童的整体发展。

在个人素养和职业倾向方面，四国同样高度重视。学前教师不仅需要具备专业知识和实践技能，还要展现出对教育事业的高度认同与责任感。无论是美国、英国，还是日本、新西兰，学前教师的道德操守、使命感以及正直的价值观都是其职业素质的核心部分。学前教师必须具备对幼儿全心全意的关怀，树立以儿童为中心的教育理念，同时在工作中表现出卓越的职业道德。

然而，不同国家在具体要求上仍存在差异。美国和新西兰特别注重教师的多元文化适应能力。由于这两个国家的社会结构多元化，学前教师必须在课堂管理和沟通中表现出强大的文化敏感性，能够针对不同文化背景的儿童提供个性化支持。相较之下，英国则更侧重学前教师能力的多元化发展。学前教师不仅要在学前教育机构中发挥作用，还要参与跨机构的合作，以促进更广泛的社会福祉。在《每个孩子都重要》政策框架下，英国学前教师需要与社区组织、医疗机构等紧密合作，为儿童的身心发展提供全面保障。

日本的学前教师素质能力要求则融合了对传统与现代的双重关注。除了掌握基本的专业知识和实践能力外，日本还要求学前教师具备全球视野，能够从全球的角度理解教育的意义，并具备适应时代快速变化的能力。这种要求反映了日本在培养学前教师时，不仅关注其对国内教育的贡献，还希望其能够理解全球化背景下的教育挑战与机遇，进而为国家和人类社会的进步贡献力量。

综上所述，尽管四国在学前教师素质能力的基本要求上有相似之处，但由于各国历史、文化及社会背景的不同，对学前教师的具体要求和侧重点亦有所差异。这些差异反映了各国学前教育的独特性，同时也揭示出学前教师在全球化背景下所需具备的多元化能力与素质。

第五章

WOGUO YOUJIAO XIANQU DE
XUEQIAN JIAOSHIGUAN

我国幼教先驱的学前教师观

第一节 陈鹤琴的学前教师观

陈鹤琴（1892—1982），我国现代著名教育家、儿童心理学家和儿童教育专家，我国现代幼教的奠基人。陈鹤琴毕生致力于教育事业，积极探索适合中国国情、符合儿童身心发展的中国化、科学化、大众化的儿童教育道路。师范教育是陈鹤琴现代儿童教育思想的重要构成，陈鹤琴对于幼儿教师的情感与理解，不仅来自其自身的"师范教育"背景，还由于其怀有的教育理想与信念。①

陈鹤琴认为："教师是最伟大而又最辛勤的雕塑匠，是人类灵魂的工程师。教师所负的任务是非常艰巨的。"②陈鹤琴不仅关注幼儿教育发展、关心幼儿教师成长，更长期投身于幼儿师范教育办学、讲学中，曾任教南京高等师范学校教育科（1919）、受聘晓庄试验乡村学校幼稚师范院院长兼指导员（1927）、创办江西省立实验幼稚师范学校（1940）、创设国立幼稚师范学校幼稚师范专修科（1943）、创办上海市立幼稚师范学校（1945）、受聘中央大学师范学院院长（1949）、担任南京师范学院院长兼幼教系主任（1952）等。此外，陈鹤琴还积极参与拟订幼儿师范教育课程计划、编撰幼儿师范教育课程标准、编写幼儿师范教育教材、试验幼儿师范教育教法、创办幼儿教师成长社团、组织幼儿教师学术会议、开展幼儿教师学习讲座等，并由此形成其系统完整的幼儿教师观。

---

① 柯小卫.陈鹤琴现代儿童教育学说［M］.南京：南京师范大学出版社，2019：358.
② 陈秀云，陈一飞.陈鹤琴全集（第二卷）［M］.南京：江苏凤凰教育出版社，2018：435.

一、陈鹤琴论幼儿师范教育的地位与方向

（一）幼稚教育的关键期决定了师范教育的重要性

儿童心理研究是陈鹤琴幼儿教育思想的基础性前提，正是基于对儿童心理发展本质规律的科学探索，陈鹤琴才深刻体会到幼儿教育的重要性，并继而奠定其对幼儿师范教育价值的理解与认同。具体而言，陈鹤琴认为："幼稚期（自生至7岁）是人生最重要的一个时期，什么习惯，言语，技能，思想，态度，情绪都要在此时期打一个基础，若基础打得不稳固，那健全的人格就不容易形成了。"[①] 作为人生最重要时期之一的幼稚期，其基础打牢有待于幼稚教育的普及与发展，而幼稚师范教育不仅是幼稚教育师资的"出产处"，是教育行进的"船舵"，更是幼稚教育的"原动力"，幼稚师范教育的发展与幼稚教育的普及本质上应当同行并进、缺一不可。

陈鹤琴重视师范教育的价值、强调师范教育的地位，并注重从推进幼稚教育普及发展的角度阐述幼稚师范教育的重要性。早在创办南京鼓楼幼稚园时期，陈鹤琴就已经清醒地意识到幼稚教育与幼稚师范教育密不可分，并将二者的关系形成比喻为"孩子"与"母亲"。1928年，陈鹤琴参加全国教育会议，并提交《各省师范学校急需设幼稚科案》，强调为实现幼稚教育积极扩充，师资宜早准备。纵览陈鹤琴在不同时期对幼儿师范教育地位与价值的论述，贯穿其中的是陈鹤琴对幼儿教育和幼儿师范教育之间内在密切关系的精准理解与把握。

此外，幼儿发展的多变性与早期教育的重要性也对幼儿教师提出了更高的质量要求，并凸显了幼儿师范教育的专业性与复杂性。陈鹤琴提出："小孩子是不容易教的，幼稚园的教师是不容易做的，因为幼稚园的教师要善于唱歌，善于弹琴，善于讲话及其他种种技能。并且要熟悉自然界的现象与社会的状况，要有丰富的常识，要明了儿童的心理。"[②] 正是基于儿童的难教与早期教育的重要，陈鹤琴才主张"幼稚园的教师应当有充分的训练"，而充分的训练恰有赖于专业化、系统化的幼儿师范教育体系构建。

---

① 陈秀云，陈一飞.陈鹤琴全集（第二卷）[M].南京：江苏凤凰教育出版社，2018：512.
② 陈秀云，陈一飞.陈鹤琴全集（第二卷）[M].南京：江苏凤凰教育出版社，2018：83.

（二）为中国化的幼儿教育培养中国化的幼儿教师

为中国化的幼儿教育培养中国化的幼儿教师是陈鹤琴长久以来的夙愿，这不仅是根植于陈鹤琴探索中国化幼儿教育道路的宏大理想，更缘起于其对中国幼儿教育宗教化与洋化弊端的切身感受。早在创办南京鼓楼幼稚园时期，陈鹤琴就明确提出鼓楼幼稚园的创办是"为了孩子，为了中国的幼稚教育，为了中华的振兴……这，便是办园的宗旨"[①]。与此同时，陈鹤琴清晰地意识到中国的幼稚教育亟须中国化的幼教师资。然而，"纵观全中国有自己开办的幼稚师范几个？但是教会设立的却不少，江苏、福建、湖南等省都有……为教育主权起见，师范教育不应该请外人代办。因此，我们有办幼稚师范的计划"[②]。同时，虽然陈鹤琴早有致力于创办中国化幼儿师范教育的呼吁，甚至于1928年在全国教育会议上联合陶行知提出《各省师范学校急需设幼稚科案》《各省开办试验幼稚师范案》等，但由于时局所限，陈鹤琴创办中国化幼儿师范教育、培养中国化幼儿教师的理想迟迟未得以真正实现。

1940年，在"要做事，不做官"的精神鼓舞下，陈鹤琴婉拒了赴重庆任教育部国民教育司司长的邀约，继而选择赴江西泰和创办一所公立幼稚师范，以实现其办中国化幼稚教育、由中国人自己培养幼教师资的宏愿。在记述江西幼师创办的历程时，陈鹤琴深情地回忆道："我提倡活教育是立意创造中国化的新教育，我创办南京鼓楼幼稚园，立意是建立中国化的幼稚园。中国化的幼稚园需要中国化的师资，这一点我在20年前就已经体会到了。"[③]建立中国化的幼稚教育，必须同时建立中国化的幼教师资训练机构。这是陈鹤琴一贯的主张，但其真正实现却直到1940年10月江西省立实验幼稚师范学校创立。随后，陈鹤琴在幼稚师范中增设幼稚师范专修科、创办上海市立幼稚师范学校、担任南京师范学院院长兼幼教系主任、在南京师范学院设立附属幼儿师范学校，矢志不渝地为创办中国化幼儿师范教育而奋斗。

---

① 郭亮.从拓荒奠基到幼教之父：儿童教育家陈鹤琴[M].南京：南京师范大学出版社，2012：46.
② 陈秀云，陈一飞.陈鹤琴全集（第二卷）[M].南京：江苏凤凰教育出版社，2018：10.
③ 陈秀云，陈一飞.陈鹤琴全集（第五卷）[M].南京：江苏凤凰教育出版社，2018：36.

(三)幼儿师范教育必定要改革与实验

如果说中国化是陈鹤琴发展幼儿师范教育的方向,那么科学化则是陈鹤琴实践幼儿师范教育的方法。陈鹤琴认为要培养优良的幼教师资,则必定要改革旧的传统的师范教育。这种改革不仅是要推动教会办、西方化的师范教育中国化、本土化,更是要以科学的精神与实验的方法克服师范教育中的经验主义弊端,从而实现幼儿师范教育的根本改造。于此,陈鹤琴主张:"师范教育一定要实验。只有经过实验,才能获得切实的改进。不但师范课程要实验,教材教法也要实验,以至师范学制种种,都要通过实验和研究,才能产生一部恰当而完整的师范学校新课程,适合中国国情的师范教材和教法,然后才有完美的师范新学制。"[1] 由此,陈鹤琴的主张不仅是师范教育要实验,而且是一种系统的实验、全面的实验、科学的实验。陈鹤琴同时撰文《杜威为什么办实验学校》,以佐证其师范教育实验的必要性与可能性。[2]

为有效推进师范教育实验的落实,陈鹤琴不仅大力倡导尽快设立一两个"国立实验师范学校",且身体力行,于1940年创立江西省立实验幼稚师范学校,其在自述创校经历时特别指出:"我们当时之所以把这个学校冠上'实验'这个名称,目的就在说明我们工作重要,是正以实验为主体,准备以实验的成就,来有计划地推进全国幼稚教育。"[3] 对于幼儿师范教育实验的目的,陈鹤琴将其概括为"充分表现师范课程的特性""使师范学制和师范课程中国化"以及"改变师资意识"三个方面,即凸显课程师范性、推进师范中国化和培养现代公民。对于师范教育实验的内容,陈鹤琴则认为应当包括:师范的学制及行政研究、师范的课程实验、师范的教材研究、新教育方法的研究等诸多方面。总之,陈鹤琴希望通过系统化的幼儿师范教育实验,真正培养"富有劳动生产的能力,富有建设组织的能力,不但人格、行为可做人家的楷模,而且服务、为人都可做人家的榜样"[4]。

---

[1] 陈秀云,陈一飞.陈鹤琴全集(第五卷)[M].南京:江苏凤凰教育出版社,2018:28.
[2] 陈秀云,陈一飞.陈鹤琴全集(第五卷)[M].南京:江苏凤凰教育出版社,2018:114-117.
[3] 陈秀云,陈一飞.陈鹤琴全集(第二卷)[M].南京:江苏凤凰教育出版社,2018:413-414.
[4] 陈秀云,陈一飞.陈鹤琴全集(第五卷)[M].南京:江苏凤凰教育出版社,2018:30.

（四）整体性师范教育的设计与构想

陈鹤琴所致力构建的师范教育是一种整体性师范教育，其主要特征是师范教育的系统性与整合性，不仅要在师范教育内部构建层次清晰、结构分明的各级各类师范教育体系，更要关注师范教育外部科学研究机构、实习实践场所、玩教具生产单位等的同步建设、协同发展。陈鹤琴的学生喻品娟赞誉其为"整体性师范教育的设计师"，并指出其"创立了附属幼儿园—附属幼儿师范学校—高等幼教师资培训体系，构建了一套教学、科研、生产三结合的教育研究体系，设置了儿童教育研究室、儿童玩具研究室，并附设玩具工厂"[①]。陈鹤琴的整体性师范教育思想本质上是根植于其对师范教育属性及定位的精准理解与把握，而其办学实践也有效印证了其整体性师范教育思想的必要性与合理性。

陈鹤琴在抗战时期的江西办学初步奠定了其整体性师范教育的实践基础，其从创办江西省立实验幼稚师范学校起始，继而添设幼稚师范专科以造就幼稚师范师资，再不断建立幼师附属小学、附属幼儿园、附属婴儿园以作为师范生的实习及研究场所，由此构建了一个体系完整的幼儿师范教育体系。对于整体性师范教育的构建，陈鹤琴认为："全国要设立国立幼稚教育专科学校，以造就幼教的专才与工作干部。同时各大学师范学院应设幼稚教育系，以配合各独立的幼稚教育专校，以造就幼教专才，其中还可包括儿童福利工作人员的训练。各省应当设立一所幼稚师范学校，训练省内的幼稚教育师资。各师范学校，也应附设幼稚师范科，以补助独立的幼稚师范学校之不足。为了迅速普遍起见，我们还可以创立短期的训练班与讲习班，专为已任的教师与有志于幼教者进行再教育。"[②] 然而，由于时代所限，陈鹤琴的整体性师范教育思想长久未得以实现，但陈鹤琴以一己之力不断奔波于江西、上海与南京，积极推进整体性师范教育实践，并为新中国的幼儿师范教育体系构建奠定了良好基础。

---

① 唐淑. 童心拓荒——现代儿童教育家陈鹤琴 [M]. 南京：南京大学出版社，2001：111.
② 陈秀云，陈一飞. 陈鹤琴全集（第二卷）[M]. 南京：江苏凤凰教育出版社，2018：423.

二、陈鹤琴从"活教师"到"人民的幼稚园教师"的观念转变

"培养怎样的教师"是贯穿于陈鹤琴师范教育思想的核心内容。适应不同的时代需要,基于不同的实践体验,陈鹤琴对幼儿教师素养内涵的理解也存在差异。具体而言,自 1919 年任教国立南京高等师范学校到 1939 年离开上海工部局,陈鹤琴基于自身幼稚园办学实践和教育行政管理经验初步形成其幼儿教师观;自 1940 年创办江西幼师到 1949 年新中国成立,陈鹤琴立足其创办江西幼师、国立幼专、上海幼师等的师范办学实践明确提出为"活教育"培养"活教师";自 1949 年受聘中央大学师范学院院长到被任命南京师范学院院长兼幼教系主任以至晚年,陈鹤琴坚定地提出为新中国建设培养"人民的幼稚园教师"。

(一)"活教师"的实践酝酿与理论提出

"活教师"是"活教育"的践行者、研究者与传播者,也是陈鹤琴教师观的内在构成。然而,"活教师"的概念并非先天存在,而是陈鹤琴在创办幼儿师范学校、探索"活教育"中逐渐形成的。在此之前,陈鹤琴则主要从幼稚园办理与幼稚教育发展视角形成其教师观。具体如,陈鹤琴在《我们的主张》中强调"我们主张幼稚园的教师应当做儿童的朋友,同游同乐的去玩去教""幼稚园的教师要善于唱歌,善于弹琴,善于讲话及其他种种技能。并且要熟悉自然界的现象与社会的状况,要有丰富的常识,要明了儿童的心理"。[①] 前者是其对幼儿教师角色的理解,后者则是其对幼儿教师必备素养与能力的要求。同时,陈鹤琴也清晰地意识到幼稚园教师除了必要的学识、技能及对儿童心理的了解外,还需要具备"和蔼可亲""公允的态度""创造能力""高尚的人格"等职业道德与情感态度方面的素养。

1940 年,为实验"活教育",办中国化的幼稚教育,陈鹤琴创办江西省立实验幼稚师范学校,并在身体力行的师范教育实践办学中,逐渐提出其"活教师"思想。陈鹤琴认为江西幼师的创办就是"活教师"培养的生动体现,"我们要有活教师、活儿童,以集中力量改进环境,创造活社会,建设新国家"。[②] 以江西

---

① 陈秀云,陈一飞.陈鹤琴全集(第二卷)[M].南京:江苏凤凰教育出版社,2018:85.
② 陈秀云,陈一飞.陈鹤琴全集(第五卷)[M].南京:江苏凤凰教育出版社,2018:1.

幼师的实践办学为例，其教育目标在于"培养学生做人，做中国人，做现代中国人——具有健全的身体、自动的能力、创造的思想、生产的技术、服务的精神"，而幼师教育目标在于"培养学生做优良的幼稚教师——具有慈母的心肠、丰富的智能和爱的性情、研究的态度"[①]。由此可窥见陈鹤琴对于"活教师"形象的理解与认识。此外，在对"活教育"与"死教育"进行全面区别比较时，陈鹤琴更进一步详细描绘了"活教师"的形象与内涵，其具体包括：笑嘻嘻的，和蔼可亲，声音悦耳，说话有礼，多鼓励，低音清晰，行动轻快，立得笔正，坐得挺直，衣履整洁，面目清楚，态度从容，精神饱满，创造能力，健身，快乐，乐观，研究精神，乐业，互助合作，慈爱，负责，教学有技能，了解儿童心理。[②] 从中，一个清晰而生动的"活教师"形象跃然纸上。抗战胜利后，中国的幼稚教育面临着新的国情与需要，陈鹤琴进一步发展完善了其"活教育"思想，坚持认为："幼稚教育的师资，条件非常苛刻，有学识固然重要，而主要的还在于他们对儿童的纯爱与对儿童的感情，以及从事幼稚教育工作的决心与认识。"[③] "活教师"是陈鹤琴对幼儿教师内涵的创造性构建，其虽然服务于"活教育"发展的现实需要，但本身也具有相对独立性，是我国现代幼儿教师观变革的创新体现。

（二）为新中国培养"人民的幼稚园教师"

陈鹤琴虽然基于其师范教育办学实践提出了"活教师"的概念，但并未对"活教师"的完整内涵进行系统阐释。相反，陈鹤琴系统阐述了"人民的幼稚园教师"应具有的认识和应具备的条件，其既是回应新中国建设新民主主义社会的现实需要，也表征了陈鹤琴幼儿教师思想的转变与发展。具体而言，陈鹤琴认为在新中国初建阶段，教师首先需要进行自我改造，改造成为人民的教师。对于人民的幼稚园教师，陈鹤琴认为应具备如下条件：

政治思想方面，要认识中华人民共和国文化教育建设的方针；要认识教师的主要任务是提高人民文化水平，培养国家建设人才，肃清封建的、买办的、法西斯主义的思想，发展为人民服务的思想；要学习马列主义、毛泽东思想的立场、

---

① 陈秀云，陈一飞.陈鹤琴全集（第五卷）[M].南京：江苏凤凰教育出版社，2018：11.
② 陈秀云，陈一飞.陈鹤琴全集（第五卷）[M].南京：江苏凤凰教育出版社，2018：23.
③ 陈秀云，陈一飞.陈鹤琴全集（第二卷）[M].南京：江苏凤凰教育出版社，2018：421.

观点与方法，要认识教师的重要任务是培养儿童爱祖国、爱人民、爱劳动、爱科学、爱护公共财物的公德；要认识教师是新中国的主人，要热爱祖国，要积极参加政治活动。

业务修养方面，要认识儿童是新中国的幼苗；要认识幼稚园是培养新中国幼苗的苗床；要认识幼稚园是妇女解放的桥梁；要认识幼稚园是改造家庭教育的助手；要了解和精通幼教业务；要了解教师本身的品质是养成儿童品格的重要因素；要了解怎样保护儿童的健康；要了解儿童的智力是怎样发展的；要了解怎样培养儿童的道德品质；要了解怎样发展艺术教育。

教学技术方面，人民的幼稚园教师既要掌握教学技术的原则，如了解教学的基本原则在"做"，掌握理论与实际一致的教学方法，了解每个儿童的个性和他的问题，能选择适当的学习经验等，也要掌握教学技术，如能讲生动的故事、能编歌谣谜语、能画图、能做手工、能唱歌、能弹奏一种乐器、能种花种菜、能进行简单的科学实验、能布置教室等。

优良品质方面，人民的幼稚园教师对人和蔼可亲、不发脾气、帮助别人，对自己能掌握自我批评的武器、不自私、注意健康，对儿童热爱、公平，对同事必须合作，对工作有高度热情、富有创造性、绝不灰心，对学问要做到"学习，学习，再学习"，对敌人憎恨。[①]

以上四个方面构成了陈鹤琴对"人民的幼稚园教师"素养内涵的完整理解，也是陈鹤琴对幼儿教师内涵最系统、最完整、最全面的一次解读，从中既可看出陈鹤琴"活教师"思想的传承与延续，更足以显见政治环境变动与社会文化变迁对其教师观的深刻影响。陈鹤琴"做人，做中国人，做现代中国人"的活教育目的论在新中国的建设中得以充分彰显与具体落实。及至88岁高龄，陈鹤琴寄语南京晓庄师范学校幼师班的全体同学："你们一定要努力学习，争取成为一名合格的幼儿教师。什么是一个合格的幼儿教师呢？那就是，要具有社会主义觉悟，热爱儿童，懂得幼儿生理学、心理学和教育的基础理论知识，熟悉各门课程的基本教材，掌握各种教学方法和技能技巧，善于领导幼儿进行游戏、劳动、娱乐等各项活动。"[②] 陈鹤琴真正实现了其"以更大的信心和勇气来培养人民教师"的承

---

① 陈秀云，陈一飞.陈鹤琴全集（第二卷）[M].南京：江苏凤凰教育出版社，2018：435-444.
② 陈秀云，陈一飞.陈鹤琴全集（第六卷）[M].南京：江苏凤凰教育出版社，2018：328.

诺，实现了从培养"活教师"到培养"人民的幼稚园教师"的转型与跨越。

三、陈鹤琴对幼儿教师培养过程的改革与实验

（一）以"活教育"思想引领幼儿教师教育改革

陈鹤琴认为要为中国化的幼稚教育培养优良的幼教师资，则必定要改革旧的传统的师范教育，实验新的科学的师范教育。"改革与实验"是陈鹤琴培养幼儿教师的重心与主线，而"活教育"则提供了陈鹤琴幼儿师范教育改革的指导思想。作为陶行知的挚友，陈鹤琴非常认可陶行知对传统旧教育的批判，"教死书，死教书，教书死，读死书，死读书，读书死"，正是基于对传统"死教育"的切身感受与理性思考，陈鹤琴创造性地提出了"活教育"思想。"活教育"不仅是建立中国化、本土化幼儿教育体系的理论指导，也是探索科学化、现代化幼儿师范教育改革路径的方向指引。陈鹤琴就是以"活教育"为指导思想在江西幼师进行了幼师教育改革的实验，并初步整理了"活教育"的理论体系，即"活教育"的三大纲领——目的论、课程论和方法论。①

幼师教育改革的首要问题是培养目标的确立，陈鹤琴以"活教育"目的论为指引，系统阐述了幼儿教师培养的方向问题，即教学生"做人，做中国人，做现代中国人"，继而成长为儿童的师表与国民的表率。"教会学生做人"是陈鹤琴倡导的幼儿师范教育改革首要目标，"做人"并非是指独善其身的个人修身养性，而是要把个人置身于社会中，置身于时代中，勇于肩负起社会进步、民族改造的历史使命，以个体之学会做人谋求人类之发展进步。此外，幼儿教师还要致力于"做一个现代中国人"，即具备健全的身体、创造的能力、服务的精神、合作的态度、世界的眼光。②其中，陈鹤琴特别强调服务的精神，强调幼儿教师要积极参与社会活动、关注关心社会改造，殷切期望"新师资的培养，富有劳动生产的技能，富有建设组织的能力"，不但做"优良的儿童教师"，更要做"优良的社会领导者"，做"社会国民的表率"，做"现代中国人的模范"。陈鹤琴的幼儿师范教

---

① 南京师范大学·江苏省陈鹤琴教育思想研究会.陈鹤琴教育思想研究文集［M］.北京：人民教育出版社，1997：262.
② 陈秀云，陈一飞.陈鹤琴全集（第五卷）［M］.南京：江苏凤凰教育出版社，2018：60-62.

育实践办学正是在"活教育"的目的指引下奋勇前行,并展现勃勃生机。此外,陈鹤琴"大自然、大社会都是活教材"的课程论与"教学做合一"的方法论都深刻影响并有效指引着其幼师教育改革。

(二)课程论:"活课程"的实践探索

陈鹤琴认为幼师的课程是师范学校的核心问题,活的课程需要怎样的教材、需用怎样的教法,都是一个实践探索的过程。为此,陈鹤琴不仅以自身实际的师范授课与办学为基础,拟订课程计划、制订课程标准、撰写幼师教材,且探索课程组织、提炼课程理论,并由此而形成其"活课程"理念。具体而言,陈鹤琴对幼师课程的研究特别强调其师范性与本土化,强调幼师课程与实际幼稚园教学的密切关系,并能基于实际办学需要进行灵活应变与调整。

江西幼师是陈鹤琴探索师范教育课程的主阵地,也是形成其"活课程"理念的关键期。在"大自然、大社会,都是活教材"的"活教育"课程观指引下,陈鹤琴系统探索江西幼师两年制及三年制师范教育课程体系,将课程内容划分为"精神训练、基本训练、专业训练"三类。其中,"精神训练"以公民、人生心理等为主,侧重让学生懂得怎样做人、怎样做现代中国人;"基本训练"涵盖国语、自然、社会等,旨在提升师范生基础文化水平;"专业训练"包括儿童心理、幼稚教育、教学与实习等,以满足其幼稚园实践教学的工作需要。除此之外,师范生还必须参加烧饭、洗衣、筑路、编草、种菜、养猪、养鸡等实践活动,以提升其自主动手能力与社会服务意识。[①] 同时,陈鹤琴特别关注幼师课程的师范性与系统性,强调师范教育的教育课程应在内容上有所扩展,区别于普通中学的教材教法,充分体现师范课程特性。为此,陈鹤琴对江西幼师的课程进行了师范化的改造,如国语中加入儿童文学、卫生注重妇婴心理卫生、音乐中列入儿童歌曲等。

陈鹤琴不仅积极探索本土化、科学化的幼儿师范教育课程体系,且由此为国立幼稚师范学校师范部起草了《幼稚教育课程标准草案》,提出幼稚教育课程的目标、时间支配、教材大纲、实施方法等。同时,陈鹤琴长期致力幼儿师范教育教材的编写工作,陆续出版《智力测验法》(1921)、《家庭教育》(1925)、《儿童心

---

① 陈秀云,陈一飞.陈鹤琴全集(第二卷)[M].南京:江苏凤凰教育出版社,2018:416-419.

理之研究》(1925)、《测验概要》(1925)等教材,撰写《幼稚教育》(1926)、《儿童心理学》(1952)、《教育史导言》(1955)等讲义,积极倡导编写幼儿师范教育教材及课程资料。在此基础上,陈鹤琴提炼了"活教育"理念下的课程要点,即"以大自然大社会做主要的教材,以课本做参考资料,这是直接的活知识,是直接的经验""各科混合或互相关联""内容丰富""生气勃勃""整个的,有目标""有意义"等。①

实习是师范教育课程的重要构成,陈鹤琴集中批判了师范实习中存在的"走马看花""排戏演戏""例行公事"三大问题,并对实习制度存在的弊端进行了剖析,继而提出改造实习应从"把教学与实习打成一片""对学生的来源加以限制"两个方面着手。②1936年,陈鹤琴出版《新实习》一书,系统论述了师范教育实习问题,强调实习的价值在于"学理的印证""能力的获得"与"知识的真切",而一个系统完整的实习则应包括"参观""见习""试教""讨论"四个基本步骤,遵循"教学做合一"的基本原理。其中,陈鹤琴特别是对实习的四个步骤进行了详细论述。③陈鹤琴对教育实习的高度强调与系统研究,对当前改革与完善师范生教育实习仍具有现实意义,其提醒我们应当将教育实习纳入幼儿师范课程改革的整体之中,必须更加讲求教育实习的实效。④

(三)教学论:"教学做合一"与"四步教学法"

对教法的研究同样是陈鹤琴师范教育思想的必要构成,早在任职南京,特别是教育局学校教育课课长期间,陈鹤琴就对师范教育中的学习问题进行过系统论述,其批判纸上谈兵式的师范教育难以真正奏效,强调师范生的学习应聚焦"相当的动机""相当的动境""充分的自习"与"相当的辅导",并充分肯定陶行知提倡的"艺友制"师范教育思想。⑤伴随江西幼师的开办和"活教育"的成型,陈鹤琴逐步提出"活教法"或"活教学"的理念。

---

① 陈秀云,陈一飞.陈鹤琴全集(第五卷)[M].南京:江苏凤凰教育出版社,2018:22-23.
② 陈秀云,陈一飞.陈鹤琴全集(第五卷)[M].南京:江苏凤凰教育出版社,2018:118-121.
③ 陈秀云,陈一飞.陈鹤琴全集(第五卷)[M].南京:江苏凤凰教育出版社,2018:126-200.
④ 南京师范大学·江苏省陈鹤琴教育思想研究会.陈鹤琴教育思想研究文集[M].北京:人民教育出版社,1997:267-273.
⑤ 陈秀云,陈一飞.陈鹤琴全集(第五卷)[M].南京:江苏凤凰教育出版社,2018:26.

"活教法是在做中学,做中教,做中求进步"①。"做"是活教法的核心,其致力扭转传统教育完全注重知识传授的弊端,注重实际的做,强调学生自己做,注意分组学习,集体讨论,以相互的经验,来相互切磋。②陈鹤琴认为活的师范教育是"要以自动代替被动,以启发代替灌注,以积极代替消极,以活知识代替读死书,以爱德代替权威"。为有效激发起学生自动学习、自主学习的积极性,师范教育当"以'做'为出发点,在'做'的过程中去学,在'做'的过程中去教,在'做'的过程中去求进步"③。"以'做'为中心、强调'教学做合一'"是陈鹤琴"活教法"的主要体现,其既有来自杜威、陶行知等学者的思想影响,又深深根植于陈鹤琴幼师办学的实践经验,具有科学性与实效性。

怎样"做"? 陈鹤琴提出了以四个步骤来指导做、指导教与学,即"实验观察""阅读参考""发表创作""批评研讨"的四步教学法。四步教学法使陈鹤琴"教学做合一"的"活教法"思想更具操作性与实践性,同时也是其江西幼师实践办学的真实写照。此外,就在职教师的进修学习而言,陈鹤琴创造性地提出"教师教教师"的活教育教学原则,倡导以"举行教学演示或者组织巡回教学辅导团"的方式,来补救现有进修方式的缺点与不足。④由此显示出陈鹤琴对幼儿教师持续成长与全面发展的有效关注。

第二节 陶行知的学前教师观

陶行知(1891—1946)是我国近代伟大的人民教育家,也是中国现代幼儿教育的开拓者之一。陶行知重视儿童早期发展,强调学前教育重要性,倡导乡村幼儿教育普及,主张创办"中国的""省钱的""平民的"幼儿教育,躬身践行幼儿教师培养工作。陶行知的幼儿教师观既包括对幼儿教师信念素养的理解,也涵盖对幼儿教师培养工作的阐发,具有相对完整的体系与结构。此外,陶行知的幼儿教师观既是其幼儿教育思想与师范教育思想的有机构成,又深受其生活教育理论的影响,并主要在乡村教育场域中展开,具有相对复杂性与交叉性。

---

① 陈秀云,陈一飞.陈鹤琴全集(第五卷)[M].南京:江苏凤凰教育出版社,2018:11.
② 陈秀云,陈一飞.陈鹤琴全集(第五卷)[M].南京:江苏凤凰教育出版社,2018:57.
③ 陈秀云,陈一飞.陈鹤琴全集(第二卷)[M].南京:江苏凤凰教育出版社,2018:415.
④ 陈秀云,陈一飞.陈鹤琴全集(第五卷)[M].南京:江苏凤凰教育出版社,2018:96-98.

陶行知积极参与幼儿教师培养工作，主要以晓庄试验乡村师范学校幼稚师范院为基础，联合燕子矶幼稚园、鼓楼幼稚园等开展幼儿教师培养试验，并在"师范教育下乡"和"幼稚教育普及"的信念指引下探索适合中国乡村、具有科学基础的幼儿教育道路。此外，陶行知是一个极具创造力和想象力的教育家，其倡导的"艺友制师范教育""小先生制"等同样对幼儿教师培养具有指导借鉴意义。

一、陶行知论幼儿教师的信念与素养

（一）幼儿教师应具备的教育信念

陶行知认为，幼儿教师是一种专门的职业，是幼稚园儿童的"保护神"和"健康之神"。乡村幼稚教师还是"乡村妇女运动的导师"，一方面"造福村儿"，另一方面"便利农村"，成为改造乡村社会的重要力量。[1]鉴于幼儿教师责任艰巨、使命重大，陶行知强调幼儿教师应具备一定的观念与信仰，应对幼儿、对教育、对社会具有正确的理解与认识。

首先，幼儿教师应树立"教人要从小教起"的基本理念。陶行知认为："人格教育，端赖六岁以前之培养。凡人生之态度、习惯、倾向，皆可在幼稚时代立一适当基础。吾国人漠视幼稚时代之重要性，学校教育，耗费精神，纠正幼稚时代已成之不良态度、习惯、倾向，可谓事倍功半。"[2]幼儿时期是儿童发展的关键时期，其同时决定了幼儿教育的至关重要性，然而我国教育实践并未给予幼儿教育应有的关注与重视，加之传统教育的因循守旧，陶行知因此萌生其幼儿教育思想，并倡导幼儿教师认识幼儿时期的重要性及幼儿发展的基本规律。

其次，幼儿教师应对教育的功能与使命葆有正确态度，坚持教育为终身事业。1918年，初任教职的陶行知在面对师范生演讲时强调：师范生应认识到"教育乃最有效力之事业""教育乃一种快乐之事业""各种教育之职业皆须视为平等""教育为给儿童需要之职业""教育为制造社会需要之职业""教育为师范生终身之事业"。[3]幼儿教师同样应清醒意识到幼儿教育事业于国家、于社会、于幼儿、

---

[1] 易慧清.中国近现代学前教育史[M].长春：东北师范大学出版社，1994：185.
[2] 戴自俺，龚思雪.陶行知幼儿教育的理论与实践[M].成都：四川教育出版社，1987：29.
[3] 董宝良.陶行知教育论著选[M].北京：人民教育出版社，2011：15-19.

于自身之价值与意义，端正对于幼儿教育事业的基本认识，怀有献身幼儿教育事业的精神与勇气。

此外，在乡村教育试验中，在师范教育办学中，陶行知逐渐完善其对幼儿教师角色形象的理解与认识，明确提出幼儿教师的培养目标是：看护的身手、科学的头脑、儿童的伴侣、乡村妇女运动的导师。① 幼儿教师是自身专业成长的责任主体，同样应对自身的发展目标有清晰的理解与认同。

（二）幼儿教师应具有的核心素养

陶行知重视师范教育，强调乡村幼稚教育普及，而其前提基础是大批合格的幼稚园教师，"至少需要教师一百五十五人"。② 如此庞大的幼儿教师队伍，具体应具备怎样的从教条件？陶行知着重将教师的素养提炼为无私奉献、追求真理与开拓创新。

教师从教，其基本精神是无私奉献。奉献精神是师德之基础，也是师魂之核心。正如1926年陶行知为乡村教师的赠词"捧着一颗心来，不带半根草去"，唯有永葆无私奉献的精神，教师才能执着地从事教育事业、勇敢地追求远大目标、忘我地进行劳动创造，才能以爱与生命感化幼儿。陶行知谆谆告诫乡村教师，"要把整个的心献给三万万四千万农民"，要怀赤子之心关注乡村幼儿教育，关心乡村幼儿成长，其晓庄试验乡村师范学校的办学实践正是旨在培养具有无私奉献精神的乡村幼儿教师。

教师治学，其基本精神在追求真理。陶行知认为，教师的责任在于"千教万教，教人求真"，"求真"既是学业上追求真理、传授真知，更是道德上坚守品性、学做真人，对真的追求与坚守贯穿于教师的为人、治学与从教。其中，学做真人最要紧的是要有"富贵不能淫，贫贱不能移，威武不能屈"的精神，这是对教师人格的要求。而教师在当时军阀统治与帝国主义欺压下，应当"驳假话""敢为真理辩护""反对伪知识，反对做假人"。总之，对真的追求不仅是教师的责任所在，也是教师的为人之本。

教师还应当具有不断开拓、勇于创造的精神。陶行知即是一个极具创造力与

---

① 戴自俺，龚思雪.陶行知幼儿教育的理论与实践[M].成都：四川教育出版社，1987：55.
② 董宝良.陶行知教育论著选[M].北京：人民教育出版社，2011：232.

开拓精神的教育家,他很早就明确提出变革旧教育、试验新教育的主张,强调"教育之真理无穷,能发明之则常新",反对"执古人之成规,以解决今之问题",并集中批判了旧教育的"依赖天工""沿袭陈法""率任己意""仪型他国""偶尔尝试"等弊端。① 在此基础上,陶行知提出了教育者应"敢探未发明的新理""敢入未开化的边疆",前者即是创造精神,后者即是开辟精神。② 对致力于创造与开拓的乡村教师而言,陶行知认为其标准应是:有农夫的身手,有科学的头脑,有改造社会的精神。

二、陶行知论幼儿师范教育的建设与改造

(一)广义师范教育的构想与乡村师范教育的实验

陶行知的幼儿师范教育思想是其广义师范教育与乡村师范教育思想的有机构成,为此,有必要对其广义师范教育和乡村师范教育思想进行阐述,以明确其幼儿师范教育思想的角色定位。陶行知早在20世纪20年代就开始用大教育的视角审视师范教育,提出应当符合全部学制需求的广义师范教育理论,其认为"我们应当有广义的师范教育——虽所培养的人以教员为大多数,但目的方法并不以培养教员为限"③。由培养目标的开放性出发,陶行知以晓庄办学为基础,不断充实与发展,以至形成了面向全部学制需求的,以生活教育为核心的,全方位、多层次、多形式、多功能的广义师范教育体系。除师范学校外,与师范学校相辅而行的"艺友制教育",能者为师的"小先生制",即知即传的"传递先生"等,均属于广义师范教育范畴。而广义师范教育的实质在于师范教育必须为大教育的生活教育服务,为各级各类教育培养和训练各种各样的有生活力的教育人才服务。④由此可见,陶行知的师范教育是一种面向全部学制、服务现实生活的开放式教育,而幼儿师范教育同样也不能仅仅局限于培养幼儿教师,而应兼顾培养相关行

---

① 董宝良.陶行知教育论著选[M].北京:人民教育出版社,2011:35-38.
② 董宝良.陶行知教育论著选[M].北京:人民教育出版社,2011:47.
③ 董宝良.陶行知教育论著选[M].北京:人民教育出版社,2011:96.
④ 《陶行知系列研究》江苏课题组.论陶行知师范教育思想[M].南京:江苏教育出版社,1991:61-72.

政、研究及管理人员,强化与幼儿园教育的联系,从而使幼儿师范教育发挥最大功效与价值。

此外,陶行知还密切关注并积极参与乡村教育运动,开展乡村教育试验,并逐步形成其乡村师范教育思想。1922 年,陶行知与蔡元培发起成立中华教育改进社,其"主要使命之一,即在厉行乡村教育政策,为我们三万万四千万农民服务",而中华教育改进社的"乡村教育政策,是要乡村学校做改造乡村生活的中心,乡村教师做改造乡村生活的灵魂"。①为落实乡村教育政策,陶行知发起"师范教育下乡运动",并以晓庄师范为实践基地,进一步丰富完善其乡村师范教育思想。整体而言,陶行知把乡村教育与中国农民的命运、与中国农村和中国社会的改造紧密联系在一起,决心以教育唤起农民的觉醒,开发农民的智力,发展农村的生产,为农村创造幸福,这是陶行知乡村师范教育思想的核心。②试验乡村师范学校、培养乡村教育师资是陶行知乡村师范教育的实践路径,其中,"乡村师范学校是依据乡村实际生活,造就乡村学校教师、校长、辅导员的地方",而"好的乡村教师,第一有农夫的身手,第二有科学的头脑,第三有改造社会的精神"。③陶行知的幼儿师范教育思想同样具有浓厚的乡村教育色彩,本质上是其乡村师范教育思想的有机构成,而陶行知也更多倾向于在乡村教育背景下论述幼儿教师的培养问题。

(二)陶行知生活教育理念下的幼儿师范教育

生活教育是陶行知教育思想的主线与核心,其贯穿于陶行知乡村教育、普及教育、战时教育、全面教育与民主教育等,并深刻影响陶行知的师范教育思想。陶行知的生活教育思想是一个不断发展、完善、改进的过程,而其核心是"生活即教育""社会即学校""教学做合一"。从时间角度看,陶行知的生活教育思想与其乡村教育思想、师范教育思想均主要在 20 世纪 20 年代形成并发展,因此,其三者之间存在密不可分的重叠与交叉关系。陶行知幼儿师范教育思想事实上同时受到来自乡村教育和生活教育的双重影响,前者侧重于空间与目标,后者则聚焦

---

① 董宝良.陶行知教育论著选[M].北京:人民教育出版社,2011:187.
② 《陶行知系列研究》江苏课题组.论陶行知师范教育思想[M].南京:江苏教育出版社,1991:74.
③ 董宝良.陶行知教育论著选[M].北京:人民教育出版社,2011:190-191.

于课程与教学。

"教什么？怎样教？教谁？谁教等师范学校基本问题"是幼儿师范教育需要面对的首要问题。陶行知对课程的理解是，"试验乡村师范的全部课程就是生活，我们没有课外的生活也没有生活外的课"，其体现的是一种生活课程观。生活课程观是强调由实际生活出发选择课程内容、组织课程实施，即"要什么，学什么；学什么，教什么；教什么，就拿什么来训练教师"。① 由生活课程观出发，陶行知为试验乡村师范学校幼稚师范院设计的课程包括：中心蒙养园活动教学做、中心幼稚园活动教学做、中心小学幼稚园活动教学做、分任院务教学做、儿童文学教学做、园艺教学做、自然科学教学做、美术教学做、音乐教学做、家庭教学做、医药卫生教学做、乡村妇女运动教学做等12项。② 集中归纳为中心幼儿园活动、分任院务活动、征服天然环境活动和改造社会环境活动四大类。陶行知的幼儿师范教育课程以实际生活为起点、路径与归宿，强调课程设置基于幼稚园的工作需要，紧密联系生产劳动、日常生活与社会活动。③

从生活教育理论出发，陶行知强调必须坚持"教学做合一"的教学方法，并将其贯彻于幼儿师范教育体系中。对于"教学做合一"，陶行知在不同的背景与场域中均有论述，但就师范教育建设而言，陶行知认为"教的法子要根据学的法子，学的法子要根据做的法子。教法、学法、做法是应当合一的"④。在论及乡村师范学校时，陶行知明确提出"教学做合一"方法，并界定其为"事怎样做就怎样学，怎样学就怎样教""教学做有一个共同的中心，这个中心就是'事'，就是实际生活；教学做都要在'必有事焉'上用功"。⑤ 聚焦到幼儿师范教育中，陶行知以晓庄试验乡村师范学校幼稚师范院为实践基地，充分采用其"教学做合一"的教学方法，乃至创造性地提出"艺友制"的方法，有效提升了师范教育的效果，切实培养了一批优秀的幼儿教育工作者。

陶行知不仅关注幼儿师范学校的课程与教学，更倡导"各省开办试验幼稚师

---

① 董宝良.陶行知教育论著选[M].北京：人民教育出版社，2011：181.
② 戴自俺，龚思雪.陶行知幼儿教育的理论与实践[M].成都：四川教育出版社，1987：55.
③ 粟高燕.中国百年幼儿师范教育发展史研究（1904—2004）[M].天津：天津古籍出版社，2014：143、144.
④ 董宝良.陶行知教育论著选[M].北京：人民教育出版社，2011：180.
⑤ 董宝良.陶行知教育论著选[M].北京：人民教育出版社，2011：192.

范"，着力从顶层设计上扩大幼儿师范学校规模、完善幼儿师范教育体系，同时强调通过幼稚师范改造以培养新幼稚园的师资。1928年，陶行知参加全国教育会议，与陈鹤琴联合提案《注重幼稚教育案》，主张"各省开办试验幼稚师范"，具体表述为"全国若能令各县区创办幼稚师范，实为最善之事。然而国家财力有限，一时恐难完全办到，所以不如每省创办试验幼稚师范一所。一方面培植幼稚园师资，又一方面可以供给全省幼稚园各种材料与方法，使全省幼稚教育改进"。[1] 与此同时，陶行知创办晓庄试验乡村师范学校，积极参与幼儿教育师资培养，探索幼儿师范教育改革的路径与策略。

（三）晓庄试验乡村师范学校的探索

乡村教育是陶行知师范教育与幼儿教育思想的基础，也是其生活教育理论的实践场域。陶行知批判中国传统的师范学校多设在城里、服务于少数的弊端，大力倡导"师范教育乡村运动"，倡导"创设乡村幼稚园"，普及乡村幼儿教育。为此，陶行知身体力行，于1927年3月15日正式创办试验乡村师范学校，该校原名"试验乡村师范学校"，后来除设小学师范院之外，还陆续增设幼稚师范院、中心幼儿园等，并于1928年2月改成"晓庄学校"。晓庄的创办"头上顶着青天，脚下踏着大地，东南西北是他的围墙，大千世界是他的课堂，万物变化是他的教科书"，展现出一副铮铮铁骨与傲气。

幼稚师范院为晓庄试验乡村师范学校第二院，聘陈鹤琴为院长、张宗麟为指导员，主要承担乡村幼稚园教师的培养工作。陶行知认为幼稚师范院最显著的特点在于：可以培养许多幼稚教师，适合乡村间需要幼稚园的渴望；可以为乡村间受教育的女子们开一条新的职业之门；倘若乡村教师的夫人或未婚妻能受此种教育，将来夫妻同在一乡从事教育，可以有五点好处。[2] 与此同时，陶行知明确提出幼稚师范院的办院宗旨在根据中心学校办法，造就乡村幼稚园及幼稚师范学校教师。俾能与乡村儿童妇女共甘苦，以谋乡村儿童妇女幸福之增进。[3] 幼稚师范院主要招收高级小学修业完毕、新制初级中学修业完毕、大学二年修业完毕学

---

[1] 董宝良.陶行知教育论著选[M].北京：人民教育出版社，2011：54.
[2] 董宝良.陶行知教育论著选[M].北京：人民教育出版社，2011：213.
[3] 戴自俺，龚思雪.陶行知幼儿教育的理论与实践[M].成都：四川教育出版社，1987：55.

生，以及在职具有相当程度者，其入学考试包括"园艺操作两小时、做儿童点心一件、智慧测验、常识测验、作国语文一篇、说儿童故事一则"。幼稚师范院虽主要聚焦幼儿园及幼儿师范学校教师的培养，但同样具有浓厚的晓庄色彩，强调动手实践、服务乡村需要，是陶行知乡村幼儿师范教育思想的集中体现与充分实践。

1929年上半年，陶行知将晓庄学校扩大为五个学院，同时应戴自俺、孙铭勋"把各幼稚园结合成一个独立的学院"提案，增设蟠桃学院，即幼稚师范学院，院长为张宗麟先生，总指导为陈鹤琴、徐世璧，指导为王荆璞。蟠桃学院的建立一是为培养更高一级的幼教人才，二是为加强幼儿教育科学研究实验工作。在此背景下，蟠桃学院的第一步工作便是自发成立"晓庄幼稚教育研究会"，以"联合校内外幼稚教育同志从事研究工作"为宗旨，陆续开展课程教法的研究与试验。[1]1930年4月，伴随晓庄被查封，陶行知被通缉，其乡村师范教育试验也戛然而止、归于沉寂，但陶行知于晓庄乡村试验师范学校的探索仍然值得重新发现。

三、陶行知艺友制师范教育的理念与实践

（一）艺友制师范教育的缘起与内涵

艺友制是陶行知师范教育思想中极具原创性的发明，是生活教育理论和"教学做合一"理念在教师培养中的集中体现。陶行知不仅系统论述了艺友制的内涵、缘起与方法，且依托晓庄试验乡村师范学校及燕子矶幼稚园等进行了充分实践，培养了一批优秀的幼稚园教师，产生了广泛的社会影响。

对"艺友制是什么"的疑问，陶行知的回答是："艺是艺术，也可作手艺解。友是朋友。凡用朋友之道教人学做艺术或手艺，便是艺友制。"就教师培养而言，教师的生活既是艺术生活，也是一种手艺，学做教师主要经由"从师"与"访友"而来，相比从师而言，与朋友切磋操练，更显悠然自在，也格外有效果。因此，要做好教师，最好是和好教师做朋友，而"凡用朋友之道教人学做教师，便

---

[1] 戴自俺，龚思雪.陶行知幼儿教育的理论与实践[M].成都：四川教育出版社，1987：219.

是艺友制师范教育"。①陶行知对艺友制内涵的界定与阐释集中彰显了其"教学做合一"的教育理念,是其实践教师培养工作的重要途径与方式。

艺友制师范教育的提出有其特定的时代背景,其既是缓解幼儿教育师资匮乏困境的应急之策,也是克服师范教育理论与实践脱节弊端的创新之举。具体而言,陶行知在推行平民教育与乡村教育实践中,深感乡村与工厂是幼儿教育普及的新大陆,而幼儿教育的普及又亟须大量的幼教师资,艺友制正是一种便捷而有效的师资培养方式,可解幼教师资短缺的燃眉之急。此外,陶行知认为,现行师范教育将学理与实习一分为二,简直是大书呆子教小书呆子,致使多数受过系统师范训练的教师,既不会教书也办不成可令人佩服的学校。相反,鉴于各行各业普遍采用艺徒制培养学徒,且收效尚可,故借鉴艺徒制的优点,并进行创造性改造,实践于师范教育,取名艺友制。

同时,陶行知强调艺友制绝不是要替代正规的师范教育,而是要和师范学校相辅而行,是传统幼儿师范学校教育的有效补充。师范教育既不会简单废除,又需要进行必要的改造,其中就包括在师范教育中进行艺友制的试验。陶行知在进行理论构建的基础上,联合晓庄试验乡村师范学校、南京市立实验小学、南京鼓楼幼稚园、南京燕子矶小学、南京尧化门小学和燕子矶幼稚园六校开展艺友制试验,得到陈鹤琴等人的大力支持。

(二)艺友制师范教育的实践与特点

艺友制师范教育是对传统艺徒制的改造,也是对传统师范教育的补充与改造。就艺友制师范教育而言,"教学做合一"是其根本方法,即"事怎样做便怎样学,怎样学便怎样教。教的法子根据学的法子,学的法子根据做的法子。先行先知的在做上教,后行后知的在做上学。大家共教共学共做,才是真正的艺友制,惟独艺友制才是彻底的教学做合一"②。艺友制师范教育在乡村幼儿教师培养中发挥了切实功效,其"教学做合一"的具体实践过程大致划分三个阶段:第一阶段为参观;第二阶段为参与;第三阶段为实习。经由三个阶段的磨砺,徒弟便能逐渐成长为合格的幼儿园教师。

---

① 董宝良.陶行知教育论著选[M].北京:人民教育出版社,2011:223.
② 董宝良.陶行知教育论著选[M].北京:人民教育出版社,2011:224.

艺友制师范教育具有四个基本特点：采取师徒制的实用精神，重视现场实习，强调发展实践智慧，把理论与实践有机结合。① 艺友制突出体现了陶行知对"做"的强调与重视，是陶行知批判旧教育与死教育的必然实践结果。从"先理论后实习的一分为二"到"理论与实习的合二为一"，艺友制通过对实践现场的充分运用，有效提升了师范生适应教师岗位的工作能力，确保了艺友制师范教育模式的有效性。

艺友制师范教育在晓庄各幼儿园广泛普及，且行之有效，培养出了一批优秀的乡村幼儿教师。影响所及，如当年福建集美幼稚师范、广西南宁国民基础教育研究院的幼稚师范特科（主持者为孙铭勋），以及后来在北平香山慈幼院幼稚师范所办的平民幼儿园及在西邻罗道庄、核桃园所办的幼儿园等（主持者为张雪门、戴自俺）都用过这种办法。② 此外，陈鹤琴、张雪门、张宗麟、戴自俺等人均不仅亲身参与艺友制师范教育，且均就艺友制师范教育进行过论述，表达其对艺友制的充分肯定与支持。如陈鹤琴认为："凡学校有一艺之长的教师，便可招收艺友，大家共教共学共做，打破从前纸上空谈，大书呆子教小书呆子的陋习。""当今的师范教育，似乎适宜不过实行这个制度了。教育者何不大家起来把这个制度切实地研究一下呢。"③ 当下，虽然幼儿教育师资短缺问题已得到有效缓解，但艺友制师范教育内含的"教学做合一"思想仍具有鲜活的现实意义，也充分彰显出陶行知蓬勃的创造力。

第三节　张雪门的学前教师观

张雪门（1891—1973），我国现代著名幼儿教育家，20世纪30年代与"中国幼教之父"陈鹤琴并称"南陈北张"。自1918年创办星荫幼稚园起，张雪门潜心幼儿教育半个多世纪，于幼稚教育理论、幼稚园课程、幼稚园教材教法、幼稚师范教育等诸多领域成就卓著，为中国幼儿教育事业作出重大贡献。

张雪门非常重视幼教师资培养，长期坚持幼儿师范教育办学，曾陆续创办并

---

① 粟高燕.中国百年幼儿师范教育发展史研究（1904—2004）[M].天津：天津古籍出版社，2014：146.
② 戴自俺，龚思雪.陶行知幼儿教育的理论与实践[M].成都：四川教育出版社，1987：688.
③ 陈秀云，陈一飞.陈鹤琴全集（第五卷）[M].南京：江苏凤凰教育出版社，2018：27.

主持星荫幼稚师范（1920）、孔德幼稚师范（1928）、北平幼稚师范（1930）、北平香山慈幼院桂林分院广西幼稚师范（1937）、台北育幼院（1946）等，并多次受邀赴北平民国大学、中国大学教育系、天津女子师范学院、西北师范学院、上海医学院、台北女子师范学校、台南幼稚师范等讲授幼儿教育及保育相关课程。正是在幼儿师范教育办学讲学中，张雪门逐渐形成其对幼儿教师角色与职责、人格与学识的理解，形成其完整的幼儿师范教育思想体系。

一、张雪门论幼儿教师的角色与职责

（一）教师对儿童的学习指导与需要唤起

张雪门认为："教师，是受家庭和社会的托付，对儿童的学习负有完全的责任。教师在课程中，与其说是教授儿童，还不如说是指导儿童。"[①] "指导儿童学习"是张雪门对幼儿教师角色的理解，也是幼儿教师在课程中所处的位置。教师对儿童的学习指导并非先天必要，而是由于以往儿童直接经验的获得与自然成长的节奏难以适应社会急速发展的需要，儿童的学习才产生了"较切实、较连贯、较专业"的指导需要。同时，家庭已不能负担满足这种需要的责任，专业的教师便应运而生。因此，教师的责任源于家庭与社会的托付，其核心是对儿童学习的指导。

张雪门强调教师对儿童的学习指导不单是一种知识的传授，更在于唤起儿童需要知识的觉悟，使之产生学习需要的内在动机与倾向。具体而言，教师应尊重儿童学习的独立自主性，"能够利用儿童对于活动的自然倾向，使之和几种境遇相接触，因而唤起需要知识的觉悟"。由此可见，张雪门对教师职责的理解与阐释是建立在"儿童本位"的基础上，建立在对儿童发展内生潜力的尊重、挖掘与唤醒上，其已根本区别于传统的教师主导观。

此外，张雪门认为教师职业的对象性质也决定了其本身是一种高深而重要的职业。具体而言，"教师选业的对象是儿童；儿童是活动的，是正在生长的，是时时变化的""因其常要变动，便须有高深的基本学识和随机应变的自动力与创造

[①] 戴自俺.张雪门幼儿教育文集（上卷）[M].北京：北京少年儿童出版社，2009：378.

力""所以教师不但须能支配日常的琐屑,尤须有控制变化的能力,实比任何的职业高深而重要"。① 同时,张雪门特别指出作为教师工作对象的儿童,不是少数人,而是"最大多数民众""劳苦的大众",教育也不是"维持少数人的光荣",而是担负"改造民族建设社会"的使命。"教养大众的儿童"是张雪门对教师职责的理解从服务儿童到兼顾社会的集中体现,也使张雪门的教师观更具民主与社会的属性。

(二)幼儿教师当是民族改造的先锋

张雪门的幼儿教育思想曾经历了一次明显的转型,并由此带动其幼儿教师观的转变。以"九一八事变"引发的日本系列侵华事件为节点,于此前,张雪门主张教育应当"以儿童为本位",而后,张雪门深感"抛弃了社会而空谈儿童的心身"与"抛开了儿童专注意将来的社会"一样,其结果都存在毁坏儿童现实生活的危险。于是,张雪门顺应时代需要逐渐从"儿童本位"走向"兼顾儿童与社会",其指出:"幼稚教育的对象是儿童,目的却是根据于社会,作用于社会,促进社会的建设与发展。"

从关注儿童到关注社会,张雪门对教师职业的理解也突破了单纯指导儿童、服务儿童的局限,旗帜鲜明地倡导"今后的教师当是民族改造的先锋"。为适应现实国情和时代的需要,张雪门重新编写了《新幼稚教育》和《幼稚教育新论》等书,其突出特点即在于将幼稚教育放置于现实国情之中和时代变革之下予以重新审视。在对当时的幼稚教育派别进行介绍时,张雪门有意识区分了"儿童本位的幼稚教育"和"以改造中华民族为目标的幼稚教育",并强调后者是中国自己的创造,呼吁教育者要关注现实中国的社会及中华民族的改造。

"幼稚教育是改造民族的根基,是建设社会的事业,负担这一重任的教师,决不是具备了慈母的心肠、肯尽奶妈的责任,并能应用科学的教育技术者,便以为可尽其能事。"② 对于担负着民族改造重任的教师,张雪门认为其首先要对"社会、儿童、教育、职业和本身"五者具有清晰的认识,其次要做好改造教育的准备工作,勇于担负起"教养儿童"和"培养同志"的责任,最后要形成严密的组

---

① 戴自俺. 张雪门幼儿教育文集(上卷)[M]. 北京:北京少年儿童出版社,2009:379-380.
② 戴自俺. 张雪门幼儿教育文集(上卷)[M]. 北京:北京少年儿童出版社,2009:502.

织，并积极参与到其他组织中去，使自己成为"通文化与民众之间的一条大路"，使学校成为"当地文化的重心"和"社会建设的灯塔"。总而言之，张雪门并未停留在空谈幼儿教师民族改造的使命，而是切切实实为幼儿教师精神成长与使命担当画出了一条清晰的路径，从而使幼儿教师作为民族改造的先锋更具有现实可能性。

（三）幼儿教师形象的现实批判与理性重构

鉴于幼儿教师职业的高深与重要，张雪门系统调查了一般幼稚园的教师，并集中对两类幼儿教师形象进行了合理批判，继而提出合格幼儿教师的标准。具体而言，张雪门主要批判了"消极敷衍"和"功利成见"两类教师，前者只是将教师职业作为维持日常生活的工具，将教育作为贯彻生活时过渡的手段，其"没有一天不和教育分离，教育是教育，生活是生活，表面上似乎在教育，内心里正在想种种教育以外的事情"，这类教师难免会敷衍塞责、心不在焉，并倾向于采用"限制教育"或者"放纵教育"两种极端且不合理的教育方式。后者源于传袭所得，或拘于现时要求，对教育存在极深的成见，只想在最短的时期，得到儿童最好的成绩。他们"只感到了外表的美观，忽略了经验的重要。他们的耳朵充满了社会的誉词；他们的眼睛迷住了学生的成绩；可是他们的内心不会体验到幼儿自己的心身和教育上真正的原理"。[①] 这类教师倾向于采用"强迫的教育""生吞活剥""扭住牛头饮水"，虽用心良苦，但于幼儿实际生活却没有丝毫经验的进步。

张雪门痛心于一般幼稚园教师的得过且过与急功近利，进而勾勒了一种理想的幼儿教师形象。他提出："教育的本身，原是一种生命！担任幼稚园教师，就是负担这一生命去生长的细胞体……这一类教师，把幼稚教育当做了自己的生命。儿童是他生长的细胞，进步退步无一时一刻不和他痛痒相关。"[②] 由此足以见张雪门对幼儿教育殷切的生命关怀，对幼儿教师深厚的人文关切。这类"真能适应幼稚园教师的职业者"，致力于把学问应用于实践中，随时随地研究，随时随地反省，既不自拘于经验，也不抛弃经验，而是将固有经验投注教育实践中，从而最终实现学识的精进、修养的提升，乃至生命的奋进不止。

---

① 戴自俺.张雪门幼儿教育文集（上卷）[M].北京：北京少年儿童出版社，2009：381.
② 戴自俺.张雪门幼儿教育文集（上卷）[M].北京：北京少年儿童出版社，2009：381.

二、张雪门论幼儿教师的人格与学识

（一）人格是幼儿教师第一个重要条件

教师是幼儿学习的指导者，是民族改造的先锋。张雪门认为堪担此重任的教师，首先且重要的就是教师自身的人格。人格的伟大，对于学生的影响有不可思议的吸引力和感化力，而伟大人格的形成，多出于后天陶冶而非先天遗传。此外，张雪门对幼儿教师人格的关注是一以贯之的，即使在其晚年赴台办学讲学时期，张雪门仍坚持强调人格对教师的重要价值，提出："'人'的教育不只限于教学上有限的知识技能，而是多方面人格的陶冶和感召。所以一个好的教师，除了精湛的学识，还必须加上高尚、坚贞而优美的人格修养。"①

为进一步阐述教师人格的价值与养成，张雪门将人格划分成"生物的、精神的、社交的"三类。其中，生物性质上，人格主要涉及身体与气质，生理的发达、容貌的整洁，都无形中对儿童产生感化功用，而教师在生理与外貌上则需要积极作为，在气质上则需要扬长补短。精神性质上，教师应当具有思考的能力和对思考的兴趣，具有求知的嗜好、负责的热心、应变的毅力，以及丰富的同情、真挚的爱等，这些都是教师人格的精神构成，也是教师可凭借自身意志而达成的。社交性质上，教育本质上是一种合作生活，而教师则同时处于"对学生"和"对同事"两种社交关系中，为了增进教师感化他人力量、提升吸引他人协作起见，教师还应具备"好意、诚实、公平、威仪和对于教育上理想目的的信仰"等社交人格。②

正所谓"经师易得，人师难求"，对于教师人格的养成，张雪门提出了"立志、省察、力行、选择环境"四条路径。"立志"是人格养成的首要重心点，"人之于志"正如"舟之于舵"，立定志向者能把不能的做到能、把不会的做到会，亦能抗拒尘世一切诱惑压迫，随遇随破。"省察"是教师养成伟大人格的必要步骤，省察不是悬空思考，而是在每日处事接待上下功夫，事事警惕，事事克制，人格方能日进。相对省察而言，"力行"是一种更为积极主动的人格养成功夫，是指教师在工作时抱定的执着理想、怀有的无限热情和勇往直前的气概。如果说

---

① 戴自俺.张雪门幼儿教育文集（下卷）[M].北京：北京少年儿童出版社，2009：350.
② 戴自俺.张雪门幼儿教育文集（上卷）[M].北京：北京少年儿童出版社，2009：382-383.

立志、省察与力行都出自于教师自身的努力，那么"选择环境"则更多在于发挥外在环境的价值。张雪门认为，环境是教师人格形成的重要因素，而环境不单指某个特定的地点，而更多是指朋友、书籍与职务等。因此，幼儿教师应当慎重择友、广泛阅读、忠于本职，以真正实现其个体人格的逐步养成与不断提升。

（二）幼儿教师须具备健全的学识

幼儿教师不仅需要具有伟大的人格，也需要具备健全的学识。健全的学识使幼儿教师能更好地胜任幼儿园教育的工作。同时，学识的修养与提升不仅限于学校所得，更应追求与时俱进，正是幼儿教师因实践疑问、因指导困难，进而自发主动地求学、进修与听讲，也正是在实践探索中、在疑问解决中、在指导改进中，幼儿教师的学识得以不断健全与提升。就幼儿教师的教育实践而言，首要的是教材和使用教材及教具的技能，教材量宜求多、质宜求精，幼儿教师要善于搜集新教材、选定好教材。其次是教育方法，幼儿教师既要意识到学习方法，又要适应儿童，真正提升实践教学的效果。最后，张雪门认为幼儿教师的实践不仅限于教学，尤当注意观察和测验，以观察提出疑问、推进研究，以测验考查实践、改善教学。[①] 总之，张雪门虽然没有对幼儿教师应具备的学识进行结构性阐述，但逻辑清晰地层层解构了幼儿教师学识修养的相关议题，具有操作性与指导性。

张雪门认为幼儿教师学识的精进、修养的提升主要可通过"参观、读书会、社会组织与参与"三条路径实现。"参观"须明确参观对象、作好前期准备、谨记参观目的、科学有序进行。"读书会"同样是幼儿教师获得丰富学识的必要途径，幼儿教师可联合校内同仁或校外同志组织读书会，既锻炼旨趣，又交换知识，通过记录、报告、指导等多种方式实现学识提升。此外，为改造社会起见，幼儿教师还须进入社会组织，积极参加各类社会改造工作，真正成为社会的推动力量。[②] 张雪门对幼儿教师的内涵理解是系统而全面的，幼儿教师除了其以"伟大的人格"和"健全的学识"指导、帮助幼儿之外，还要联络家长，向家长普及教育知识与技能。此外如果在乡村，幼儿教师还要参加乡村建设工作，同时加入教育职工会，接受团体组织的训练。张雪门不仅是如此理解幼儿教师，更是身体

---

① 戴自俺. 张雪门幼儿教育文集（上卷）[M]. 北京：北京少年儿童出版社，2009：385-387.
② 戴自俺. 张雪门幼儿教育文集（上卷）[M]. 北京：北京少年儿童出版社，2009：255-257.

力行幼儿教师培养工作，从1920年创办星荫幼稚师范，到1928年主持孔德幼稚师范，再到1930年创办北平幼稚师范、1937年创办北平香山慈幼院桂林分院广西幼稚师范、1946年主持台北育幼院，正是在幼儿师范教育办学中，张雪门逐渐形成其对幼儿教师人格与学识的理解，形成其完整的幼儿师范教育观。

三、张雪门论幼儿师范教育的课程与教学

张雪门的幼稚师范教育课程思想是以民族改造为目标、以行动为中心，建基于其丰富的幼稚师范教育实践。[①] 伴随时代及社会变化，张雪门的幼稚师范教育课程思想也有所差异，而其差异正体现了张雪门幼稚师范教育思想的演进与发展。

（一）从孔德幼稚师范到北平幼稚师范的课程探索（1920—1937）

张雪门幼儿师范教育课程思想初始于星荫幼稚师范，萌芽于孔德幼稚师范，成型于北平幼稚师范。星荫幼稚师范是张雪门与六位教育界同仁于1920年共创的一所两年制幼稚师范，其与张雪门任园长的星荫幼稚园彼此配合，虽现存史料有限，但它是张雪门幼稚师范教育生涯的开端。1928年，孔德学校初设幼稚师范，聘任张雪门主持办理，在此期间，张雪门形成"骑马者应从马背上学"的思考，并采取半日授课半日实习、授课与实习并重的教学方式。[②] 为更好地开展实习教学，张雪门除在孔德幼稚师范附设幼稚园外，还借用一个蒙养园和一个幼稚园作为实习场所。孔德幼稚师范的课程除实习之外，主要还包括儿童学、教育心理学、家庭教育、儿童文学、工艺美术、幼稚园唱游、幼稚园概论、幼稚园课程编制及教材教法等。

1930年，张雪门在北平香山慈幼院院长熊希龄的支持下，于香山见心斋创办北平幼稚师范，并担任校长职务，由此开启其系统化的幼稚师范教育实验。北平幼稚师范的创办坚持既"不仿美"，也"不仿日"，旨在探索出一条适合中国国情、注重儿童生活的幼稚师范道路。1931年，"九一八事变"的爆发使张雪门深

---

① 王仁梅.一代幼教宗师张雪门[M].太原：山西人民出版社，2018：198.
② 戴自俺.张雪门幼儿教育文集（下卷）[M].北京：北京少年儿童出版社，2009：126.

刻体会到"以改造中华民族为目的的幼稚教育"之必要性与迫切性，并继而坚定了张雪门探索"适合中国国情、改造中华民族"的幼稚师范教育步伐。同时，张雪门坚持幼稚教育为平民的思想，主张北平幼稚师范必须办成"造就平民的幼稚师资的地方"，而所有入校学子必须是"愿替全民幼稚教育作终身事业的人"。①

北平幼稚师范坚持生活即教育的原则，注重使学校培养的幼儿教师能兼顾儿童与社会，其具体课程由文化课程与专业实习两部分构成。文化课程主要采取"半道尔顿制"，并同时拟订师范生两年实习计划。张雪门将师范生学习时间划分为三阶段，并对每阶段开设课程及学时进行了详细安排。第一阶段为第一学年，共开课11门，如人生哲学、国文、英语、家政学、儿童学、儿童文学、儿童游戏、手工、社会、自然、音乐等，每周共计30学时，其中幼稚园实习3学时。第二阶段为第二学年，同样开课11门，如党义、国文、英语、教育史、教育心理、儿童卫生、幼稚园教育概论、幼稚园组织法、幼稚园课程、手工、音乐等，每周42学时，其中幼稚园实习15学时。第三阶段为第三学年，开课8门，如英语、教育学、心理学、幼儿保育法、幼稚园与小学低年级课程、小学教材研究、小学教学法、音乐等，每周36学时，其中实习18学时。各阶段学年课程均有具体标准，其中第一阶段课程相当于幼师速成科水平，第二阶段课程可达到幼稚师范科水平，完成第一阶段课程学习者可担任幼稚园助理教师，完成第二阶段学习者可担任幼稚园教师或主任，完成第三阶段学习者可兼任小学低年级或婴儿园教师和主任。张雪门实验的北平幼稚师范教育课程既凸显了课程本身的系统完整性，又兼顾了课程学习的层次递进性，能有效适应社会对幼稚教育师资的迫切需要，并能切实确保幼稚师范生学习的实际效果。

（二）服务于抗战需要的幼稚师范教育课程改造（1937—1945）

1937年，抗日战争全面爆发，张雪门被迫将北平幼稚师范迁至桂林，创办北平香山慈幼院桂林分院广西幼稚师范，亲任校长。抗战时期，张雪门以广西幼师为主阵地，高举爱国主义旗帜，为广西培养了一批新型幼儿教育师资。广西幼师前后共开办6班，为广西全区99县市每个县市培养幼教骨干1—3名。于此期

---

① 余子峡.北平幼稚师范教育实验的历史回顾与评价［J］.河北师范大学学报（教育科学版），2000（04）：47-56.

间，张雪门以服务抗战需要为宗旨进行了幼稚师范教育的课程改造与实验。初到广西，因经济困难、民生疾苦，教育部规定的三年制和两年制幼稚师范教育只能变更为"肄业一年"。此外，张雪门基于教育部颁、全国性质的课程，初拟了广西幼稚师范的课程。

张雪门为广西幼稚师范一年制师范生拟定的课程主要包括：政治教育、国语文、教育概论、教育心理学、儿童学、儿童卫生、幼稚园行政、幼稚园教材及教学法、幼稚园设备、音乐、幼稚园实习，共计11科。其中"政治教育"科是为顺应广西"自卫""自治""自给"的"三自政策"而新增设立。张雪门同时详细规定了各科预期达到的标准及其具体内容。以"儿童学"为例，其科目预期标准在于使幼稚师范生"明白儿童学发展的历史与各种科学的关系，儿童学之研究及儿童身心发展之大要"。[①] 张雪门格外强调："各科内容都是以行动为重心。因为以行动为重心，所以在行动中所遇到的困难，才是真正的问题；在行动中所得的经验，才是真实的知识；在行动中所克服的困难而获得了成功，才是真正的驾驭环境的力量。又因重视行动，自然是事应怎样做便得怎样学，怎样学便得怎样教"。[②] "以行动为中心"正是张雪门抗战时期幼稚师范教育实践的核心。相比之下，教材则只是行动的补充或参考，甚至仅是整理行动经验的工具。

1939年9月，广西幼稚师范迁至丹洲后开始第三次招生，因时局缓和，修业年限改为两年。张雪门认为新增的一年仅可作进师范的准备，因此，师范教育课程仍需改变，特别是第一年课程，必须从头另订。对于第一年的课程，张雪门拟定了教学原则与各科科目及标准。其中教学原则仍坚持以行动为中心，而新增科目主要为公民、国文、数学、近百年史、生物和社会工作六项。此外，为服务抗战需要、唤起抗战意识，张雪门主张幼稚师范教育不仅要注意学生能够接受，还要鼓舞他们能够"有所给"，即以"戏剧演出""图片宣传""茶水慰劳"等方式激发抗战意识、支持抗战需要。[③] 张雪门在抗战时期的幼儿师范教育课程思想有其深刻的时代背景与鲜明的时代特征，其以行动为中心、以服务抗战为基础、以民族改造为目标，既压缩了不少课程，又新增了政治教育、公民、近百年史与社会

---

① 戴自俺.张雪门幼儿教育文集（下卷）[M].北京：北京少年儿童出版社，2009：146-148.
② 戴自俺.张雪门幼儿教育文集（下卷）[M].北京：北京少年儿童出版社，2009：148.
③ 戴自俺.张雪门幼儿教育文集（下卷）[M].北京：北京少年儿童出版社，2009：150-152.

工作等内容。

（三）张雪门赴台后期的幼稚师范教育课程实践（1946—1973）

1946年7月，张雪门在北平幼稚师范学校复校无望的失落中接受我国台湾省行政长官公署邀请，赴台创设儿童保育院，后改制为台湾育幼院，从此在台湾开始其后半生的幼教实践。张雪门在台湾时期的幼儿师范教育思想与实践同之前的大陆时期相比要逊色一些，这与张雪门的年龄、身体健康状况有重要关系。但是，在这一时期，张雪门的幼儿师范教育课程思想仍然具有强调行动和根据社会状况灵活设计的特点。[①] 同时，张雪门积极开展幼儿师范讲学、著述等工作，其对肃清日本奴化思想、构建台湾本土化幼儿师范教育体系发挥了关键作用。

1950年，受台北女子师范幼稚师范科邀请，张雪门为三年级学生讲授教育概论、幼稚园教材教法、幼稚园行政、儿童保育和实习五种课程。其间，张雪门尝试将学生分为两组：一组至育幼院实习，一组留校授课。一学期后，彼此对换，即实习改授课，授课改实习。且实习主要依托台湾育幼院的全托及幼稚园。张雪门在实习中完成学生参观、参与、支配三个阶段，并在其余时间指导学生教育概论等课。[②] 此种分组学习、彼此对换的方式既满足了师范生的实习需要，又缓解了育幼院的师资短缺状况，是张雪门基于现实需要进行的灵活变通。

1953年，为加强专业知识与专业技术的联系，台南师范学校幼稚师范科设实验幼稚班，聘张雪门为顾问，指导行为课程。张雪门对幼稚师范生行为课程实验作如下设计：第一周到第八周，每周拟定课程，含一个设计和逐日指导方法要点，供师范生指导幼稚生用。第九周起，设计仍旧，但改逐日指导方法要点为活动指导方法要点，简化指导内容，以提升师范生自主学习能力。第十一周起，师范生自主设计课程，教师仅在必要时给予适宜指导。[③] 从全面指导到逐步放手，张雪门于台南幼师的课程实验同样兼具科学性与灵活性。

此外，张雪门还在育幼院开展了"导生制"的课程实验，担任了空军幼儿团顾问与讲师，办理了保育员训练班，创办了"幼教之友"专栏和《幼教辅导月

---

① 贾艳红．张雪门幼儿师范教育思想研究［D］．徐州：徐州师范大学，2011：30．
② 戴自俺．张雪门幼儿教育文集（下卷）［M］．北京：北京少年儿童出版社，2009：192-193．
③ 戴自俺．张雪门幼儿教育文集（下卷）［M］．北京：北京少年儿童出版社，2009：204-205．

刊》，撰写了"设立幼稚师范实验区"提案，著述《幼稚教育论丛》《实习三年》《幼稚教育五十年》等，于寓所石室多次与幼儿教师对话，丰富的幼儿师范教育实践充实了张雪门在台湾的光阴岁月。

（四）张雪门"有系统组织的实习"教育思想

实习是张雪门幼儿师范教育思想中极具特色，也备受关注的议题之一。在长期幼儿师范教育办学实践中，张雪门始终强调教育实习的价值与意义，坚持将实习贯穿于幼儿教师学习全过程，并将实习广泛涵盖幼儿园教育各方面。1928年，张雪门在担任孔德幼稚师范学校校长时，便尝试采取半日授课半日实习的教学方式，并致力于积极拓展实习场所，不断完善实习内容。1930年，张雪门创办北平幼稚师范时，将专业实习与文化课程并列为幼稚师范两大课程构成，拟定师范生两年实习计划，具体包括参观、参与、支配、辅导，初步形成其系统化、科学化的教育实习思想。抗战时期，张雪门同样将幼稚园实习作为幼稚师范课程，拟定幼稚园实习标准及内容，将幼稚园实习贯穿幼稚师范教育全过程。

1961年8月，张雪门出版专著《实习三年》，明确提出"有系统组织的实习"教育思想，详细论述了实习的意义、原理、阶段、内容及指导等各方面。张雪门认为，实习的意义在于促进师范生与儿童和社会的联络、注意并解决实际问题、获得真实知识与形成职业道德。[①]张雪门批判了"教科书包办实习"和"无准备无计划"两种病态实习，提出实习的原理在于坚持生活教育，在于"教学做合一"。由此，张雪门正式提出"有系统组织的实习"，其需要有步骤、有范围、有相当的时间、有适合的导师与方法。大体而言，实习可划分为四个阶段：第一是参观，时间为一学期；第二是见习，时间也是一学期；第三是试教，时间为二年级一学年；第四是辅导，时间为三年级一学年。[②]实习四阶段包含内容及指导有所不同，张雪门分别从准备、具体内容、实习方法及讨论报告等方面进行了详尽阐述。张雪门的师范生实习教育思想及至当下，仍然具有鲜活的时代意义，其启示我们教育实习应当贯穿幼儿教师职前培养全过程，教育实习应当是经过系统组织和周密计划的，教育实习的范围和内容应当是既广泛又深入的，教育实习应当

---

① 王仁梅.一代幼教宗师张雪门[M].太原：山西人民出版社，2018：212-214.
② 戴自俺.张雪门幼儿教育文集（中卷）[M].北京：北京少年儿童出版社，2009：397-400.

通过为社会服务增强师范生的社会责任感和主观能动性，教育实习应当重视师范生职业态度、职业情感、职业品性的形成。①

第四节　现代学前教师观的启示与传承

陈鹤琴、陶行知、张雪门既是我国近代学前教育体系的倡导者与开拓者，又是我国现代幼儿师范教育的探索者与先行者。他们立足基本国情，从幼儿教育实践出发，创造性地提出我国现代学前教师观，初步探索幼儿师范教育改革路径，对幼儿教师的角色、地位、能力、素养、培养、培训等系列问题进行了广泛探讨，集中回应了"为什么培养幼儿教师""培养怎样的幼儿教师"和"如何培养幼儿教师"三大核心问题。虽然陈鹤琴、陶行知、张雪门在对学前教师相关议题的具体表述上存在个别差异，但其本质核心则具有较多的共通性，三者均以科学的精神、丰富的实践、深邃的思考和质朴的文字给出了学前教师问题的中国答案，并对当前学前教师培养提供了启示借鉴。

一、儿童学习与发展的需要决定幼儿教师的角色与地位

幼儿教师是幼儿教育的承载者与实践者，幼儿教师的保育教育行为是以儿童学习与发展的内在需要与基本规律为前提基础的。幼儿教师总是与其教育对象——幼儿相伴而生、共同存在。因此，理解幼儿教师的角色和地位离不开对儿童学习与发展需要的先行探讨，这既是陈鹤琴、张雪门等幼教前辈的普遍共识，又是其阐述幼儿教师相关问题的自觉实践。其中，陈鹤琴的学术成长史集中体现了该特点，儿童心理研究是陈鹤琴幼儿教育研究的起点，陈鹤琴曾不仅系统修习心理学课程，还在南京高等师范学校主要担任儿童心理学与教育学教授，在对儿童心理的测量与实验中，陈鹤琴陆续发表《儿童心理及教育儿童之方法》《儿童心理之研究》等成果，正是基于对幼儿身心发展规律的深入探讨和对幼稚期重要性的深刻把握，陈鹤琴才提出要普及与发展幼稚教育，要重视和实验幼稚师范教

---

① 李莉，于开莲.张雪门教育实习思想对当前幼儿教师职前培养的启示[J].学前教育研究，2009（12）：47-48.

育。与此同时，张雪门也同样自觉地从儿童学习指导与需要唤起切入，强调幼儿教师的职业存在是由于以往儿童直接经验的获得与自然成长的节奏难以适应社会急速发展的需要，教师是受家庭和社会的托付，对儿童学习与发展承担完全的责任。因此，幼儿教师的角色与地位根本取决于儿童学习与发展的需要。

回归当下，掌握不同年龄幼儿身心发展的需要、特点与规律已成为当代学前教师的基本修养，而儿童发展与学习也是学前教育专业课程设置的关键领域，且我国已制定了《3—6岁儿童学习与发展指南》以科学指导幼儿教师的保教行为。这一定程度上与陈鹤琴、张雪门等幼教前辈的主张一脉相承、不谋而合。然而，目前的学前教师培养存在着一些淡化、固化或异化儿童发展心理学课程的趋势，学前教育专业师范生难以准确理解、学习儿童发展心理课程的意义和价值，不能有效将学习之后的儿童身心发展知识活学活用于幼儿教育实践，且部分高校相关任课教师存在一知半解、照本宣科、教条灌输等现象，这些值得重视与反思。

二、幼儿教师既要服务儿童发展需要，又要服务社会建设改造

幼儿教师既是满足、回应儿童学习与发展内在需要的专业人，也是参与服务民族改造与社会建设的社会人。幼儿教师没必要也不可能脱离鲜活的社会和具体的国情而存在，相反，幼儿教师不仅要了解社会、适应国情，更应积极参与社会建设、参加社会服务，主动成为对民族国家有责任、敢担当的人，这在陈鹤琴、张雪门等幼教前辈生活的跌宕起伏的20世纪尤为凸显。其中，张雪门幼儿教育思想的一次明显转型集中体现了其对民族改造的关切，对国家存亡的忧患和对社会建设的关注。以"九一八事变"引发的日本系列侵华事件为节点，张雪门的幼儿教育思想不再拘泥于"以儿童为本位"，而是审时度势，转向"兼顾儿童与社会"，并继而强调"今后的教师当是民族改造的先锋，而学校是社会建设的灯塔"，呼吁幼教工作者要深切关注现实中国的社会与民族国家的改造。新中国成立后，陈鹤琴同样适时改造其活教育思想，在"活教师"的理论阐述基础上转向为新中国建设培养"人民的幼稚园教师"。无论是"民族改造的先锋"，抑或是"人民的幼稚园教师"，均彰显了幼儿教师的社会责任与历史担当，体现了幼儿教师培养的政治性或社会性。

当前，"坚定政治方向、自觉爱国守法"位列《新时代幼儿园教师职业行为十项准则》之首，而"贯彻党和国家教育方针政策，遵守教育法律法规"同样是《幼儿园教师专业标准（试行）》最基本、最核心的内容构成。在国家教育事业迈向"十四五"的社会大背景下，在学前教育深化改革规范发展的方向指引下，幼儿教师需自主、自觉提升社会责任感与使命担当感，深刻领会与学习国家关于促进学前教育事业"普及普惠安全优质发展"的内涵与举措，以自觉行动参与新时代学前教育建设、推动新时代学前教育发展。同时，高校学前教育专业也应在聚焦幼儿教师培养师范性与专业性的基础上，强化"两课模块"与"博雅教育课程"，鼓励学前教育专业师范生走出校园、走进社会，积极参与社会实践与社会服务，扮演其社会角色、担当其社会责任，真正成长为一名兼具专业性与社会性的新时代幼儿教师。

三、理想的幼儿教师应兼具高尚的个人品格与扎实的专业学识

"培养什么样的幼儿教师"是幼儿教师培养的核心议题，也决定着幼儿教师培养的目标方向。在幼稚教育初创阶段，陈鹤琴、陶行知、张雪门等幼教前辈即对幼儿教师培养的目标与规格进行了开拓性探索，并集中论述了理想的幼儿教师应具备的教育信念、基本素养以及人格学识等。其中，陈鹤琴明确提出要为"活教育"培养"活教师"，而"活教师"既要能熟练掌握唱歌、弹琴、讲话等种种技能，也要能熟悉自然界现象与社会状况，有丰富的常识，能明了儿童的心理，且更重要的是要有慈母的心肠、丰富的智能、爱的性情与研究的态度。总之，陈鹤琴重视培养幼儿教师的技能与学识，但更强调应陶冶幼儿教师对儿童的纯爱、对儿童的感情，以及从事幼稚教育的决心与认识。张雪门与其具有同样的见解和认识，张雪门不仅明确提出"人格是幼儿教师第一种重要条件"，同时指出幼儿教师"须有健全的学识"。相比陈鹤琴而言，张雪门对理想幼儿教师应具备的人格与学识进行了更为具体细致的探讨，他既从"生物的、精神的、社会的三种"解构了幼儿教师人格，又从"立志、省察、力行、选择环境"四点建构了人格修养路径。虽然陈鹤琴、张雪门等幼教前辈对幼儿教师素养能力的探讨带有显著的经验主义色彩和理想主义痕迹，但其基本把握了幼儿教师的核心内涵，对当前改

革完善幼儿教师培养工作仍具有指导借鉴意义。

当前，我国学前教育已历经了十年的跨越式发展，正处于从数量供给到质量提升的转型阶段，幼儿园教育质量、儿童学习品质和教师专业发展日益成为学前教育的主流话语。其中，幼儿园教师队伍建设是实现学前教育质量提升与内涵建设的关键支撑。回顾当下国家对幼儿教师队伍建设的基本要求，不难发现"师德"与"师能"仍然是幼儿教师的核心素养构成。同时，国家通过多种方式有效明确幼儿园教师职业行为准则、强化幼儿园教师师德师风建设、提升幼儿园教师专业发展能力。扎实的学识需要经过系统的专业训练和充足的实践熏陶，而高尚的人格更需要经历持久的品性塑造和全面的价值引领。如何提升当前幼儿园师德教育的有效性、如何实现幼儿园教师专业能力的持续精进、如何塑造幼儿园教师良好的品性与人格依然是当前幼儿教师培养中的重点与难点。

四、幼儿教师培养需经历系统专业训练，需依赖幼儿师范教育改革

陈鹤琴早在1927年开展鼓楼幼稚园课程试验时就于《我们的主张》中提出"幼稚园的教师应当有充分的训练"，其主要依据在于"小孩子是不容易教的，幼稚园的教师是不容易做的"，正是幼儿的难教与幼师的难做，才催生了陈鹤琴以专业化、系统化的幼儿师范教育来培养优良幼教师资的想法。彼时，我国师范教育体系正处于初创阶段，幼儿师范教育体系更是短板中的短板。陈鹤琴、陶行知等幼教前辈高瞻远瞩，于1928年全国教育会议期间联名提出《各省师范学校急需设幼稚科案》《各省开办试验幼稚师范案》，直接推动我国幼儿师范教育体系的构建与发展。与此同时，陈鹤琴、陶行知、张雪门等均身体力行，积极参与幼儿师范教育探索，主动投身幼儿师范教育改革。其中，陈鹤琴陆续创办江西省立实验幼稚师范学校、国立幼稚师范学校幼稚师范专修科、上海市立幼稚师范学校，并担任南京师范学院院长兼幼教系主任，在此期间，陈鹤琴提出了"活师范"主张，形成了"整体性师范教育思想"。陶行知则主要扎根乡村，创办南京晓庄试验乡村师范学校幼稚师范院及蟠桃学院等，积极探索乡村幼稚师范教育，提出"艺友制师范教育"等主张。张雪门同样长期坚持幼儿师范教育办学，曾陆续创办并主持星荫幼稚师范、孔德幼稚师范、北平幼稚师范、北平香山慈幼院桂林分

院广西幼稚师范、台北育幼院等。陈鹤琴、陶行知、张雪门等人的幼儿师范教育办学与实验为我国新时代幼儿师范教育改革探索提供了有益借鉴。

自2010年以来,我国学前教育事业取得了突飞猛进的发展,幼儿师范教育改革也逐步走向深化。从职前的教育部卓越幼儿园教师培养改革项目到职后的幼儿教师国家级培训计划,从乡村幼儿教师支持计划到学前教育师范专业认证,我们稳步地朝着"全面提高幼儿园教师质量,建设一支高素质善保教的教师队伍"战略目标迈进。与此同时,相比陈鹤琴、陶行知、张雪门等幼教前辈的实践探索,我们仍面临如下问题值得思考:其一,幼儿师范教育办学多样性问题。幼儿师范教育办学是否应该给予各院校更多的改革自主权和探索空间,以应对当前办学的趋同与单一问题。其二,幼儿师范教育办学层次性问题。在高等教育大众化与普及化的当下,幼儿师范教育的学制是否应该调整,专科、本科、研究生的办学结构比例是否应该进一步优化,如何凸显各类幼儿师范教育办学的层次性与独特性。

五、课程与教学的实践探索是幼儿师范教育改革实验的关键核心

幼儿师范教育体系构建是一项系统性工程,其中课程与教学的改革与实验是核心构成。事实上,陈鹤琴、张雪门等不仅切实参与了幼儿师范教育办学,更深度探索了幼儿师范教育课程与教学。其中,陈鹤琴曾参与拟订幼儿师范教育课程计划、编撰幼儿师范教育课程标准、编写幼儿师范教育教材、试验幼儿师范教育教法、组织幼儿教师学术会议等,在亲身授课与躬身探索中,陈鹤琴形成了其"活课程"与"活教法"思想。"活课程"是"活教育"思想的内在构成,其基于"大自然、大社会,都是活教材"的课程观,以江西省立实验幼稚师范学校为主要实践阵地,强调幼师课程的师范性与系统性,凸显幼师课程与幼稚园教学的密切关系。同时,陈鹤琴认可并肯定陶行知"教学做合一"的思想及其提出的"艺友制师范教育",并在此基础上提炼出"以'做'为中心,强调'教学做合一'"的"活教法"思想。张雪门同样以课程试验与教学探索贯穿于其幼儿师范教育办学实践全过程,从孔德幼稚师范的课程初建,到北平幼稚师范的系统探索,从北平香山慈幼院桂林分院广西幼稚师范的课程改造,到台北育幼院的课程承袭,张

雪门始终强调以民族改造为目标、以实践为基础、以行动为中心,积极探索适应儿童发展、服务民族改造的幼儿师范教育课程,其"有系统组织的实习"教育思想同样具有科学性与前瞻性。

当前,课程与教学依然是幼儿师范教育改革与实验的关键核心,是建设高质量善保教的幼儿园教师队伍的重要支撑。2011年10月,教育部提出大力推进教师教育课程改革,颁布《教师教育课程标准(试行)》,明确了"育人为本、实践取向、终身学习"的课程基本理念,并对幼儿园职前教师教育课程目标与课程设置进行了详细规定,有效提升了学前教育专业课程设置的科学性与规范性。与此同时,陈鹤琴"活课程"强调幼师课程的师范性与系统性,关注幼儿师范教育课程与幼儿园课程的适应性与衔接性,它启示我们在追求幼儿师范教育课程本身科学性与完整性的同时,应主动适应、对接乃至引领幼儿园课程,彰显幼儿师范教育课程的儿童性。此外,当前的幼儿师范教育课程同样面临如何在保障相对稳定与连续的同时避免走向固化与趋同,如何灵活调整以适应时代变迁与社会变革等问题。

六、重视乡村幼儿教师培养,服务幼儿教育普及与乡村教育改造

费孝通在《乡土中国》开篇指出"从基层上看去,中国社会是乡土性的"。乡土性是中国的底色,而乡村是中国基本的国情。民国时期,陶行知即密切关注乡村教育发展,积极开展乡村教育试验,发起"师范教育下乡运动",并由此形成其乡村师范教育思想。某种程度上可以认为,陶行知的幼儿教师观主要是在乡村教育场域中展开的,是其乡村教育思想密不可分的内在构成,是服务于乡村教育改造运动的。陶行知不仅明确提出乡村幼儿教师的角色是"乡村妇女运动的导师",是"造福村儿""便利农村",同时强调乡村幼儿教师应具有"农夫的身手""科学的头脑"和"改造社会的精神"。此外,陶行知还积极发起创办试验乡村师范学校,内设幼稚师范院、中心幼儿园和蟠桃学院等,探索扎根乡土、服务乡村的幼儿教师培养道路,甚至亲自为试验乡村师范学校幼稚师范院设计课程,主导开展以"教学做合一"的乡村幼儿教师教育实验。在陶行知的倡导与感召下,陈鹤琴也积极参与为乡村幼儿教育普及和乡村教育改造培养乡村幼儿教师,

其具体实践包括受邀担任晓庄试验乡村师范学校幼稚师范院院长、指导燕子矶等乡村幼稚园创设、扎根江西泰和文江村创办省立幼师、支持学生开办农忙托儿所等。陈鹤琴对乡村幼儿教师培养的关注与支持充分彰显出其浓郁的人文关怀与现实关切,并客观服务了幼儿教育普及和乡村教育改造。

  改革开放以来,受城乡二元结构体制的内在制约,我国农村学前教育发展长期处于相对滞后状态,由此深刻影响了教育的大规模普及与高质量发展。2010年,《国家中长期教育改革与发展规划纲要(2010—2020年)》在"学前教育"章节中明确提出"重点发展农村学前教育",由此拉开了我国农村学前教育跨越式发展的序幕。2015年,《乡村教师支持计划(2015—2020年)》的出台进一步推动了乡村幼儿教师队伍建设的步伐。立足当下,乡村幼儿教师培养依然是新时代幼儿园教师队伍建设的重点与难点。回顾陶行知、陈鹤琴等幼教前辈的实践探索经验,未来的乡村幼儿教师培养同样应兼顾其专业性与乡土性,从"为乡村培养幼儿教师"转向"在乡村培养幼儿教师",由此增进其乡土亲近感、提升乡村适应性。此外,以乡村定向师范生为主要实践经验的"拓展乡村教师补充渠道"举措应从表面的"乡村地域定向"转向实质的"能力内涵定向",构建乡村幼儿教师能力标准,探索乡村幼儿教师专业发展路径,提高乡村幼儿教师待遇,真正培养一批"下得去、留得住、教得好、有发展"的高质量乡村幼儿教师。

第六章

学前教师观创新与发展的路径

第一节　学前教师观创新与发展的行政路径

一、回应时代发展需求，建构以教师创新型和专业自主发展为主旨的教师观共识

识别时代精神气质，以创新型与专业自主发展作为教师专业发展的核心要求。21世纪是知识经济时代，是以智力资源的生产、流通和应用为基础性因素的时代，知识及技术的创新是时代变革和发展的基本要求与内在动力，这是21世纪独特的精神气质。[①]2018年1月中共中央国务院印发的《关于全面深化新时代教师队伍建设改革的意见》、2018年9月教育部印发的《关于实施卓越教师培养计划2.0的意见》、2021年教育部印发的《中西部欠发达地区优秀教师定向培养计划》、2022年教育部办公厅印发的《关于实施师范教育协同提质计划的通知》，都提出要培养"高素质专业化创新型教师"。以培养创新型人才为己任的教师首先应该成为创新型、专业自主的教师，这是知识经济时代对教师提出的最新要求，也是知识经济时代背景下教师专业发展的重点内容。创新与专业自主发展是教师专业发展的核心要求。

虽然社会各界对于创新型人才的核心特质并未形成统一意见，但是普遍认为创新型人才是富有创新精神、创新能力，运用新概念、新设想、新理念、新技术解决新问题的人；这类人一般具有扎实的理论素养、丰富的专业知识、勇于探索的精神和创造性思维。[②]不过，因为工作内容与工作场域的独特性，教师工作的

---

① 徐莹莹，王海英，魏聪.我国教师专业化政策的演进历程、逻辑转换及未来走向[J].教育评论，2022（06）：124-132.
② 徐莹莹，王海英，魏聪.我国教师专业化政策的演进历程、逻辑转换及未来走向[J].教育评论，2022（06）：124-132.

创造性更多体现为教育理念、教学方法和教育实践活动的创新，在于具有反思性和批判性的思维品质、变革教育现状的精神特质。

具有创新型特质的教师，一定是主动的、专业自主发展的教师，其专业成长与发展不仅仅呈现为被动地接受自上而下的"训练"，而是成了其自觉自愿的、解决问题、追寻意义的过程。在这个过程中，作为学习者的教师其自我发展的权利得到彰显，其精神生活、心灵生活日益得到关注，作为主体"人"的地位越来越被认同。

培养创新型与专业自主发展的教师，既要参照国家专业标准，但又不能完全标准化，不同的创新型教师之间既有一定的共性，又具有独特的个性；创新型教师的养成更需要宽松、自由的成长环境，他们不同于一般教师，其工作绩效在短时间内不易被评价。

新的历史时期，我国教师专业化政策应该以探索创新型、专业自主发展教师的核心特质为起点，以培养创新型教师为终点，设计相应政策内容、完善政策工具和措施。

二、提供保障，建构优化幼儿园教师观的全方位支持体系

从职前的自主发展到职后的持续发展：教师专业自主发展需要社会支持系统的有效支撑。教师的专业发展和自主发展需求，不仅仅是职前培养阶段的重心与关注点，更是贯穿其职业生涯一生的追求。我们需要系统思索并建构助力其专业自主发展的社会支持系统，以有效支撑教师的持续发展。调查表明，加强政府支持、组织支持和社会支持有助于提升幼儿园教师的幸福感和工作投入水平。[1][2]

我们需要开展系列实践探索，建构基于"内生发展"的教师职前培养和职后培训的社会支持系统。在地理学家视角中，内生发展是指不同地区的人们和集团适应固有的自然生态体系，遵循文化传统，参照外来的知识、技术和制度，自觉地寻求实现区域发展目标的途径，创造出理想的社会形态以及养成人们自觉的生

---

[1] 程秀兰，高游.幼儿园教师社会支持与工作投入的关系：心理资本的中介作用［J］.学前教育研究，2019(12)：41-51.

[2] 王钢，范勇，黄旭，等.幼儿教师政府支持、组织支持和胜任力对职业幸福感的影响：职业认同的中介作用［J］.心理与行为研究，2018，16(06)：801-809.

活方式；内生发展模式强调要以提升区域内部自我发展能力为目的，以当地人为发展主体，通过对本地区资源、技术和文化等的开发与利用，激发和培育本地区自我发展能力，并在强调提升本地区内部发展能力的同时，注重本地区自治和多元文化的保护。就一般事务发展来说，内生发展是相对于外部发展而言的发展方式，是指事务发展主要基于内生动力、内生要素以及自我演化和扩张的一种发展方式。①

在教育领域存在众多挑战的情况下，基于我国教师队伍现状和基础教育对教师素养的需求，我们认为教师教育的长效发展不能仅依靠外部力量推动，教师要有内部的自主发展能力，主动参与培养优秀教师。中小学（幼儿园）、社区要与师范院校、地方政府以及儿童家长一起，合作构建一套由政策支持、专业支持和社会支持组成的可持续发展的教师内生型专业发展社会支持路径群（见图6-1），培养属于自己的优质教师，在教师来源上保证教师质量和数量，支持职后教师不断实现专业自主的成长与发展，让职前、职后的教师都能在社会系统的支持下实现专业自主发展，成为基础教育的担当者，推动我国的教育事业发展。②

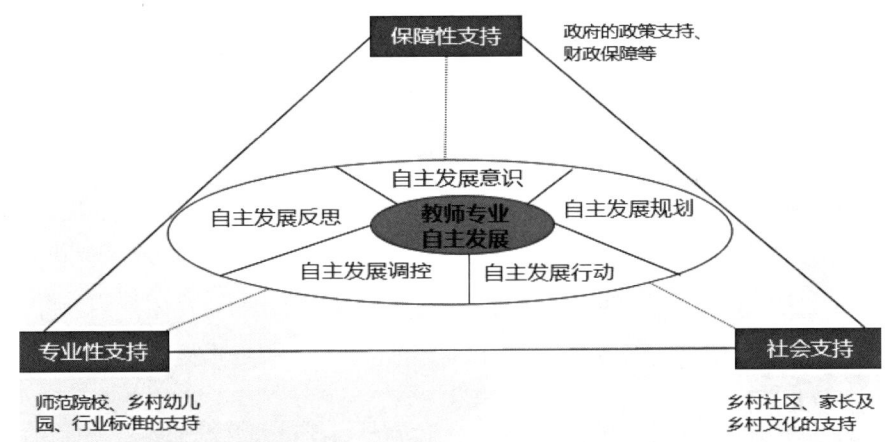

图 6-1 教师内生型专业发展社会支持路径群

其中，保障性支持是教师专业自主发展社会支持体系建设的前提，其主体是政府，包括政府提供的政策支持、财政专项保障等。保障性支持不仅强调政策制度的

---

① 黎平辉，郭文．资源开发与文化传承——西部民族地区农村学前教育内生型发展模式探究［J］．贵州师范学院学报，2013（10）：75-49．
② 田燕．新时代乡村卓越幼儿园教师培养机制研究［M］．南京：南京大学出版社，2023：190．

完善，而且要求政策的制定必须立足于新时代背景与未来高层次师资人才的培养需求。具体来说就是要逐步转变政府职能定位，构建服务型政府，为教师的专业化提供保障。根据需要层次理论，教师的内生性发展与自我实现的需要有关，而自我实现的需要是以满足生理需要、安全需要、归属和爱的需要、尊重的需要为前提的。政府职能转变的重点在于通过外部支持性措施满足教师的基本需要，为教师的自我实现提供保障。包括：保障教师工资待遇，为教师专业发展提供物质保障；适当推出行政权力向专业权利让渡，为教师提供良好的组织环境，以尊重和保障教师专业决策权、专业发展权为前提，以保障教师主动、健康的发展。

专业性支持是教师专业自主发展社会支持体系的核心，其主体是师范院校、中小学（幼儿园）以及行业标准等的支持。与过去相比，新时代教师专业自主发展的专业性支持体系被赋予了更加丰富的内涵，具体表现在专业理念随着时代步伐有所发展，专业素养也不局限于专业知识、专业技能等方面，而是更加重视资源的开发与利用以及信息技术能力的提升等多个方面。

社会性支持是教师专业自主发展社会支持体系的根本，主体是社区、中小学（幼儿园）以及家长等。新时代的社会支持要求相关主体转变部分认知误区，既不过度拔高教师形象，也不过度依赖幼儿园，对于教师的作用、学前教育的边界等形成正确的认识。[①]通过营造尊师重教的良好社会风尚，克服教师职业倦怠的消极影响，激发其专业自主发展动力。具体包括：第一，创设赋权增能的组织支持。打造专业的校园领导体制，赋予教师参与园所管理、课程建设以及个人专业成长规划和决策的权利，保障教师有固定的时间进行专业活动，形成常态化的专业学习社区。第二，营造尊师重教的社会支持。要加大对学前教育重要性和教师工作复杂性与独特性的宣传，树立教师的正面形象，营造尊重教师、重视学前教育的良好氛围。

新时代教师专业自主发展的外部环境与内在要求均发生了新的变化，我们需要重构教师专业自主发展的社会支持体系，助力教师实现专业素养的提升，更好地迎接新时代带来的挑战。

---

① 黄可滢.智能时代中小学教师专业发展的困境及社会支持体系构建［J］.中国教师，2022（10）：81-83.

三、创新多主体协同管理教师教育的制度

创新教师教育管理制度，就是要从单一主体的管理方式向多主体协同管理转变。以往我国教育主管部门在教师教育发展中起主导作用，直接领导和管理各项教育事务，具有鲜明的计划行政特点。在管理制度转型背景下，政府相关管理部门需要转变其职能，由直接管理转向宏观管理，由全能型政府向服务型政府转向。[①] 随之，教师教育管理制度要推进改革，要随着教师教育结构体系的变革、教师观的变迁，进行自身的完善与调整，以适应教师教育专业化、一体化发展的需要。

（一）转变政府管理职能，完善教师教育管理制度体系

我国教师教育发展经历了一个从单一的师范教育向大学化的教师教育的转变历程，其间产生了不少新问题，包括宏观管理问题。例如，部门办学体制问题，即"条块分割"问题，中央与地方的关系问题，即如何扩大省级政府发展高等教育的自主权和决策权，政府与学校的关系问题。[②] 随着我国由师范教育转向教师教育，实现教师教育的开放化、大学化后，管理制度的创新探索就成为必然。要建构多元、开放的教师教育体系，教师教育行政管理制度可以从宏观管理与微观管理两方面分层建构：宏观管理方面，"确立中央和省（自治区、直辖市）人民政府两级管理、分工负责，并逐步过渡到以省（自治区、直辖市）人民政府为主，管理者与办学者职责分明，在政府统一规划和宏观管理下，高等学校面向社会依法自主办学"的宏观管理制度。在微观管理方面，根据教师教育机构性质进行分类管理，加强综合性非师范院校与师范院校的合作。[③] 我国教师教育体制所呈现的改革与发展趋势是从计划导向转变为以标准为导向，以标准为导向的教师教育管理制度就要政府转变职能，以指导者、协调者、监督者的身份参与教师教育管理，基于教师及教师教育各类标准与规范来统领教师教育的管理，办学自主

---

① 陈时见，王远，李培彤.教师教育研究［M］.福州：福建教育出版社，2021：95.
② 纪宝成.世纪之交中国高等教育管理体制改革的历史回顾［J］.中国高教研究，2013（08）：6-13.
③ 薛天祥，张金福.多元、开放的教师教育体系管理体制的构建［J］.高等师范教育研究，2002（02）：5-11.

权则由教师教育院校掌握。①

（二）创新多主体协同管理体制

伴随着政府职能的转变、减少对教师教育的不必要干预、"放管服"改革的推进，建构系统完备、科学规范、运行有效的管理体系，形成了政府宏观管理、学校自主办学、社会广泛参与的格局，涉及教师教育的主体呈现了多样化，例如政府、高校、研究机构、中小学（幼儿园）、家长等。教师教育实践需要相关参与主体在明确权责和定位的前提下，形成彼此更为紧密的组织关系，创新多主体协调管理教师教育的机制，就成为必然的工作。

伴随着我国教师教育改革实践的推进，我们逐渐认识到：在坚持师范院校主体地位不动摇的前提下，可以鼓励高水平综合性大学、优质中小学（幼儿园）、地方教师教育研究院（中心）共同参与教师教育的管理，打破高校、地方政府、中小学（幼儿园）等主体的壁垒，才能形成多层次、多功能的教师培养机制。②

而如何实现教师教育中多主体协同管理体制的落实与落地？有研究者提出"管办评分离"管理模式，并基于"管办评分离"的逻辑，为政府、学校等教师教育主体提供了多元主体协同共治的框架：政府作为服务者、监督者和支持者为教师教育提供政策引导和资源的支持，教师教育机构作为主要的师资培养培训的承担者充分发挥教师教育人才培养培训功能，其他社会参与者可以参与教师教育的评价，促进教师教育实践的改进，并根据自身条件为教师教育提供支持。③

教师教育"管办评分离"是实现教师教育治理的基本路径，它极大地调动了政府、市场、社会三方力量兴教办学的积极性，办学、管理和评价三个环节的有效衔接与循环也为教师教育管理模式创新提供了思路。当然，教师教育"管办评分离"管理模式的合理性在于其能否适宜大规模教育对高素质师资的需求。因此，可以说多主体协同管理体制与教师教育转型发展相互关联、密切相关。回应时代发展需求，建构以教师创新型和专业自主发展为主旨的教师观共识，既要有社会支持系统

---

① 朱旭东,胡艳.中国教育改革30年：教师教育卷[M].北京：北京师范大学出版社,2009:162.
② 宋萑.构建教师培养供给侧改革的新三驾马车[J].华东师范大学学报（教育科学版），2018（04）：42-43.
③ 孙燕,胡弼成."管办评分离"：大学走向善治的契机[J].大学教育科学,2015（05）：13-18.

的全方位有效支撑,也要有多主体协同管理的教师教育创新制度与机制。

第二节 学前教师观创新与发展的研究性路径

优化学前教师观的研究性路径,在于要深化学前教师教育的研究。教师教育理论的缺乏问题,是教师教育理论建构时首先要面对的问题。对此,西方学者在20世纪80、90年代就进行过论述。例如,1983年加德纳等主编的《教师教育》一书指出:心理学最关键的缺失就是没有成人理论。① 与此相关,心理学对于教师思维的研究非常缺乏,截至目前,仍是空白。适切的学前教师观,需要建立在教师教育理论研究基础上,更需要适切的学前教师教育学科建设作基础。

一、推进学前教师教育学科建设

国际上不少学者批评教师教育课程,特别是职前教师教育和在职教师教育课程的制定与实施都缺乏坚实的理论基础,他们建议可以使用成人学习理念做教师教育的理论框架,把教师、师范生都视为学习者,如此就可以让学习理论进入教师教育理论中。② 维果茨基的语言自我调节理论就是这样的理论。③ 以维果茨基为代表的社会文化历史学派认为,人的发展是和社会环境交互作用的过程,是高级心理机能形成的过程,人的各种高级心理机能都是这些活动与交往形式不断内化的结果。研究者正是从教师教育实施是成人的学习实践这一角度,认为只有促进教师教育者高级心理机能发展才能培养出具有创造性的高水平的教师。因此,维果茨基的学说为教师教育理论的建构提供了丰富的思想资源,因此有研究者主张将文化历史学派的教师观作为教师教育理论的理论基础,在总结"教师专业学习是参与社会实践的一种形式""教师教育中的学习是一种情境学习"学习观的基础上,提出了教师教育的基本观点,即:教师教育是公共标准与个人选择之间的协调,教师教育是效果与意义之间的互动,教师教育以推动专业认同为目标,教师

---

① 王长纯.国际教师教育思想史研究论纲[M].长春:东北师范大学出版社,2023:261.
② 王长纯.国际教师教育思想史研究论纲[M].长春:东北师范大学出版社,2023:268.
③ MANNING B H, PAYNE B D. A vygotskian-based theory of teacher cognition: toward the acquistion of mental reflection and self-regulation[J].Teaching and Teacher Education, 1993(04): 361-371.

教育是情感体验的学习。

教师教育理论的丰富与深化，为教师教育学科建设奠定了基础。但是，真正推动教师教育学科发展的则是教师教育实践发展与改革需求。教师教育实践发展与改革的中心话题之一就是教师的专业发展。教师教育是教师专业发展的学科基础，符合促进教师专业发展的逻辑。任何职业走向专业化都需要完善的学科基础作为支撑，教师专业化对完善教师专业知能、提高教师专业伦理道德水平、梳理专业自治意识具有极大的促进作用，这为教师教育学科的建设提供了根本动力。[①]现代教师教育迫切需要通过专业化发展道路揭示教师教育发展规律，而教师专业发展需要高水平的教师教育研究作为学科基础，因此，教师教育学科建设的必要性呼之欲出。[②]学科建设是一项系统工程，需要研究水平、课程水平、队伍建设和培养模式等方面协同创新。

首先，探索学前教师教育理论体系，提升学前教师教育研究水平。教师教育学科边缘化的原因在于其学科研究水平不高。为此，很多研究者都提出了相应的提升策略。如：有研究者认为要从理论和现实两个层面提升研究水平[③]，理论层面就是要明晰教师教育学科的自我认知，对教师教育的知识体系有明确认识，尤其要区分教师教育与普通教育学的本质区别；现实层面就是要结合时代发展、关注教师教育现实问题，解决教师教育中的实际困难。还有研究者认为建设教师教育学科需要注意学科研究的三个方面：一是要以教师专业发展为目标进行学科研究，二是要提高学科研究的开放性，广纳有助于学科研究的研究成果，三是要根据学科的应用属性开展实践方面的研究。[④]

其次，研究学前教师教育学科制度。有研究者在微观层面提出建设教师教育制度的路径：一是建构教师教育学科专业体系。包括设置教师教育二级学科使教师专业发展获得学科依托；在二级学科下依据教育层次划分成学前教师教育、基础教师教育、特殊教师教育等，再根据学科进一步设置学科教学方向，如在基础教师教育中划分小学语文教育、小学英语教育。二是加强各级教师教育协会的建

---

① 杨跃.关于教师教育学科构建的理性思考[J].教师教育研究，2007（01）：1-5.
② 陈永明，王健."教师教育学"学科建立之思考[J].教育研究，2009（01）：53-59.
③ 张娟.我国教师教育学科化建设研究[J].中国成人教育，2017（16）：4-7.
④ 李学农.教师专业化实践的困境与教师教育学科理论的生长[J].教育理论与实践，2007（07）：33-36.

立，包括按照学科逻辑在全国教师教育学会下设立基础教师教育学会、学前教师教育学会等；加强学会与社会的联系，拓宽筹措资金的渠道；通过创办学会刊物增强学会影响力。三是要打造高水平教师教育学术期刊，设立教师教育期刊基金等。①

二、创新学前教师教育课程研究

随着《教育部关于大力推进教师教育课程改革的意见》和《教师教育课程标准（试行）》的颁布，我国对教师专业素质水平提出了更高要求。教师教育课程的创新设置是推进教师教育研究的重要抓手，也是教师教育研究的热点之一。根据现有研究可以看出我国教师教育课程设置的转变：一是由单纯关注职前或者职后教师教育课程设置转向对教师教育一体化课程设置的研究；二是在教师教育课程设置研究对象上，逐渐跳出国别限定，从更为广阔的全球视角和视野入手对教师教育课程设置开展研究；三是从研究目的来看，不再局限于对其他国家教师教育课程设置的借鉴学习，而是将更多的关注点放在在地化创新方面，关注通过理论创新与实践总结，开展我国的教师教育课程方面的深度创新改革实践。②创新学前教师教育课程设置，成为建构适宜的教师观的重要举措。

首先，开展教师教育课程建设活动。课程建设的推进要基于对整体现状的分析。《中国教师教育体系研究》一书在对全国285所普通高等学校、388所专科学校以及相关中职院校学前教育专业相关数据分析基础上，总结了其整体培养工作现状：（1）院校数量稳中有降，培养重心偏低；（2）院校类型以中职学校为主体，职业高中占据绝对优势；（3）院校主办者以县市级教育部门为主，层次过低；（4）院校地区分布不均衡局面没有得到根本改善。同时，该研究聚焦于六所部属师范大学的学前教育专业的培养方案，对比分析其课程设置情况，总结其通识教育现状，分析其课程设置是否符合教育发展规模，尤其是分析了其专业课程与教师专业标准的关联度，认为：六所部属师范院校现有的课程设置还不能完全符合幼儿园教师的专业标准，也不能满足社会对建设高素质幼儿园教师队伍的需

---

① 李铁绳，袁芳，郝文武.教师教育者专业发展的社会学分析[J].高教探索，2016（05）：102-107.
② 陈时见，王远，李培彤.教师教育研究[M].福州：福建教育出版社，2021：339.

求,所培养的人才还需要提升专业理念与师德,并加强专业能力的训练。[①]

开展教师教育课程设置的研究,要以科学规范的研究方法为手段,科学设计;要加深对教师教育课程设置的理解[②],建议不再局限于开设了哪几类、哪些课程,各类课程所占比例是多少,而应该转向关注课程的本质以及课程的组织方式、课程的结构性体系,尤其是帮助师范生塑造适宜的教育观与教师观的课程体系,让教师教育课程的整合性与关联问题成为判断教师教育课程设置有效性的核心要素。以课程体系助力师范生适宜教师观的凝练。

开展教师教育课程建设研究,要注意依据社会和个人发展需求调整人才培养目标。人才培养方案中的人才培养目标影响课程的设置与安排,继而会影响人才培养的整体质量与培养方向。而人才培养目标的定位是师范院校整体人才培养理念的体现,其制定过程要同步考虑学校的发展历史、师资力量、生源状况、政策走向等多方面因素。不同院校的人才培养目标定位应各不相同。但是,当前不少院校的学前教育专业人才培养目标定位出现了同质化倾向,一定程度反映了师范院校人才培养理念单薄,或者人才培养理念缺乏针对性与可操作性,不能有效指导学前教育专业的人才培养工作。因此,开展教师教育课程建设研究,一定要根据师范院校自身实践发展现状、发展定位、类型特点来分析确定。

其次,做好学前教师教育师资保障。任何的教育活动都离不开教师这一关键因素。教师教育课程的改革,要以教师教育者作为基础性保障。要推进教师教育课程建设,深化教师教育研究,为适宜的教师观创造肥沃的生长土壤,就必然需要建设一支专业化的教师教育者队伍,做好师资保障。关于教师教育者的内涵、角色的研究虽未达成共识、存在不同角度的理解,但是可以从中梳理共性特征:教师教育者是提高教师教育水平的专业人员,从来源来看,主要来自高等院校、中小学(幼儿园)和教育科研机构,从服务对象来看教师教育者主要为师范生和在职教师提供指导与帮助,从角色内容来看教师教育者是教师专业发展的促进者、教师教育知识的生产者、教学过程中的示范者、教学文化的构建者。[③]随着教师教育研究的审核、实践改革的推进,教师教育者所承担的角色与责任一定

---

① 朱旭东等.中国教师教育体系研究[M].北京:北京师范大学出版社,2020:177-214.
② 朱旭东等.中国教师教育体系研究[M].北京:北京师范大学出版社,2020:222.
③ 李铁绳,袁芳,郝文武.教师教育者专业发展的社会学分析[J].高教探索,2016(05):102-107.

也会更为多样化，其角色将不断拓展。

第三，协同创新学前教师教育模式研究。伴随着教育改革实践的推进，教师职前培养、在职培训逐渐由分离走向统一，形成了教师教育一体化的培养体系。为了满足基础教育对高质量师资的需求，探索教师教育改革新路径，很多师范院校纷纷探索与政府、中小学（幼儿园）合作培养师资的协作创新模式，探索三方共建互补性联盟或者共同体，以教师教育一体化发展推动教师教育质量的提升。

2010年发布的《国家中长期教育改革和发展规划纲要（2010—2020年）》提出要促进各级各类教育纵向衔接与横向沟通，通过跨单位合作建设一批高水平的教研创新团队；2012年出台的《国务院关于加强教师队伍建设的意见》明确提出"创新教师培养模式"，要建立高校与地方政府、中小学（幼儿园）合作培养教师的创新机制；2014年的《教育部关于实施卓越教师培养计划的意见》明确提出要"建设高校与地方政府、中小学'三位一体'协同培养新机制"；这些文件与法规的颁布和实施为构建我国协同创新的教师教育模式提供了坚实的政策保障。自此我国教师教育启动了协同创新探索，并在借鉴国际教师教育经验的基础上，结合我国国情，推进更具本土化的系统研究。首先，反思了政府在"校府合作、校校合作"中的角色，提出只有将政府作为协同的重要主体，才能实现高校与中小学（幼儿园）在制度上的平等与对话，保证师范生专业能力的发展；其次，要反思和解决协同创新模式中的结构性障碍。

目前，我国教师教育协同创新实践参与主体逐渐呈现多元化趋势，从最初的U-S模式、U-G-S模式到U-G-I-S，不断探索新的协同主体以及带来的教育要素充足、资源配置合理等新局面，为教师教育带来创新活力。

第三节　学前教师观创新与发展的幼儿园建设路径

一、构建多元化的教师角色观

多元主体要致力于对幼儿园教师职业身份的认知协调，构建多元化的教师角色观。行政主体的教师观是社会中的政府机构、法律机构及其他居支配地位的人所持的对教师的职业、角色、社会地位以及专业发展等的看法、态度；而学术理论形态的教师观是学术领域的研究人员在深入思考和研究的基础上所持的教师观；广大民众对于教师的根本认识和态度就构成了大众意识形态的教师观，既包括教师自身的教师观，也包括家长以及其他民众对教师的看法与态度。

行政主体、研究者以及教师、家长等多元主体，他们对教师的理解和看法也各有不同，他们在保持自己看法的同时，会受其他因素的影响，不断更新自己的认识和看法。因此，幼儿园要充分利用已有条件，让多元主体对幼儿园教师达成适宜且不冲突的认识和看法，争取实现多元主体在对幼儿园教师的认识和理解上的一致，继而实现相互协助、和谐发展，在教育过程中产生最大的积极作用。在实际幼儿园教育活动中，让各方主体充分交往，以形成方向一致的认识，进而优化教师观、提升学前教育质量。

当然，这种方向一致的认知协同并不是要各方对幼儿园教师角色、职业、使命等要形成完全一致的看法，而是要通过彼此的认知协同，建构更具包容性的多元化的幼儿园教师角色观。

蒙田曾经说过，一个只知道跟别人走的人既探索不到什么东西，也找寻不到什么东西。我们可以借鉴蒙田关于教师角色的多元化解读，立足儿童发展，重新审视教师角色；改革陈旧的教学体制和知识体系，改变传统的教师角色，构建多元化的教师角色观。[①] 除了是"传授者"，教师还应该是"聆听者"和"引导者"。耐心地倾听体现了教师对儿童生命和话语权的尊重。

二、创设和谐的工作氛围

组织氛围对组织中的个体、组织本身以及整体工作环境都有着深远的影响。因此，组织应该重视并积极营造良好的氛围，提供良好的工作环境和支持，从而促进组织内个体和组织的共同发展。

从对组织中个体影响来看，组织氛围会影响个体的心理健康、工作表现和职业发展。良好的组织氛围能够提升组织中个体的心理健康水平，组织通过提供情感支持、社会支持和工作资源支持，帮助个体更好地应对工作压力和挑战，提高自我效能感和主观幸福感。组织氛围还会影响员工的心理韧性和自我调节能力。在支持性的氛围中，个体更容易保持积极的心态，有效应对工作中的困难和

---

① 刘丽平，郭甜. 蒙田的教师观及其现实意义［J］. 当代教师教育，2023，16（04）：85-90.

挫折。组织氛围会直接影响组织中个体的工作状态和绩效表现。积极氛围能够激发个体的工作热情和创造力，提高工作投入度和敬业度。良好的组织氛围也能促进个体之间的合作与互助，增强团队的凝聚力和向心力。组织氛围对个体的职业发展也有重要影响。一个注重成员成长和发展的组织会提供更多的培训和学习机会，帮助个体不断提升自己的专业技能和综合素质。同时，良好的组织氛围也能激发个体的职业热情和潜力，为其职业生涯发展奠定坚实的基础。

良好的组织氛围能够提升组织的整体效率，能够塑造出独特而富有魅力的组织文化，增强成员对组织的认同感和归属感。这种认同感和归属感是组织凝聚力和向心力的源泉，能够推动组织不断向前发展。良好的组织氛围还能够激发组织的创新能力。在开放、包容的氛围中，个体敢于尝试新事物、新方法，勇于提出创新性的想法和建议。这种创新精神是推动组织不断发展的重要动力。

组织氛围具有传播性。一个积极、正面的组织氛围能够感染和影响每一个个体，营造出一种良好的工作环境和氛围。这种氛围又会进一步影响个体的行为和态度，形成良性循环。良好的组织氛围还能够提升组织的社会形象。一个注重个体关怀、关注个体发展的组织更容易赢得社会的认可和尊重。这种良好的社会形象有助于组织吸引更多的人才和资源，推动组织的持续发展。

从组织层面看，幼儿园组织是指与幼儿园教师所处环境相关的各个方面，如幼儿园文化、管理风格等。幼儿园要营造和谐的工作氛围，为教师提供情感支持、社会支持和工作资源支持，帮助教师更好地应对工作压力和挑战，提高自我效能感和主观幸福感，激发幼儿园教师的工作热情和创造力，支持教师之间的合作与互助，增强团队的凝聚力和向心力，提升教师的职业归属感；创造教师进修机会，促进教师专业发展；搭建家园沟通平台，增强家校沟通的有效性；树立科学合理的管理理念，采取科学民主的管理方式；关注教师的心理健康等。以良好的组织氛围助力教师的专业成长，提升幼儿园组织以及幼儿园教师个体的正面、积极的社会形象，为适宜教师观的塑造与发展提供组织平台。

三、幼儿园教师要提升自身素质、履行自我职责

教师是推动教育改革与发展的中流砥柱，教师的素质是办好教育的关键。而随着社会的发展，许多新的情况和问题出现了，教育包括学前教育，正在受到新

时代发展中各类问题的冲击，教育观念与教育行为也在发生改变，人们对教育、对教师的期待与要求也在发生改变，社会对教师的素质提出更高要求。幼儿园教师需努力提升自身素质，在专业素质提升过程中坚定专业身份与专业角色，构建适宜的教师观，探索优化学前教师观的路径。

幼儿园教师要切实履行自我职责，这不仅是国家与社会对幼儿园教师职业的要求，也是学前儿童成长和教师自身职业提升的需要。教师职业与其他职业最大的不同在于以培养人、教育人与塑造人为目的，古之师者以"传道、授业、解惑"为职责；今之师者承载着传播知识、思想与真理，塑造灵魂、生命与新人的时代重任。

幼儿园教师的职责涉及很多方面，既要尊重幼儿个体差异、因材施教、激发幼儿求知欲和好奇心，也要培养幼儿的理解力和判断力、独立思考和表达能力，以及观察幼儿的行为表现，及时给予适当的支持与帮助等等，幼儿园教师的职责不仅仅在幼儿园活动室内，还要延伸到活动室外，从幼儿园内部拓展到了孩子的日常生活，这在一定程度上呈现出了幼儿园教师职责的深度与广度。

作为一名新时代的教师，应当充分认识到自身岗位职责，并立足自身岗位，知责、明责、尽责，努力提升自己的职业道德水平和业务水平，以积极的心态面对自己热爱的学前教育事业。

幼儿园教师的教师观是其对自身职业与岗位、角色的一种认识，是其自我意识的一部分，也是其自我观念的一部分。要构建适宜的教师观，首先要建立充分的自我认同，确立自我的"身份"，找到自己的定位与归属。社会身份理论认为个体是在与他人不断的交往中获得角色，个体依据这些角色形成自我观念，身份由一系列自我观念组成，个体会在社会中扮演各种不同角色，把自己所承担的角色内化为各种自身具备的身份，个体扮演多少个角色即意味着形成多少个相应的身份，所有身份的整合就构成了个体整个自我，个体的自我是在各种身份认同的过程中体现出来的。[1]

因此，构建适宜的教师观，就要实现幼儿园教师专业发展由"教育培训"为本位向"内生"为本位的转换。在这个"内生"的过程中，个体的生活变成了一

---

[1] 吴小勇，黄希庭，毕重增，等.身份及其相关研究进展[J].西南大学学报（社会科学版），2008（03）：8-13.

个内在参照性的立场，自我就是在这样的生活历程中被不断地形塑与建构甚至重塑的。这是一个向内部用力和个体经验积累的过程。幼儿园教师需要通过自身的不断努力提升自己的专业敏感度，提升自身的专业认知水平和专业问题解决能力，锻炼自身的专业品性，形成幼儿园教师对自身的认识，以良好的专业态度影响幼儿、家长，以良好的专业形象感染社会。①

从教师自身层面看，幼儿园教师自身要树立正确的职业观，提升自身价值；制定合理的职业规划，增加学习动机；关注自身师德修养；加强研究学习，提升专业素养；学会自我调节，保持良好的心态；适当运动，保持健康的身体素质等。用三个途径提升教师职业幸福感：一是调整不良的认知结构，形成合理的认知方式；二是树立正确职业观，制定合理职业规划；三是优化时间管理，注重身心健康。②

---

① 王睿愍.我国幼儿园教师身份观研究[D].重庆：西南大学，2015：73-74.
② 张金.小学教师职业幸福感的影响因素及其提升策略[J].当代教育科学，2019（07）：52-54+60.

参考文献

著作类：

1. 陈秀云，陈一飞.陈鹤琴全集（第二卷）[M].南京：江苏凤凰教育出版社，2018.

2. 陈秀云，陈一飞.陈鹤琴全集（第五卷）[M].南京：江苏凤凰教育出版社，2018.

3. 陈秀云，陈一飞.陈鹤琴全集（第六卷）[M].南京：江苏凤凰教育出版社，2018.

4. 陈时见，王远，李培彤.教师教育研究[M].福州：福建教育出版社，2021.

5. 戴自俺，龚思雪.陶行知幼儿教育的理论与实践[M].成都：四川教育出版社，1987.

6. 戴自俺.张雪门幼儿教育文集（上卷）[M].北京：北京少年儿童出版社，2009.

7. 戴自俺.张雪门幼儿教育文集（下卷）[M].北京：北京少年儿童出版社，2009.

8. 多尔.后现代课程观[M].王红宇，译.北京：教育科学出版社，2000.

9. 董宝良.陶行知教育论著选[M].北京：人民教育出版社，2011.

10. 玛格丽特·卡尔，温迪·李.学习故事与早期教育：建构学习者的形象[M].周菁，译.北京：教育科学出版社，2015.

11. 郭亮.从拓荒奠基到幼教之父：儿童教育家陈鹤琴[M].南京：南京师范大学出版社，2012.

12. 南京师范大学·江苏省陈鹤琴教育思想研究会.陈鹤琴教育思想研究文集[M].北京：人民教育出版社，1997.

13.《陶行知系列研究》江苏课题组.论陶行知师范教育思想[M].南京：江苏教育出版社，1991.

14. 粟高燕.中国百年幼儿师范教育发展史研究（1904—2004）[M].天津：

天津古籍出版社，2014.

15. 姚文忠. 元教育科学导论——关于教育科学研究的理论和方法 [M]. 成都：成都科技大学出版社，1990.

16. 何东昌. 中华人民共和国重要教育文献（1976—1990）[M]. 海口：海南出版社，1998.

17. 何东昌. 中华人民共和国重要教育文献（2003—2008）[M]. 北京：新世界出版社，2010.

18. 庞丽娟. 中国教育改革 30 年（学前教育卷）[M]. 北京：北京师范大学出版社，2009.

19. 苏林，张贵新. 中国师范教育十五年 [M]. 长春：东北师范大学出版社，1996.

20. 宋蕉. 构建教师培养供给侧改革的新三驾马车［J］. 华东师范大学学报（教育科学版），2018（04）：42-43.

21. 唐淑. 童心拓荒——现代儿童教育家陈鹤琴 [M]. 南京：南京大学出版社，2001.

22. 田燕. 新时代乡村卓越幼儿园教师培养机制研究 [M]. 南京：南京大学出版社，2023.

23. 王仁梅. 一代幼教宗师张雪门 [M]. 太原：山西人民出版社，2018.

24. 王长纯. 国际教师教育思想史研究论纲 [M]. 长春：东北师范大学出版社，2023.

25. 姚伟. 比较学前教育 [M]. 北京：高等教育出版社，2015.

26. 易慧清. 中国近现代学前教育史 [M]. 长春：东北师范大学出版社，1994.

27. 中华人民共和国教育部. 2016 版幼儿园工作规程 [M]. 北京：首都师范大学出版社，2016.

28. 朱旭东等. 中国教师教育体系研究 [M]. 北京：北京师范大学出版社，2020.

29. 朱旭东，胡艳. 中国教育改革 30 年：教师教育卷 [M]. 北京：北京师范大学出版社，2009.

30.《中国教育年鉴》编辑部. 中国教育年鉴（2013）[M]. 北京：人民教育出版社，2014.

论文类：

1. 崔允漷，塞德拉克.霍姆斯小组报告《明日之教师》的主要观点[J].高等师范教育研究，1989（05）：78-81+67.

2. 于兴国.印度教师教育国家课程框架述评[J].外国教育研究，2010，37（12）：77-82.

3. 杨天平.论中国特色现代教师教育制度建设[J].国家教育行政学院学报，2009（06）：43-48.

4. 刘雄.教师观研究的困境与深化路径[J].当代教育科学，2016（05）：12-16.

5. 李西建.解构之后：重审当代文艺学的本体论问题[J].陕西师范大学学报（哲学社会科学版），2009，38（01）：47-52.

6. 申继亮，孙炳海.教师评价内容体系之重建[J].华东师范大学学报（教育科学版），2008（02）：38-43.

7. 李瑾瑜.论教师的教育研究[J].沈阳教育学院学报，2002（03）：1-6.

8. 傅显捷，袁刚.教育社会学断想——教师角色理论探析[J].涪陵师范学院学报，2004（01）：120-123.

9. 王升，赵双玉.论一般教师向优秀教师的转变[J].教育研究，2008（08）：82-84.

10. 梁燕玲.教师观的批判与发展——文化学的教师观[J].西北大学学报（哲学社会科学版），2003（01）：152-155.

11. 支爱玲.关于教师观的新视野[J].陕西师范大学学报（哲学社会科学版），2002（S1）：3.

12. 魏建培.儒学教师观[J].教师教育研究，2010，22（01）51-56.

13. 杨雪.幼儿教师角色定位与行为探析[J].佳木斯职业学院学报，2018（09）：269.

14. 周玉琴.信息时代幼儿教师的角色及培养思考[J].教育现代化，2017，4（42）：60-61.

15. 章萍.用智慧引领孩子成长——对幼儿教师角色定位的思考与实践[J].华夏教师，2017（12）：24-25.

16. 付金玲.幼儿教师角色的思考与定位[J].电子制作,2015(02):185.

17. 孙娓娓.新教育理念下幼儿教师角色的转变[J].大庆师范学院学报,2015,35(02):131-132.

18. 杨龙飞,张尧.《幼儿园教师专业标准》定位下的幼儿教师角色[J].教育探索,2014(08):101-102.

19. 杨定姜,刘新伢,曹能秀.准确定位教师角色,促进有效师幼互动[J].滇西科技师范学院学报,2013(03):4.

20. 夏丽娟.浅谈幼儿教师的角色定位[J].江苏教育学院学报(社会科学版),2010,26(07):24-26.

21. 许娟,程晓霞.对现代幼儿教师角色的解读[J].文教资料,2010(30):136-137.

22. 黄春燕.新理念下幼儿教师角色的思考[J].今日南国(理论创新版),2008(08):51-52.

23. 彭兵.我国幼儿教师专业发展政策回顾与展望[J].学前教育研究,2012(05):24-27.

24. 龙正渝.幼儿园教师的主观社会地位及其改善[J].学前教育研究,2014(02):3-11.

25. 李学容,夏泽胜.幼儿教师专业发展与制度建设[J].内蒙古师范大学学报(教育科学版)2014,27(06):109-111.

26. 游达,沈丽丽.幼儿教师专业发展有效途径新探[J].池州学院学报,2013,27(03):129-130.

27. 肖杰.幼儿教师专业发展研究[J].教育探索,2011(06):112-113.

28. 王玉彬.以园为本,建设学习型幼儿园[J].中国教育学刊,2011(S1):15-17.

29. 程方生.幼儿园园本教研实践框架分析[J].江西教育科研,2007(04):75-77.

30. 李玉杰.建构主义视阈下的幼儿教师的专业发展[J].教育探索,2010(04):93-94.

31. 冯静,牟洪贵.幼儿教师专业发展的问题分析与应对策略[J].科技经济导刊,2017(15):182.

32. 孔海清.幼儿教师专业发展特点和实践中的主要障碍[J].现代教育科学，2011（08）：97-98+145.

33. 王纬虹，代保民.教研员：教师专业发展的引领者[J].中国民族教育，2011（Z1）：12-14.

34. 翟学伟.社会学的转向——一种基于个人的立场[J].社会，2007（03）：1-25+206.

35. 王景芝，王红飞.学前教育"儿童视角"研究的回顾与展望[J].教育与教学研究，2020，34（01）：7-19.

36. 张娜，陈佑清.现代儿童观及其对学前教育课程设计的意义[J].全球教育展望，2013，42（03）：91-98.

37. 董爱霞.论幼儿前运算阶段思维发展特点及对教育的启示——通过验证皮亚杰的相关实验[J].赤峰学院学报（自然科学版），2013，29（06）：189-190.

38. 汪树东.历史理性的建构与个体立场的悬搁——论十七年革命历史小说的苦难叙事[J].新疆大学学报（哲学社会科学版），2005（04）：129-133.

39. 王颖，肖潇雨.幼儿园教师教育观念的内涵及结构[J].唐山师范学院学报，2019，41（04）：136-140.

40. 王颖.河北省农村幼儿园教师教育观念调查研究[J].河北能源职业技术学院学报，2019，19（02）：18-20.

41. 彭景.教师教育观念在教师培训中的作用研讨[J].决策探索（下），2019（07）：68-69.

42. 王钢.幼儿教师职业幸福感的特点及其与职业承诺的关系[J].心理发展与教育，2013，29（06）：616-624.

43. 时松，陈翠，陈惠邦.她为什么离开这家知名幼儿园——一位新入职幼儿园教师转行的个案研究[J].天津师范大学学报（基础教育版），2019，20（04）：84-88.

44. 王晓倩.具身认知视角下教师职后培训的困境与超越[J].当代继续教育，2019，37（04）：35-41.

45. 吕梦凡.太原市城市和农村初中教师职业压力的比较研究[J].才智，2019（04）：52.

46. 任佳琦，幼儿教师职业压力来源与应对办法[J].教育理论与实践，2019，

39（11）：41-42.

47. 曲铁华，郝秀秀. 我国职前教师教育改革的演进历程、影响因素及特征（1978—2014）[J]. 当代教育与文化，2016，8（04）：74-80.

48. 魏军. 我国幼儿教师政策变迁的文本分析 [J]. 学前教育研究，2009（06）：20-23.

49. 徐莹莹，王海英，魏聪. 我国教师专业化政策的演进历程、逻辑转换及未来走向 [J]. 教育评论，2022（06）：124-132.

50. 姜勇，洪江凝. 中国教师教育改革的追寻与坚守：学、智、哲三识合一 [J]. 中国教育学刊，2021（02）：41-46+80.

51. 袁丹，靳玉乐. 教师角色嬗变与教学个性展现 [J]. 中国教育学刊，2016（06）：78-81+86.

52. 虞永平. 试论园本课程的建设 [J]. 早期教育（教师版），2001（08）：4-6.

53. 程良宏. 成为文化理解型反思性实践者：教师角色的新定位 [J]. 课程·教材·教法，2017，37（11）：108-114.

54. 姜勇，段青如. 我国幼儿园教师教育研究学术史：70年回顾与展望 [J]. 学前教育研究，2020（04）：37-52.

55. 蔡迎旗，海鹰. 自主学习：幼儿园教师专业发展的现实之需 [J]. 学前教育研究，2016（03）：34-40+56.

56. 高慧斌，王文宝，何美，等. 改革开放40年教师政策体系演进 [J]. 教师发展研究，2018，2（04）：1-9.

57. 马光，史万兵. 百年来党领导教师政策的演进历程与价值取向 [J]. 渭南师范学院学报，2023，38（05）：1-7.

58. 程秀兰，高游. 幼儿园教师社会支持与工作投入的关系：心理资本的中介作用 [J]. 学前教育研究，2019（12）：41-51.

59. 王钢，范勇，黄旭，等. 幼儿教师政府支持、组织支持和胜任力对职业幸福感的影响：职业认同的中介作用 [J]. 心理与行为研究，2018，16（06）：801-809.

60. 黎平辉，郭文. 资源开发与文化传承——西部民族地区农村学前教育内生型发展模式探究 [J]. 贵州师范学院学报，2013，29（10）：75-79.

61. 黄可滢. 智能时代中小学教师专业发展的困境及社会支持体系构建 [J]. 中

国教师，2022（10）：81-83.

62. 纪宝成. 世纪之交中国高等教育管理体制改革的历史回顾[J]. 中国高教研究，2013（08）：6-13.

63. 薛天祥，张金福. 多元、开放的教师教育体系管理体制的构建[J]. 高等师范教育研究，2002（02）：5-11.

64. 孙燕，胡弼成."管办评分离"：大学走向善治的契机[J]. 大学教育科学，2015（05）：13-18.

65. 杨跃. 关于教师教育学科构建的理性思考[J]. 教师教育研究，2007（01）：1-5.

66. 陈永明，王健."教师教育学"学科建立之思考[J]. 教育研究，2009（01）：53-59.

67. 张娟. 我国教师教育学科化建设研究[J]. 中国成人教育，2017（16）：4-7.

68. 李学农. 教师专业化实践的困境与教师教育学科理论的生长[J]. 教育理论与实践，2007（07）：33-36.

69. 李铁绳，袁芳，郝文武. 教师教育者专业发展的社会学分析[J]. 高教探索，2016（05）：102-107.

70. 刘丽平，郭甜. 蒙田的教师观及其现实意义[J]. 当代教师教育，2023，16（04）：85-90.

71. 吴小勇，黄希庭，毕重增，等. 身份及其相关研究进展[J]. 西南大学学报（社会科学版），2008（03）：8-13.

72. 张金. 小学教师职业幸福感的影响因素及其提升策略[J]. 当代教育科学，2019（07）：52-54+60.

73. 余子侠. 北平幼稚师范教育实验的历史回顾与评价[J]. 河北师范大学学报（教育科学版），2000（04）：47-56.

74. 李莉，于开莲. 张雪门教育实习思想对当前幼儿教师职前培养的启示[J]. 学前教育研究，2009（12）：45-48.

75. 孙宁，姜勇. 百廿年我国学前教师教育的发展与展望[J]. 学前教育研究，2024（08）：36-45.

76. 朱宗顺. 美国幼儿教师教育标准及启示[J]. 教师教育研究，2006（04）：76-80.

77. 夏婧，刘昊. 美国幼儿教师专业标准体系的建构历程、特征及其启示 [J]. 黑龙江高教研究，2015（02）：17-20.

78. 陈寒，王凤琴. 教师职业吸引力及其影响因素的国际比较研究 [J]. 上海教育科研，2023（07）：27-34.

79. 荀渊. 美国教师教育标准的历史逻辑和现实需要 [J]. 教师教育研究，2010，22（05）：75-80.

80. 沙莉，庞丽娟，刘小蕊. 通过立法强化政府在学前教育事业发展中的职责——美国的经验及其对我国的启示 [J]. 学前教育研究，2007（02）：3-9.

81. 林崇德，申继亮，辛涛. 教师素质的构成及其培养途径 [J]. 中小学教师培训，1998（01）：10-14.

82. 曹能秀，王艳玲，田静，等. 近十年来美英日三国学前教师教育改革初探 [J]. 外国中小学教育，2013（07）：1-7.

83. 胡恒波，陈时见. 英国学前教师专业化改革的策略与基本经验 [J]. 外国中小学教育，2013（07）：26-31.

84. 王敏琦. 英国幼师职前教育与资格认证制度对我国幼师教育的启示 [J]. 职业技术教育，2017，38（35）：77-80.

85. 王颖华. 卓越教师专业标准的国际比较及其启示 [J]. 西北师大学报（社会科学版），2014，51（04）：92-99.

86. 孟红艳. 中日学前教育师资现状比较研究 [J]. 日本问题研究，2000（01）：44-49.

87. 姜淑梅，苏阳. 中日幼儿教师资格认定制度之比较研究 [J]. 当代教育与文化，2016,8（06）：32-41.

88. 方明生. 重视实践性指导能力培养的教师教育课程——日本上越教育大学教师教育课程分析 [J]. 全球教育展望，2006，35（03）：47-51.

89. 周卫东. 当代日本教师继续教育特征概要 [J]. 继续教育研究，2010（12）：7-8.

90. 朱培芳，佘丽. 新西兰学前教育的发展、策略及启示 [J]. 湖北师范大学学报（哲学社会科学版），2020，40（03）：121-126.

后 记

  本书由田燕、刘军豪、张洵分工协作完成。其中,前言、第一章、第二章、第三章、第六章是由江苏第二师范学院田燕撰写完成,第四章由江苏第二师范学院张洵撰写完成;第五章是由山东师范大学刘军豪撰写完成;王欣茹、王怀婧、王玥同学参与了第二章资料整理、数据分析等工作。全书由田燕统稿、审校。徐州市教育局韩莹、盐城市阜宁县教育局姚红等对本书的完成提供了支持与帮助,在此一并感谢。

  在本书编写过程中,江苏凤凰教育出版社的相关编辑给予了协调与帮助,并作了多次细致的审读,提出了宝贵意见,在此致以诚挚感谢!

著 者

2024 年 8 月